新个人所得税法及配套规定实用指南

张卿　林庆坚　吴鹏◎编著

法律出版社
LAW PRESS · CHINA

图书在版编目(CIP)数据

新个人所得税法及配套规定实用指南 / 张卿，林庆坚，吴鹏编著. -- 北京 : 法律出版社，2019

ISBN 978 - 7 - 5197 - 3226 - 4

Ⅰ. ①新… Ⅱ. ①张… ②林… ③吴… Ⅲ. ①个人所得税 - 税法 - 中国 - 指南 Ⅳ. ①D922.222 - 62

中国版本图书馆 CIP 数据核字(2019)第 040504 号

新个人所得税法及配套规定实用指南
XIN GEREN SUODESHUIFA JI PEITAO GUIDING SHIYONG ZHINAN

张　卿
林庆坚　编著
吴　鹏

策划编辑 陶玉霞
责任编辑 陶玉霞　麦　锐
装帧设计 李　瞻

出版 法律出版社
总发行 中国法律图书有限公司
经销 新华书店
印刷 三河市龙大印装有限公司
责任印制 吕亚莉

编辑统筹 法规出版分社
开本 A5
印张 10.25
字数 240 千
版本 2019 年 4 月第 1 版
印次 2019 年 4 月第 1 次印刷

法律出版社／北京市丰台区莲花池西里 7 号(100073)
网址／www.lawpress.com.cn
投稿邮箱／info@lawpress.com.cn
举报维权邮箱／jbwq@lawpress.com.cn
销售热线／010 - 83938336
咨询电话／010 - 63939796

中国法律图书有限公司／北京市丰台区莲花池西里 7 号(100073)
全国各地中法图分、子公司销售电话:
统一销售客服／400 - 660 - 6393
第一法律书店／010 - 83938334/8335　西安分公司／029 - 85330678　重庆分公司／023 - 67453036
上海分公司／021 - 62071639/1636　深圳分公司／0755 - 83072995

书号:ISBN 978 - 7 - 5197 - 3226 - 4　**定价:**35.00 元

目　录

中华人民共和国个人所得税法

附录一:

个人所得税专项附加扣除和过渡期政策常见疑问

附录二:

本书涉及的主要法律法规及关联规定索引

附录三：

个人所得税最新申报表单

导　读

在我国，个人所得税是牵涉千家万户的第三大税种。1980 年制定《中华人民共和国个人所得税法》[①]后，前六次修正主要是围绕工资、薪金税目的费用扣除标准进行的。2018 年《个人所得税法》第七次修正，实现了历史性巨变：由分类所得税制向分类综合所得税制转变，并首次设立专项附加扣除、提高基本减除费用标准、优化税率结构、增设反避税条款、健全个人所得税征管制度。

本书以修改后的《个人所得税法》和实施条例为主干，结合最新的规章、规范性文件，对每个法条进行解读，主要有三大特点：

1. 文件新：收录截至 2019 年 2 月之前公布的最新《个人所得税法》和实施条例，税法修正后新颁布的规章、规范性文件，以及 2018 年 6 月 15 日《国家税务总局关于修改部分税务部门规章的决定》修正的部分规章[②]。

2. 分解细：本书以税法、实施条例、规章、规范性文件为主导，能直接应用于税收实务。又与传统的法律文件汇编不同，将个人所得税法的法条一一分解，将涉及该法条的其他法律、法规、规章、

---

① 本书后文出现的《中华人民共和国个人所得税法》，简称为《个人所得税法》，书中其他法律名称也用类同方式简称表达。

② 为了避免与修正后《个人所得税法》冲突，同时减少冗余的文件，对国家税务总局 2018 年之前制定，《个人所得税法》修正后可能修改的规章、规范性文件，本书不予收录。

规范性文件作为其关联规定，附在条文后面，并加以学理解读。

3. 查找快：克服《个人所得税法》法条与解释的分散性和分离性缺陷，分解后法条都标明条文主旨，读者查找法条或主旨，能随之看到与之相关的所有关联规定和法条解读，了解立法本意和操作要求，妥善处理复杂多变的各类税务问题。

编排方式

本书在具体编排方式上，主体内容采用了以法律为中心分散列举的模式，形成了以《个人所得税法》为主法条，以实施条例为副法条，以其他关联规定、法条解读为文内注的编辑体系，具体规则如下：

1.《个人所得税法》作为主法条，并设置边框，以突出重点；《个人所得税法实施条例》作为副法条，附在对应主法条后面。

2. 二十二条主法条，各为一项。法条前归纳了该条主旨，便于税务法律工作者和纳税人全面领会法律的内容。条旨以《个人所得税法》为主，同时兼顾到实施条例的内容。

3. 为减少关联规定中文件的字数，文件名中略去发文单位；文件中略去非特定的发文对象内容；几个部门联合发文的，在文件名后括号内标明联合发文文号。

4. 法条解读内容力求简明扼要，帮助读者理解法条的要旨和立法本意。针对税改中的热点问题，附国家税务总局权威问答。

读者如有修改意见和建议，欢迎通过"阅读交流二维码"留言。

阅读交流
二维码

中华人民共和国个人所得税法

第一条 【征税范围】

第一条 在中国境内有住所，或者无住所而一个纳税年度内在中国境内居住累计满一百八十三天的个人，为居民个人。居民个人从中国境内和境外取得的所得，依照本法规定缴纳个人所得税。

在中国境内无住所又不居住，或者无住所而一个纳税年度内在中国境内居住累计不满一百八十三天的个人，为非居民个人。非居民个人从中国境内取得的所得，依照本法规定缴纳个人所得税。

纳税年度，自公历一月一日起至十二月三十一日止。

《中华人民共和国个人所得税法实施条例》

第二条 个人所得税法所称在中国境内有住所，是指因户籍、家庭、经济利益关系而在中国境内习惯性居住；所称从中国境内和境外取得的所得，分别是指来源于中国境内的所得和来源于中国境外的所得。

第三条 除国务院财政、税务主管部门另有规定外，下列所得，不论支付地点是否在中国境内，均为来源于中国境内的所得：

（一）因任职、受雇、履约等在中国境内提供劳务取得的所得；

（二）将财产出租给承租人在中国境内使用而取得的所得；

（三）许可各种特许权在中国境内使用而取得的所得；

（四）转让中国境内的不动产等财产或者在中国境内转让其他财产取得的所得；

（五）从中国境内企业、事业单位、其他组织以及居民个人取得的利息、股息、红利所得。

第四条 在中国境内无住所的个人，在中国境内居住累计满183天的年度连续不满六年的，经向主管税务机关备案，其来源于中国境外且由境外单位或者个人支付的所得，免予缴纳个人所得税；在中国境内居住累计满183天的任一年度中有一次离境超过30天的，其在中国境内居住累计满183天的年度的连续年限重新起算。

第五条 在中国境内无住所的个人，在一个纳税年度内在中国境内居住累计不超过90天的，其来源于中国境内的所得，由境外雇主支付并且不由该雇主在中国境内的机构、场所负担的部分，免予缴纳个人所得税。

关联规定

《境外所得个人所得税征收管理暂行办法》（2018年6月15日修正）

第二条 本办法适用于中国境内有住所，并有来源于中国境外所得的个人纳税人（以下简称纳税人）。

第三条 纳税人来源于中国境外的各项应纳税所得（以下简称境外所得），应依照税法和本办法的规定缴纳个人所得税。

第四条 下列所得，不论支付地点是否在中国境外，均为来源于中国境外的所得：

（一）因任职、受雇、履约等而在中国境外提供劳务取得的所得；

（二）将财产出租给承租人在中国境外使用而取得的所得；

（三）转让中国境外的建筑物、土地使用权等财产或者在中国境外转让其他财产取得的所得；

（四）许可各种特许权在中国境外使用而取得的所得；

（五）从中国境外的公司、企业以及其他经济组织或者个人取得的利息、股息、红利所得。

法条解读

《个人所得税法》第1条明确了征税范围，即谁被征税和对什么征税，其规定，居民个人的境内外所得，和非居民个人的境内所得，需要按照该法的规定缴税。主法条对应的实施条例则进一步解释"住所""所得""境内所得"概念，以及什么情况下相关个人须就全球所得在中国纳税，什么情况下相关个人只需就来自中国的所得纳税。

（一）"居民个人"与"非居民个人"

2018年修法的"居民个人"与"非居民个人"概念，与企业所得税法项下的"居民企业"与"非居民企业"的概念相呼应，明确指出负有全球所得纳税义务的人是居民纳税人，而只负有中国所得纳税义务的人是非居民纳税人，是立法技术进步的体现。

实际上，我国个人所得税法对人的管辖权认定，采取居民管辖权而不是公民管辖权，范围既包括公民，也包括非公民，如居住在中国的洋媳妇。

对于居民的认定，主要有住所（习惯性居住或住所）和居住时间判定标准。

住所是第一判断标准，有住所的是"居民个人"。

税法里的住所，是长期居住的习惯和意愿，不等于实际拥有房屋产权，没有中国房屋产权的中国公民，也可以成为"居民个人”。实施条例第2条明确规定,“在中国境内有住所,是指因户籍、家庭、经济利益关系而在中国境内习惯性居住”。

国家税务总局《征收个人所得税若干问题的规定》(国税发〔1994〕089号)对“习惯性居住”进一步解释为:“所谓习惯性居住,是判定纳税义务人是居民或非居民的一个法律意义上的标准,不是指实际居住或在某一个特定时期内的居住地。如因学习、工作、探亲、旅游等而在中国境外居住的,在其原因消除之后,必须回到中国境内居住的个人,则中国即为该纳税人习惯性居住地。”国家税务总局12366纳税服务平台2019年1月31日发布的《新个人所得税法实施条例及过渡期政策纳税人常见疑问30答》说明:“习惯性居住”,相当于定居的概念,指的是个人在较长时间内,相对稳定地在一地居住。对于因学习、工作、探亲、旅游等虽然在境内居住,但这些原因消除后仍然准备回境外居住的,不属于在境内习惯性居住。

时间是第二判断标准,无住所而一个纳税年度内在中国境内居住累计满183天的个人,也是“居民个人”。2018年修法借鉴国际惯例,修改了判定“居民个人”及“非居民个人”身份的居住期限标准,以“一百八十三天”取代了原来的“一年”时间标准,主要是基于以下考虑:

一是与国际惯例相接轨。目前各国规则虽各有不同,但183天是诸如美国、英国、德国、法国、加拿大、俄罗斯、新加坡等大多数国家判定居民纳税义务的通行标准。

二是与税收协定相互衔接。截至2018年7月底,我国已与107个国家(地区)签订了税收协定(含税收安排、协议),目前国际税收协定中判定居民纳税人的身份标准是183天,这与个人所得税改革后的居住时间标准相互衔接一致。

三是维护国家税收利益。多数国家居民身份判定标准都是从维护本国税收管辖权和税基安全出发,如我国标准相对宽松的话,国家的税收利益将会受到影响。修法后的判定标准更加简化,也有利于有效防范“定期离境”恶意规避居民纳税人身份行为的发生。

在华逗留天数的计算,可以参考《关于在中国境内无住所的个人居住时间判定标准的公告》(财政部　税务总局公告2019年第34号),该公告规定:无住所个人一个纳税年度内在中国境内累计居住天数,按照个人在中国境内累计停留的天数计算。在中国境内停留的当天满24小时的,计入中国境内居住天数,在中国境内停留的当天不足24小时的,不计入中国境内居住天数。

2018年修法后,中国“居民个人”身份的“时间易达性”将使部分人群更容易成为中国与其他国家/地区的“双重税务居民”,更多的外国留学生、在华工作人群纳入了居民个人的范畴。

(二)无住所个人的纳税义务

原实施条例规定,对构成居民纳税人身份不满5年的无住所个人,其取得来源于境外且不是由中国境内企业和个人支付的所得不需要缴纳个人所得税,从构成居民纳税人的第6年起,就其全部境外所得缴纳个人所得税。2018年修改,规定在中国境内无住所个人,构成居民纳税人连续不满6年或满6年但其间有单次离境超过30天情形的,其来源于中国境外的所得,经向主管税务机关备案,可以只就由中国境内企业和个人支付的部分缴纳个人所得税。简单来说,他们获得的境外收入免交个税的条件有所放宽,且更加明确。这有利于我国吸引境外人才,扩大对外开放,提高税制竞争力。

实施条例第5条规定,在中国境内无住所的个人,在一个纳税年度内在中国境内居住累计不超过90天的,其来源于中国境内的所得,由境外雇主支付并且不由该雇主在中国境内的机构、场所负担的部分，免予缴纳个人所得税。这一优惠政策主要针对于来境内工作时间短（不超过 90 天）的境外人士，虽然按所得来源地判定标准和认定方法，其工资薪金所得是属来源于中国境内的所得，但是考虑其在华工作时间较短，按照国际通常做法，免予纳税。

（三）中国境内所得

我国税法以“所得来源地”为标准，来判定境内所得或境外所得。实施条例第 3 条通过列举的方式，明确在中国境内开展经营活动而取得与经营活动相关的所得、转让对中国境内企事业单位和其他经济组织投资形成的权益性资产取得的所得，以及由中国境内单位和个人支付或负担的稿酬所得和偶然所得等，为来源于中国境内的所得。详细规定可见《关于非居民个人和无住所居民个人有关个人所得税政策的公告》（财政部　税务总局公告 2019 年第 35 号）

个人收入取得的来源地和支付地很可能不一致。比如，有些在我国外资企业中任职的外籍专家，在华工作期间的工资、薪金由外方老板在中国境外支付，在中国境内只支付生活费和津贴、补贴，虽然其工资、薪金支付地是在境外，但其在中国境内的企业任职，并由该机构、场所负担的工资、薪金的来源地在中国境内，就应判定为境内所得。

同时，考虑到当前经济数字化迅猛发展，未来可能需要根据实际情况对来源于中国境内的所得范围作出调整，实施条例预留了“除国务院财政、税务主管部门另有规定外”的口子，允许国务院财政、税务主管部门可对来源于中国境内的所得范围作出调整，为未来发展变化留下余地。

第二条 【应税所得项目】

第二条 下列各项个人所得,应当缴纳个人所得税:

(一)工资、薪金所得;

(二)劳务报酬所得;

(三)稿酬所得;

(四)特许权使用费所得;

(五)经营所得;

(六)利息、股息、红利所得;

(七)财产租赁所得;

(八)财产转让所得;

(九)偶然所得。

居民个人取得前款第一项至第四项所得(以下称综合所得),按纳税年度合并计算个人所得税;非居民个人取得前款第一项至第四项所得,按月或者按次分项计算个人所得税。纳税人取得前款第五项至第九项所得,依照本法规定分别计算个人所得税。

《中华人民共和国个人所得税法实施条例》

第六条 个人所得税法规定的各项个人所得的范围:

(一)工资、薪金所得,是指个人因任职或者受雇取得的工资、薪金、奖金、年终加薪、劳动分红、津贴、补贴以及与任职或者受雇有关的其他所得。

(二)劳务报酬所得,是指个人从事劳务取得的所得,包括从事设计、装潢、安装、制图、化验、测试、医疗、法律、会计、咨询、讲学、翻译、审稿、书画、雕刻、影视、录音、录像、演出、表演、广告、展览、技术服务、介绍服务、经纪服务、代办服务以及其他劳务取得的所得。

(三)稿酬所得,是指个人因其作品以图书、报刊等形式出版、发表而取得的所得。

（四）特许权使用费所得，是指个人提供专利权、商标权、著作权、非专利技术以及其他特许权的使用权取得的所得；提供著作权的使用权取得的所得，不包括稿酬所得。

（五）经营所得，是指：

1. 个体工商户从事生产、经营活动取得的所得，个人独资企业投资人、合伙企业的个人合伙人来源于境内注册的个人独资企业、合伙企业生产、经营的所得；

2. 个人依法从事办学、医疗、咨询以及其他有偿服务活动取得的所得；

3. 个人对企业、事业单位承包经营、承租经营以及转包、转租取得的所得；

4. 个人从事其他生产、经营活动取得的所得。

（六）利息、股息、红利所得，是指个人拥有债权、股权等而取得的利息、股息、红利所得。

（七）财产租赁所得，是指个人出租不动产、机器设备、车船以及其他财产取得的所得。

（八）财产转让所得，是指个人转让有价证券、股权、合伙企业中的财产份额、不动产、机器设备、车船以及其他财产取得的所得。

（九）偶然所得，是指个人得奖、中奖、中彩以及其他偶然性质的所得。

个人取得的所得，难以界定应纳税所得项目的，由国务院税务主管部门确定。

第七条　对股票转让所得征收个人所得税的办法，由国务院另行规定，并报全国人民代表大会常务委员会备案。

关联规定

《广告市场个人所得税征收管理暂行办法》(2018 年 6 月 15 日修正)

第五条 纳税人在广告设计、制作、发布过程中提供名义、形象而取得的所得,应按劳务报酬所得项目计算纳税。

纳税人在广告设计、制作、发布过程中提供其他劳务取得的所得,视其情况分别按照税法规定的劳务报酬所得、稿酬所得、特许权使用费所得等应税项目计算纳税。

扣缴人的本单位人员在广告设计、制作、发布过程中取得的由本单位支付的所得,按工资、薪金所得项目计算纳税。

《建筑安装业个人所得税征收管理暂行办法》(2018 年 6 月 15 日修正)

第三条 承包建筑安装业各项工程作业的承包人取得的所得,应区别不同情况计征个人所得税:经营成果归承包人个人所有的所得,或按照承包合同(协议)规定,将一部分经营成果留归承包人个人的所得,按对企事业单位的承包经营、承租经营所得项目征税;以其他分配方式取得的所得,按工资、薪金所得项目征税。

从事建筑安装业的个体工商户和未领取营业执照承揽建筑安装业工程作业的建筑安装队和个人,以及建筑安装企业实行个人承包后工商登记改变为个体经济性质的,其从事建筑安装业取得的收入应依照个体工商户的生产、经营所得项目计征个人所得税。

从事建筑安装业工程作业的其他人员取得的所得,分别按照工资、薪金所得项目和劳务报酬所得项目计征个人所得税。

《演出市场个人所得税征收管理暂行办法》(2018 年 6 月 15 日修正)

第六条 演职员参加非任职单位组织的演出取得的报酬为

劳务报酬所得，按次缴纳个人所得税。演职员参加任职单位组织的演出取得的报酬为工资、薪金所得，按月缴纳个人所得税。

上述报酬包括现金、实物和有价证券。

《机动出租车驾驶员个人所得税征收管理暂行办法》（2018年6月15日修正）

第六条 出租车驾驶员从事出租车运营取得的收入，适用的个人所得税项目为：

（一）出租汽车经营单位对出租车驾驶员采取单车承包或承租方式运营，出租车驾驶员从事客货运营取得的收入，按工资、薪金所得项目征税。

（二）从事个体出租车运营的出租车驾驶员取得的收入，按个体工商户的生产、经营所得项目缴纳个人所得税。

（三）出租车属个人所有，但挂靠出租汽车经营单位或企事业单位，驾驶员向挂靠单位缴纳管理费的，或出租汽车经营单位将出租车所有权转移给驾驶员的，出租车驾驶员从事客货运营取得的收入，比照个体工商户的生产、经营所得项目征税。

法条解读

《个人所得税法》第2条涉及的应税所得项目，习惯简称为“税目”，列举税目是明确公民纳税义务的主要途径。主法条对应的实施条例则详细解释法条中出现的各个“应税所得项目”概念，以及对股票转让所得的另行规定。

（一）征税法定

税收法定原则是税法的基本原则，《税收征收管理法》第3条规定：“税收的开征、停征以及减税、免税、退税、补税，依照法律的规定执行;法律授权国务院规定的,依照国务院制定的行政法规的规定执行。任何机关、单位和个人不得违反法律、行政法规的规定,擅自作出税收开征、停征以及减税、免税、退税、补税和其他同税收法律、行政法规相抵触的决定。”这意味着,没有相应法律或法律授权作前提,政府不能随意征税,公民也没有纳税的义务。

但经济社会发展迅速,居民收入呈现多元化、隐性化、非货币化的趋势,而且不断出现新的收入形式。在现实生活中确实有一些所得,从调节收入差距和增加财政收入角度看,是应当缴纳个人所得税的,但税法列举的税目范围内可能没有相应规定。为了提高征管力度,2018 年修改前《个人所得税法》第 2 条最后一项有“经国务院财政部门确定征税的其他所得”的规定。该税目在实务中经常被简称为“其他所得”,以至于很多人误以为不在其他的 10 个税目范围内又需要交税的,就可以归纳在“其他所得”税目中征税。其实该税目不是兜底性的税目,全称是“经国务院财政部门确定征税的其他所得”,即必须经过国务院财政部门(即财政部)明确适用的所得才在这个税目范围内,否则不可征税。

为落实税收法定原则,考虑到目前《个人所得税法》中列明的所得范围已经比较全面,可不必再由国务院财政部门或其他有关部门确定“其他所得”, 全国人大常委会在第二次审议法律草案中将“其他所得”从法条中删除。

但有些个人所得来源于非标准行为甚至混合行为,经常存在难以界定应税所得项目的情形,实施条例第 6 条第 2 款明确规定:“个人取得的所得,难以界定应纳税所得项目的,由国务院税务主管部门确定。”这句话有两层含义:一是有权界定所得的不是“主管税务机关”,而是国务院税务主管部门,减少基层税务机关对税收实体要素作出扩大解释的空间。二是国务院税务主管部门概念外延比国家税务总局大,还包括财政部、海关总署。

(二)经营所得

2018 年修改后的《个人所得税法》第 2 条简化税目,取消了原“个体工商户的生产、经营所得”与“对企事业单位的承包经营、承租经营所得”税目,新设立“经营所得”税目。实施条例进一步明确,经营所得是指:(1)个体工商户从事生产、经营活动取得的所得,个人独资企业投资人、合伙企业的个人合伙人来源于境内注册的个人独资企业、合伙企业生产、经营的所得;(2)个人依法从事办学、医疗、咨询以及其他有偿服务活动取得的所得;(3)个人对企业、事业单位承包经营、承租经营以及转包、转租取得的所得;(4)个人从事其他生产、经营活动取得的所得。

容易引发歧义的是“经营所得”税目中“从事生产、经营活动”的定义。按照一般解释,所谓生产经营(Production Management),是围绕产品的投入、产出、销售、分配乃至保持简单再生产或实现扩大再生产所开展的各种有组织的活动的总称。所以生产经营活动是一个很广泛的概念,但从实施条例字面上理解,用“从事生产、经营活动”对“所得”进行限定,就意味着个体工商户和从事生产经营的个人必然存在“从事生产、经营活动”之外的“所得”。个体工商户和从事生产经营的个人,取得与生产、经营活动无关的其他各项应税所得,应分别按应税项目的有关规定,计算征收个人所得税。如取得银行存款的利息所得、对外投资取得的股息所得,应按“利息、股息、红利所得”税目的规定单独计征个人所得税。

(三)综合所得

综合所得不是一种所得类型,而是对实行综合征税的所得范围的简称。《个人所得税法》第 2 条将居民个人的工资、薪金所得、劳务报酬所得、稿酬所得和特许权使用费所得归为综合所得,按年合并计算应纳税所得额,作为第 6 条应纳税所

阅读交流
二维码

得额的计算基础。

从2018年修改前《个人所得税法》全部采用分类征税方式，到修改后建立综合与分类相结合的个人所得税制度，是2018年税法修改的最大变化，改变了征纳双方的许多权利和义务。它意味着工资、薪金所得、劳务报酬所得、稿酬所得和特许权使用费所得从按月（按次）征收改为按年征收，年底需要汇总计算税款。这将大幅增加自行申报的纳税人数，加大纳税人的责任，也为税务专业人员创造更多服务的机会。有关综合所得应纳税所得额计算问题，在本书《个人所得税法》第6条"应纳税所得额"法条解读部分详细阐述。

需要说明的是，考虑到非居民个人不在中国居住或居住时间较短，为了便于征收管理，对非居民个人继续保留分类征税方式，不采取综合征税方式。

第三条 【税率】

第三条 个人所得税的税率：

（一）综合所得，适用百分之三至百分之四十五的超额累进税率（税率表附后）；

（二）经营所得，适用百分之五至百分之三十五的超额累进税率（税率表附后）；

（三）利息、股息、红利所得，财产租赁所得，财产转让所得和偶然所得，适用比例税率，税率为百分之二十。

《中华人民共和国个人所得税法》所涉及的相关税率表：

个人所得税税率表一

（综合所得适用）

级数	全年应纳税所得额	税率（%）
1	不超过36000元的	3
2	超过36000元至144000元的部分	10
3	超过144000元至300000元的部分	20
4	超过300000元至420000元的部分	25
5	超过420000元至660000元的部分	30
6	超过660000元至960000元的部分	35
7	超过960000元的部分	45

（注1:本表所称全年应纳税所得额是指依照本法第六条的规定,居民个人取得综合所得以每一纳税年度收入额减除费用六万元以及专项扣除、专项附加扣除和依法确定的其他扣除后的余额。

注2:非居民个人取得工资、薪金所得,劳务报酬所得,稿酬所得和特许权使用费所得,依照本表按月换算后计算应纳税额。)

个人所得税税率表二

（经营所得适用）

级数	全年应纳税所得额	税率（%）
1	不超过30000元的	5
2	超过30000元至90000元的部分	10
3	超过90000元至300000元的部分	20
4	超过300000元至500000元的部分	30
5	超过500000元的部分	35

（注:本表所称全年应纳税所得额是指依照本法第六条的规定,以每一纳税年度的收入总额减除成本、费用以及损失后的余额。)

个人所得税税率表三

（非居民个人工资、薪金所得，劳务报酬所得，

稿酬所得，特许权使用费所得适用）

级数	应纳税所得额	税率(%)	速算扣除数
1	不超过3000元的	3	0
2	超过3000元至12000元的部分	10	210
3	超过12000元至25000元的部分	20	1410
4	超过25000元至35000元的部分	25	2660
5	超过35000元至55000元的部分	30	4410
6	超过55000元至80000元的部分	35	7160
7	超过80000元的部分	45	15160

［注：本表为《国家税务总局关于全面实施新个人所得税法若干征管衔接问题的公告》（2018年12月19日国家税务总局公告2018年第56号）和《国家税务总局关于发布〈个人所得税扣缴申报管理办法（试行）〉的公告》（国家税务总局公告2018年第61号）所附］

关联规定

《关于2018年第四季度个人所得税减除费用和税率适用问题的通知》（2018年9月7日 财税〔2018〕98号）

一、关于工资、薪金所得适用减除费用和税率问题

对纳税人在2018年10月1日（含）后实际取得的工资、薪金所得，减除费用统一按照5000元/月执行，并按照本通知所附个人所得税税率表一计算应纳税额。对纳税人在2018年9月30日（含）前实际取得的工资、薪金所得，减除费用按照税法修改前规定执行。

二、关于个体工商户业主、个人独资企业和合伙企业自然人投资者、企事业单位承包承租经营者的生产经营所得计税方法问题

（一）对个体工商户业主、个人独资企业和合伙企业自然人投

资者、企事业单位承包承租经营者2018年第四季度取得的生产经营所得，减除费用按照5000元/月执行，前三季度减除费用按照3500元/月执行。

（二）对个体工商户业主、个人独资企业和合伙企业自然人投资者、企事业单位承包承租经营者2018年取得的生产经营所得，用全年应纳税所得额分别计算应纳前三季度税额和应纳第四季度税额，其中应纳前三季度税额按照税法修改前规定的税率和前三季度实际经营月份的权重计算，应纳第四季度税额按照本通知所附个人所得税税率表二（以下称税法修改后规定的税率）和第四季度实际经营月份的权重计算……

法条解读

税率是计算税额的尺度，决定着纳税人的负担及国家税收收入的多少，是个人所得税制度的核心环节，也是衡量税负轻重与否的重要标志。《个人所得税法》第3条没有对应的实施条例，但《个人所得税法》后附个人所得税税率表一（综合所得适用）、个人所得税税率表二（经营所得适用），国家税务总局公告2018年第56号后附个人所得税税率表三（非居民个人工资、薪金所得，劳务报酬所得，稿酬所得，特许权使用费所得适用），有助于我们的准确理解。

（一）税率级距调整

个人所得税不仅有增加税收功能，还有调节收入分配的功能和作用，所以只有少数国家的个人所得税实行比例税率，大多数实行累进税率。我国对个人所得税综合所得和经营所得，按不同档次计税，把计税收入划分成若干区间等级，税率取决于应纳税所得额所处的对应级距。

2018年修改后的《个人所得税法》规定将稿酬所得和工资薪

金所得、劳务报酬所得、特许权使用费所得归集为综合所得，合并课税。这4类所得合并征收的好处是，具有劳动性质的收入可以适用同样的税收政策，不同类型的劳动收入税负相同，有利于加强征管和社会公平。综合所得适用3%至45%的超额累进税率，与修改前的工资、薪金所得税率结构相似，但级距有变化。考虑到我国高、中、低收入差距比较突出，3%、10%、20%三档低税率的级距扩大，25%税率的级距缩小，30%、35%、45%三档较高税率级距不变。由此可见，此次级距的拓宽，只针对低税率的级次，明显体现出本次税改的主导思想：调节贫富差距，促进公平。

级距修改对于取得工资、薪金收入不同收入水平的个人来说，均产生一定减税效果。相较而言，个人收入越低，减税幅度越大。

对于非居民个人，其工资、薪金所得不归入“综合所得”，相应地，按月所得额大小不同适用超额累进税率。居民个人的综合所得税率表中的“全年应纳税所得额”除以12所得之商数，即为非居民个人的“工资、薪金所得”、“劳务报酬所得”、“稿酬所得”及“特许权使用费所得”4项所得的“按月应纳税所得额”级距金额。

新、旧法税率对比

级数	新个人所得税法（全年综合所得折算到月）	旧个人所得税法（按月工资薪金所得）	税率（%）
1	不超过3000元的	不超过1500元的	3
2	超过3000元至12000元的部分	超过1500元至4500元的部分	10
3	超过12000元至25000元的部分	超过4500元至9000元的部分	20
4	超过25000元至35000元的部分	超过9000元至35000元的部分	25

续表

级数	新个人所得税法 （全年综合所得折算到月）	旧个人所得税法 （按月工资薪金所得）	税率 （%）
5	超过 35000 元至 55000 元的部分	超过 35000 元至 55000 元的部分	30
6	超过 55000 元至 80000 元的部分	超过 55000 元至 80000 元的部分	35
7	超过 80000 元的部分	超过 80000 元的部分	45

（二）税率变化影响

由于将稿酬所得、劳务报酬所得、特许权使用费所得和工资薪金所得汇总计算应纳税额，多项所得汇总计算后，可能会适用更高的累进税率，多种收入来源的高收入者税负可能会上升。在 2018 年修法之前，劳务报酬所得、稿酬所得、特许权使用费所得均适用 20% 的税率（其中，劳务报酬所得适用加成征收的规定，使得该项所得实际适用 20%、30% 和 40% 的超额累进税率，稿酬所得原享受 20% 税率减征三成的税收优惠政策，实际上是 14% 的税率），如果他们作为综合所得的一部分，收入高者汇总计算后适用的最高税率有可能达到 45%，比如让稿酬所得按照 45% 的税率征税，肯定会提高稿酬收入多的纳税人税负水平。不过对于收入低的人，可以适用低税率，加上个税减除费用标准提高，明显减轻税负。

“经营所得”沿用了修改前《个人所得税法》中“个体工商户的生产、经营所得”及“对企事业单位的承包经营、承租经营所得”适用的 5 级超额累进税率（5% －35%），但将每一档税率适用的所得级距金额范围予以扩大，在一定程度上呼应了经济发展，有助于降低相关经营者的税负。

根据“拉弗曲线”的原理，边际税率越高，纳税人增加的可支配收入就越少，虽然税收收入的作用增强，但却会产生某种程度的替代效应，如当工作的边际收入减少时，人们就会以闲暇去替代部分工作时间，从而妨碍人们努力工作，造成劳动效率的损失。适当降低最高边际税率，会鼓励更多人把闲暇的时间和闲暇的资金转化为生产要素，反而促进社会财富总量的增加和税收收入总量的增加。

修改后的《个人所得税法》综合所得最高边际税率和原来一样，仍然是45%，此前有不少人提议降低最高税率，有利于高端人才引进，增加社会投资意愿。从国际税改趋势看，许多国家近年来普遍调低了劳动所得的边际税率，在同等条件下按45%的个税税率征收会导致缺乏国际竞争力。因此，无论从国际税改发展趋势、阻止财富外流和吸引人才，还是平衡劳动所得与资本利得税负的角度看，个人所得税最高边际税率可以适当降低。

（三）部分条款先行实施

2018年《个人所得税法》修改，既考虑到给税务机关、扣缴义务人和纳税人实施新税制预留一定准备时间，同时又考虑到尽早释放减税红利，实行“一次修法，两步到位”。

2018年9月7日，财政部和国家税务总局发布了《关于2018年第四季度个人所得税减除费用和税率适用问题的通知》（财税〔2018〕98号），规定本次修法的部分条款（扣除项目及工薪所得和经营所得的税率）于2018年10月1日起先行实施：

1. 对工薪人员在2018年10月1日（含）后实际取得的工资、薪金所得，减除费用统一按照5000元/月执行，并按照本通知所附个人所得税税率表一计算应纳税额。对纳税人在2018年9月30日（含）前实际取得的工资、薪金所得，减除费用按照税法修改前规定执行。

阅读交流
二维码

2. 对个体工商户业主、个人独资企业和合伙企业自然人投资者、企事业单位承包承租经营者2018年第四季度取得的生产经营所得，减除费用按照5000元/月执行，前三季度减除费用按照3500元/月执行。2018年取得的生产经营所得，用全年应纳税所得额分别计算应纳前三季度税额和应纳第四季度税额，其中应纳前三季度税额按照税法修改前规定的税率和前三季度实际经营月份的权重计算，应纳第四季度税额按照本通知所附个人所得税税率表二和第四季度实际经营月份的权重计算。

第四条 【免税项目】

第四条 下列各项个人所得，免征个人所得税：

（一）省级人民政府、国务院部委和中国人民解放军军以上单位，以及外国组织、国际组织颁发的科学、教育、技术、文化、卫生、体育、环境保护等方面的奖金；

（二）国债和国家发行的金融债券利息；

（三）按照国家统一规定发给的补贴、津贴；

（四）福利费、抚恤金、救济金；

（五）保险赔款；

（六）军人的转业费、复员费、退役金；

（七）按照国家统一规定发给干部、职工的安家费、退职费、基本养老金或者退休费、离休费、离休生活补助费；

（八）依照有关法律规定应予免税的各国驻华使馆、领事馆的外交代表、领事官员和其他人员的所得；

（九）中国政府参加的国际公约、签订的协议中规定免税的所得；

（十）国务院规定的其他免税所得。

前款第十项免税规定，由国务院报全国人民代表大会常务委员会备案。

《中华人民共和国个人所得税法实施条例》

第九条 个人所得税法第四条第一款第二项所称国债利息，是指个人持有中华人民共和国财政部发行的债券而取得的利息；所称国家发行的金融债券利息，是指个人持有经国务院批准发行的金融债券而取得的利息。

第十条 个人所得税法第四条第一款第三项所称按照国家统一规定发给的补贴、津贴，是指按照国务院规定发给的政府特殊津贴、院士津贴，以及国务院规定免予缴纳个人所得税的其他补贴、津贴。

第十一条 个人所得税法第四条第一款第四项所称福利费，是指根据国家有关规定，从企业、事业单位、国家机关、社会组织提留的福利费或者工会经费中支付给个人的生活补助费；所称救济金，是指各级人民政府民政部门支付给个人的生活困难补助费。

第十二条 个人所得税法第四条第一款第八项所称依照有关法律规定应予免税的各国驻华使馆、领事馆的外交代表、领事官员和其他人员的所得，是指依照《中华人民共和国外交特权与豁免条例》和《中华人民共和国领事特权与豁免条例》规定免税的所得。

关联规定

《关于继续有效的个人所得税优惠政策目录的公告》（财政部、税务总局公告2018年第177号）

继续有效的个人所得税优惠政策涉及的文件目录

序号	制定机关	优惠政策文件名称	文号
1	财政部	财政部关于外国来华工作人员缴纳个人所得税问题的通知	(80)财税字第189号
2	**财政部、税务总局**	**财政部　国家税务总局关于个人所得税若干政策问题的通知**	**财税字〔1994〕020号**
3	财政部、税务总局	财政部　国家税务总局关于西藏自治区贯彻施行《中华人民共和国个人所得税法》有关问题的批复	财税字〔1994〕021号
4	税务总局	国家税务总局关于印发《征收个人所得税若干问题的规定》的通知	国税发〔1994〕089号
5	**税务总局**	**国家税务总局关于社会福利有奖募捐发行收入税收问题的通知**	**国税发〔1994〕127号**
6	税务总局	国家税务总局关于曾宪梓教育基金会教师奖免征个人所得税的函	国税函发〔1994〕376号
7	财政部、税务总局	财政部　国家税务总局关于发给见义勇为者的奖金免征个人所得税问题的通知	财税字〔1995〕25号
8	税务总局	国家税务总局关于个人取得青苗补偿费收入征免个人所得税的批复	国税函发〔1995〕079号
9	财政部、税务总局	财政部　税务总局关于军队干部工资薪金收入征收个人所得税的通知	财税字〔1996〕14号
10	财政部、税务总局	财政部　国家税务总局关于西藏特殊津贴免征个人所得税的批复	财税字〔1996〕91号
11	财政部、税务总局	财政部　国家税务总局关于国际青少年消除贫困奖免征个人所得税的通知	财税字〔1997〕51号

续表

序号	制定机关	优惠政策文件名称	文号
12	税务总局	国家税务总局关于股份制企业转增股本和派发红股征免个人所得税的通知	国税发〔1997〕198号
13	财政部、税务总局	财政部　国家税务总局关于个人取得体育彩票中奖所得征免个人所得税问题的通知	财税字〔1998〕12号
14	财政部、税务总局	财政部　国家税务总局关于证券投资基金税收问题的通知	财税字〔1998〕55号
15	财政部、税务总局	财政部　国家税务总局关于个人转让股票所得继续暂免征收个人所得税的通知	财税字〔1998〕61号
16	税务总局	国家税务总局关于原城市信用社在转制为城市合作银行过程中个人股增值所得应纳个人所得税的批复	国税函〔1998〕289号
17	税务总局	国家税务总局关于“长江学者奖励计划”有关个人收入免征个人所得税的通知	国税函〔1998〕632号
18	财政部、税务总局	财政部　国家税务总局关于促进科技成果转化有关税收政策的通知	财税字〔1999〕45号
19	税务总局	国家税务总局关于个人所得税有关政策问题的通知	国税发〔1999〕58号
20	税务总局	国家税务总局关于促进科技成果转化有关个人所得税问题的通知	国税发〔1999〕125号
21	财政部、税务总局	财政部　国家税务总局关于住房公积金　医疗保险金　基本养老保险金　失业保险基金个人帐户存款利息所得免征个人所得税的通知	财税字〔1999〕267号

续表

序号	制定机关	优惠政策文件名称	文号
22	税务总局	国家税务总局关于“特聘教授奖金”免征个人所得税的通知	国税函〔1999〕525号
23	税务总局	国家税务总局关于企业改组改制过程中个人取得的量化资产征收个人所得税问题的通知	国税发〔2000〕60号
24	财政部、税务总局	财政部　国家税务总局关于随军家属就业有关税收政策的通知	财税〔2000〕84号
25	财政部、税务总局	财政部　国家税务总局关于调整住房租赁市场税收政策的通知	财税〔2000〕125号
26	税务总局	国家税务总局关于律师事务所从业人员取得收入征收个人所得税有关业务问题的通知	国税发〔2000〕149号
27	税务总局	国家税务总局关于“长江小小科学家”奖金免征个人所得税的通知	国税函〔2000〕688号
28	税务总局	国家税务总局关于《关于个人独资企业和合伙企业投资者征收个人所得税的规定》执行口径的通知	国税函〔2001〕84号
29	**财政部、税务总局**	**财政部　国家税务总局关于个人与用人单位解除劳动关系取得的一次性补偿收入征免个人所得税问题的通知**	**财税〔2001〕157号**
30	财政部、税务总局	财政部　国家税务总局关于开放式证券投资基金有关税收问题的通知	财税〔2002〕128号
31	**财政部、税务总局**	**财政部　国家税务总局关于自主择业的军队转业干部有关税收政策问题的通知**	**财税〔2003〕26号**

续表

序号	制定机关	优惠政策文件名称	文号
32	税务总局	国家税务总局关于个人取得“母亲河(波司登)奖”奖金所得免征个人所得税问题的批复	国税函〔2003〕961 号
33	财政部、税务总局	财政部 国家税务总局关于外籍个人取得港澳地区住房等补贴征免个人所得税的通知	财税〔2004〕29 号
34	财政部、税务总局	**财政部 国家税务总局关于农村税费改革试点地区有关个人所得税问题的通知**	**财税〔2004〕30 号**
35	财政部、税务总局	**财政部 国家税务总局关于教育税收政策的通知**	**财税〔2004〕39 号**
36	税务总局	国家税务总局关于国际组织驻华机构外国政府驻华使领馆和驻华新闻机构雇员个人所得税征收方式的通知	国税函〔2004〕808 号
37	财政部、税务总局	**财政部 国家税务总局关于城镇房屋拆迁有关税收政策的通知**	**财税〔2005〕45 号**
38	财政部、税务总局	**财政部 国家税务总局关于股权分置试点改革有关税收政策问题的通知**	**财税〔2005〕103 号**
39	财政部、税务总局	**财政部 国家税务总局关于基本养老保险费、基本医疗保险费、失业保险费、住房公积金有关个人所得税政策的通知**	**财税〔2006〕10 号**
40	税务总局	国家税务总局关于陈嘉庚科学奖获奖个人取得的奖金收入免征个人所得税的通知	国税函〔2006〕561 号
41	财政部、税务总局	财政部 国家税务总局关于单位低价向职工售房有关个人所得税问题的通知	财税〔2007〕13 号

续表

序号	制定机关	优惠政策文件名称	文号
42	财政部、税务总局	财政部　国家税务总局关于个人取得有奖发票奖金征免个人所得税问题的通知	财税〔2007〕34号
43	财政部、税务总局	财政部　国家税务总局关于《建立亚洲开发银行协定》有关个人所得税问题的补充通知	财税〔2007〕93号
44	财政部、税务总局	财政部　国家税务总局关于高级专家延长离休退休期间取得工资薪金所得有关个人所得税问题的通知	财税〔2008〕7号
45	财政部、税务总局	财政部　国家税务总局关于生育津贴和生育医疗费有关个人所得税政策的通知	财税〔2008〕8号
46	财政部、税务总局	财政部　国家税务总局关于廉租住房经济适用住房和住房租赁有关税收政策的通知	财税〔2008〕24号
47	财政部、税务总局	财政部　国家税务总局关于认真落实抗震救灾及灾后重建税收政策问题的通知	财税〔2008〕62号
48	财政部、税务总局	财政部　国家税务总局关于储蓄存款利息所得有关个人所得税政策的通知	财税〔2008〕132号
49	财政部、税务总局	财政部　国家税务总局关于证券市场个人投资者证券交易结算资金利息所得有关个人所得税政策的通知	财税〔2008〕140号
50	财政部、税务总局	财政部　国家税务总局关于个人无偿受赠房屋有关个人所得税问题的通知	财税〔2009〕78号
51	税务总局	国家税务总局关于明确个人所得税若干政策执行问题的通知	国税发〔2009〕121号

续表

序号	制定机关	优惠政策文件名称	文号
52	税务总局	国家税务总局关于刘东生青年科学家奖和刘东生地球科学奖学金获奖者奖金免征个人所得税的通知	国税函〔2010〕74 号
53	税务总局	国家税务总局关于全国职工职业技能大赛奖金免征个人所得税的通知	国税函〔2010〕78 号
54	**财政部、税务总局**	**财政部 国家税务总局关于个人独资企业和合伙企业投资者取得种植业、养殖业、饲养业、捕捞业所得有关个人所得税问题的批复**	**财税〔2010〕96 号**
55	税务总局	国家税务总局关于中华宝钢环境优秀奖奖金免征个人所得税问题的通知	国税函〔2010〕130 号
56	**财政部、税务总局**	**财政部 国家税务总局关于企业促销展业赠送礼品有关个人所得税问题的通知**	**财税〔2011〕50 号**
57	税务总局	国家税务总局关于 2011 年度李四光地质科学奖奖金免征个人所得税的公告	国家税务总局公告 2011 年第 68 号
58	**财政部、税务总局**	**财政部 国家税务总局关于退役士兵退役金和经济补助免征个人所得税问题的通知**	**财税〔2011〕109 号**
59	税务总局	国家税务总局关于第五届黄汲清青年地质科学技术奖奖金免征个人所得税问题的公告	国家税务总局公告 2012 年第 4 号
60	税务总局	国家税务总局关于明天小小科学家奖金免征个人所得税问题的公告	国家税务总局公告 2012 年第 28 号
61	**财政部、税务总局**	**财政部 国家税务总局关于工伤职工取得的工伤保险待遇有关个人所得税政策的通知**	**财税〔2012〕40 号**

续表

序号	制定机关	优惠政策文件名称	文号
62	财政部、税务总局	财政部　国家税务总局关于地方政府债券利息免征所得税问题的通知	财税〔2013〕5号
63	财政部、税务总局	财政部　国家税务总局关于棚户区改造有关税收政策的通知	财税〔2013〕101号
64	财政部、人力资源社会保障部、税务总局	财政部　人力资源社会保障部　国家税务总局关于企业年金、职业年金个人所得税有关问题的通知	财税〔2013〕103号
65	财政部、税务总局	财政部　国家税务总局关于广东横琴新区个人所得税优惠政策的通知	财税〔2014〕23号
66	财政部、税务总局	财政部　国家税务总局关于福建平潭综合实验区个人所得税优惠政策的通知	财税〔2014〕24号
67	财政部、税务总局	财政部　国家税务总局关于深圳前海深港现代服务业合作区个人所得税优惠政策的通知	财税〔2014〕25号
68	财政部、税务总局、证监会	财政部　国家税务总局　证监会关于沪港股票市场交易互联互通机制试点有关税收政策的通知	财税〔2014〕81号
69	财政部、海关总署、税务总局	财政部　海关总署　国家税务总局关于支持鲁甸地震灾后恢复重建有关税收政策问题的通知	财税〔2015〕27号
70	财政部、税务总局	财政部　国家税务总局关于个人非货币性资产投资有关个人所得税政策的通知	财税〔2015〕41号
71	财政部、税务总局、证监会	财政部　国家税务总局　证监会关于上市公司股息红利差别化个人所得税政策有关问题的通知	财税〔2015〕101号

续表

序号	制定机关	优惠政策文件名称	文号
72	财政部、税务总局	财政部　国家税务总局关于将国家自主创新示范区有关税收试点政策推广到全国范围实施的通知	财税〔2015〕116 号
73	财政部、税务总局、证监会	财政部　国家税务总局　证监会关于内地与香港基金互认有关税收政策的通知	财税〔2015〕125 号
74	财政部、税务总局	财政部　国家税务总局关于行政和解金有关税收政策问题的通知	财税〔2016〕100 号
75	财政部、税务总局	财政部　国家税务总局关于完善股权激励和技术入股有关所得税政策的通知	财税〔2016〕101 号
76	财政部、税务总局、证监会	财政部　国家税务总局　证监会关于深港股票市场交易互联互通机制试点有关税收政策的通知	财税〔2016〕127 号
77	**财政部、税务总局、民政部**	**财政部　税务总局　民政部关于继续实施扶持自主就业退役士兵创业就业有关税收政策的通知**	**财税〔2017〕46 号**
78	**财政部、税务总局、人力资源社会保障部**	**财政部　税务总局　人力资源社会保障部关于继续实施支持和促进重点群体创业就业有关税收政策的通知**	**财税〔2017〕49 号**
79	财政部、税务总局、海关总署	财政部　税务总局　海关总署关于北京 2022 年冬奥会和冬残奥会税收政策的通知	财税〔2017〕60 号
80	财政部、税务总局、证监会	财政部　税务总局　证监会关于沪港股票市场交易互联互通机制试点有关税收政策的通知	财税〔2017〕78 号
81	财政部、税务总局、证监会	财政部　税务总局　证监会关于支持原油等货物期货市场对外开放税收政策的通知	财税〔2018〕21 号

续表

序号	制定机关	优惠政策文件名称	文号
82	财政部、税务总局、人力资源社会保障部、中国银行保险监督管理委员会、证监会	财政部　税务总局　人力资源社会保障部　中国银行保险监督管理委员会　证监会关于开展个人税收递延型商业养老保险试点的通知	财税〔2018〕22号
83	财政部、税务总局	财政部　税务总局关于创业投资企业和天使投资个人有关税收政策的通知	财税〔2018〕55号
84	财政部、税务总局、科技部	财政部　税务总局　科技部关于科技人员取得职务科技成果转化现金奖励有关个人所得税政策的通知	财税〔2018〕58号
85	财政部、税务总局	财政部　税务总局关于易地扶贫搬迁税收优惠政策的通知	财税〔2018〕135号
86	财政部、税务总局、证监会	财政部　税务总局　证监会关于个人转让全国中小企业股份转让系统挂牌公司股票有关个人所得税政策的通知	财税〔2018〕137号
87	财政部、税务总局、证监会	财政部　税务总局　证监会关于继续执行内地与香港基金互认有关个人所得税政策的通知	财税〔2018〕154号
88	财政部、税务总局	财政部　税务总局关于个人所得税法修改后有关优惠政策衔接问题的通知	财税〔2018〕164号

（注：上述文件中个人所得税优惠政策继续有效，已废止或者失效的部分条款除外。）

上述88个优惠政策中字体加粗的重点文件内容摘录①

《关于个人所得税若干政策问题的通知》(1994年5月13日 财税字〔1994〕020号)

二、下列所得,暂免征收个人所得税

(一)外籍个人以非现金形式或实报实销形式取得的住房补贴、伙食补贴、搬迁费、洗衣费。

(二)外籍个人按合理标准取得的境内、外出差补贴。

(三)外籍个人取得的探亲费、语言训练费、子女教育费等,经当地税务机关审核批准为合理的部分。

(四)个人举报、协查各种违法、犯罪行为而获得的奖金。

(五)个人办理代扣代缴税款手续,按规定取得的扣缴手续费。

(六)个人转让自用达五年以上、并且是唯一的家庭生活用房取得的所得。

(七)对按国发〔1983〕141号《国务院关于高级专家离休退休若干问题的暂行规定》和国办发〔1991〕40号《国务院办公厅关于杰出高级专家暂缓离退休审批问题的通知》精神,达到离休、退休年龄,但确因工作需要,适当延长离休退休年龄的高级专家(指享受国家发放的政府特殊津贴的专家、学者),其在延长离休退休期间的工资、薪金所得,视同退休工资、离休工资免征个人所得税。

(八)外籍个人从外商投资企业取得的股息、红利所得。

(九)凡符合下列条件之一的外籍专家取得的工资、薪金所得可免征个人所得税:

1. 根据世界银行专项贷款协议由世界银行直接派往我国工

---

① 因篇幅关系,对88个优惠政策中仅涉及部分地区或受惠人群较少的优惠政策内容不摘录。

作的外国专家；

2. 联合国组织直接派往我国工作的专家；

3. 为联合国援助项目来华工作的专家；

4. 援助国派往我国专为该国无偿援助项目工作的专家；

5. 根据两国政府签订文化交流项目来华工作两年以内的文教专家，其工资、薪金所得由该国负担的；

6. 根据我国大专院校国际交流项目来华工作两年以内的文教专家，其工资、薪金所得由该国负担的；

7. 通过民间科研协定来华工作的专家，其工资、薪金所得由该国政府机构负担的。

《关于社会福利有奖募捐发行收入税收问题的通知》（1994年5月23日　国税发〔1994〕127号）

二、所得税

对个人购买社会福利有奖募捐奖券一次中奖收入不超过10000元的暂免征收个人所得税，对一次中奖收入超过10000元的，应按税法规定全额征税。

《关于股份制企业转增股本和派发红股征免个人所得税的通知》（1997年12月25日　国税发〔1997〕198号）

近接一些地区和单位来文、来电请示，要求对股份制企业用资本公积金转增个人股本是否征收个人所得税的问题作出明确规定。经研究，现明确如下：

一、股份制企业用资本公积金转增股本不属于股息、红利性质的分配，对个人取得的转增股本数额，不作为个人所得，不征收个人所得税。

二、股份制企业用盈余公积金派发红股属于股息、红利性质的分配，对个人取得的红股数额，应作为个人所得征税。

各地要严格按照《国家税务总局关于印发〈征收个人所得税

若干问题的规定〉的通知》(国税发〔1994〕089 号)的有关规定执行,没有执行的要尽快纠正。派发红股的股份制企业作为支付所得的单位应按照税法规定履行扣缴义务。

《关于个人取得体育彩票中奖所得征免个人所得税问题的通知》(1998 年 4 月 27 日　财税字〔1998〕12 号)

为了有利于动员全社会力量资助和发展我国的体育事业,经研究决定,对个人购买体育彩票中奖收入的所得税政策作如下调整:凡一次中奖收入不超过 1 万元的,暂免征收个人所得税;超过 1 万元的,应按税法规定全额征收个人所得税。

本规定自 1998 年 4 月 1 日起执行。

《关于证券投资基金税收问题的通知》(1998 年 8 月 6 日　财税字〔1998〕55 号)

三、关于所得税问题

2. 对个人投资者买卖基金单位获得的差价收入,在对个人买卖股票的差价收入未恢复征收个人所得税以前,暂不征收个人所得税……

3. 对投资者从基金分配中获得的股票的股息、红利收入以及企业债券的利息收入,由上市公司和发行债券的企业在向基金派发股息、红利、利息时代扣代缴 20% 的个人所得税,基金向个人投资者分配股息、红利、利息时,不再代扣代缴个人所得税。

4. 对投资者从基金分配中获得的国债利息、储蓄存款利息以及买卖股票价差收入,在国债利息收入、个人储蓄存款利息收入以及个人买卖股票差价收入未恢复征收所得税以前,暂不征收所得税。

《关于个人转让股票所得继续暂免征收个人所得税的通知》(1998 年 3 月 30 日　财税字〔1998〕61 号)

为了配合企业改制,促进股票市场的稳健发展,经报国务院批准，从1997年1月1日起，对个人转让上市公司股票取得的所得继续暂免征收个人所得税。

《关于促进科技成果转化有关税收政策的通知》(1999年5月27日　财税字〔1999〕45号)

三、自1999年7月1日起，科研机构、高等学校转化职务科技成果以股份或出资比例等股权形式给予个人奖励，获奖人在取得股份、出资比例时，暂不缴纳个人所得税；取得按股份、出资比例分红或转让股权、出资比例所得时，应依法缴纳个人所得税……

《关于个人所得税有关政策问题的通知》(1999年4月9日　国税发〔1999〕58号)

三、关于个人取得无赔款优待收入征税问题

对于个人因任职单位缴纳有关保险费用而取得的无赔款优待收入，按照“其他所得”应税项目计征个人所得税。

对于个人自己缴纳有关商业保险费(保费全部返还个人的保险除外)而取得的无赔款优待收入，不作为个人的应纳税收入，不征收个人所得税。

《关于个人与用人单位解除劳动关系取得的一次性补偿收入征免个人所得税问题的通知》(2001年9月10日　财税〔2001〕157号)

三、企业依照国家有关法律规定宣告破产，企业职工从该破产企业取得的一次性安置费收入，免征个人所得税。

《关于自主择业的军队转业干部有关税收政策问题的通知》(2003年4月9日　财税〔2003〕26号)

一、从事个体经营的军队转业干部，经主管税务机关批准，自领取税务登记证之日起，3年内免征营业税和个人所得税。

《关于农村税费改革试点地区有关个人所得税问题的通知》(2004 年 1 月 17 日 财税〔2004〕30 号)

一、农村税费改革试点期间,取消农业特产税、减征或免征农业税后,对个人或个体户从事种植业、养殖业、饲养业、捕捞业,且经营项目属于农业税(包括农业特产税)、牧业税征税范围的,其取得的“四业”所得暂不征收个人所得税。

《关于教育税收政策的通知》(2004 年 2 月 5 日 财税〔2004〕39 号)

一、关于营业税、增值税、所得税

8. 纳税人通过中国境内非营利的社会团体、国家机关向教育事业的捐赠,准予在企业所得税和个人所得税前全额扣除。

11. 对个人取得的教育储蓄存款利息所得,免征个人所得税;对省级人民政府、国务院各部委和中国人民解放军军以上单位,以及外国组织、国际组织颁布的教育方面的奖学金,免征个人所得税;高等学校转化职务科技成果以股份或出资比例等股权形式给予个人奖励,获奖人在取得股份、出资比例时,暂不缴纳个人所得税;取得按股份、出资比例分红或转让股权、出资比例所得时,依法缴纳个人所得税。

《关于城镇房屋拆迁有关税收政策的通知》(2005 年 3 月 22 日 财税〔2005〕45 号)

一、对被拆迁人按照国家有关城镇房屋拆迁管理办法规定的标准取得的拆迁补偿款,免征个人所得税。

《关于股权分置试点改革有关税收政策问题的通知》(2005 年 6 月 13 日 财税〔2005〕103 号)

二、股权分置改革中非流通股股东通过对价方式向流通股股东支付的股份、现金等收入,暂免征收流通股股东应缴纳的企业所得税和个人所得税。

《关于基本养老保险费、基本医疗保险费、失业保险费、住房公积金有关个人所得税政策的通知》(2006 年 6 月 27 日　财税〔2006〕10 号)

一、企事业单位按照国家或省(自治区、直辖市)人民政府规定的缴费比例或办法实际缴付的基本养老保险费、基本医疗保险费和失业保险费,免征个人所得税;个人按照国家或省(自治区、直辖市)人民政府规定的缴费比例或办法实际缴付的基本养老保险费、基本医疗保险费和失业保险费,允许在个人应纳税所得额中扣除。

企事业单位和个人超过规定的比例和标准缴付的基本养老保险费、基本医疗保险费和失业保险费,应将超过部分并入个人当期的工资、薪金收入,计征个人所得税。

二、根据《住房公积金管理条例》、《建设部　财政部　中国人民银行关于住房公积金管理若干具体问题的指导意见》(建金管〔2005〕5 号)等规定精神,单位和个人分别在不超过职工本人上一年度月平均工资 12% 的幅度内,其实际缴存的住房公积金,允许在个人应纳税所得额中扣除。单位和职工个人缴存住房公积金的月平均工资不得超过职工工作地所在设区城市上一年度职工月平均工资的 3 倍,具体标准按照各地有关规定执行。

单位和个人超过上述规定比例和标准缴付的住房公积金,应将超过部分并入个人当期的工资、薪金收入,计征个人所得税。

三、个人实际领(支)取原提存的基本养老保险金、基本医疗保险金、失业保险金和住房公积金时,免征个人所得税。

《关于生育津贴和生育医疗费有关个人所得税政策的通知》(2008 年 3 月 7 日　财税〔2008〕8 号)

一、生育妇女按照县级以上人民政府根据国家有关规定制定的生育保险办法，取得的生育津贴、生育医疗费或其他属于生育保险性质的津贴、补贴，免征个人所得税。

《关于廉租住房经济适用住房和住房租赁有关税收政策的通知》(2008 年 3 月 3 日　财税〔2008〕24 号)

二、支持住房租赁市场发展的税收政策

(一)对个人出租住房取得的所得减按 10% 的税率征收个人所得税。

《关于储蓄存款利息所得有关个人所得税政策的通知》(2008 年 10 月 9 日　财税〔2008〕132 号)

为配合国家宏观调控政策需要，经国务院批准，自 2008 年 10 月 9 日起，对储蓄存款利息所得暂免征收个人所得税。即储蓄存款在 1999 年 10 月 31 日前孳生的利息所得，不征收个人所得税；储蓄存款在 1999 年 11 月 1 日至 2007 年 8 月 14 日孳生的利息所得，按照 20% 的比例税率征收个人所得税；储蓄存款在 2007 年 8 月 15 日至 2008 年 10 月 8 日孳生的利息所得，按照 5% 的比例税率征收个人所得税；储蓄存款在 2008 年 10 月 9 日后(含 10 月 9 日)孳生的利息所得，暂免征收个人所得税。

《关于证券市场个人投资者证券交易结算资金利息所得有关个人所得税政策的通知》(2008 年 10 月 26 日　财税〔2008〕140 号)

根据《中华人民共和国个人所得税法》有关规定，经国务院批准，现就证券市场个人投资者取得的证券交易结算资金利息所得有关个人所得税政策通知如下：

自 2008 年 10 月 9 日起，对证券市场个人投资者取得的证券交易结算资金利息所得，暂免征收个人所得税，即证券市场个人投资者的证券交易结算资金在 2008 年 10 月 9 日后(含 10 月 9

日）孳生的利息所得，暂免征收个人所得税。

《关于个人无偿受赠房屋有关个人所得税问题的通知》（2009年5月25日 财税〔2009〕78号）

为了加强个人所得税征管，堵塞税收漏洞，根据《中华人民共和国个人所得税法》有关规定，现就个人无偿受赠房屋有关个人所得税问题通知如下：

一、以下情形的房屋产权无偿赠与，对当事双方不征收个人所得税：

（一）房屋产权所有人将房屋产权无偿赠与配偶、父母、子女、祖父母、外祖父母、孙子女、外孙子女、兄弟姐妹；

（二）房屋产权所有人将房屋产权无偿赠与对其承担直接抚养或者赡养义务的抚养人或者赡养人；

（三）房屋产权所有人死亡，依法取得房屋产权的法定继承人、遗嘱继承人或者受遗赠人。

二、赠与双方办理免税手续时，应向税务机关提交以下资料：

（一）《国家税务总局关于加强房地产交易个人无偿赠与不动产税收管理有关问题的通知》（国税发〔2006〕144号）第一条规定的相关证明材料；

（二）赠与双方当事人的有效身份证件；

（三）属于本通知第一条第（一）项规定情形的，还须提供公证机构出具的赠与人和受赠人亲属关系的公证书（原件）；

（四）属于本通知第一条第（二）项规定情形的，还须提供公证机构出具的抚养关系或者赡养关系公证书（原件），或者乡镇政府或街道办事处出具的抚养关系或者赡养关系证明。

税务机关应当认真审核赠与双方提供的上述资料，资料齐全并且填写正确的，在提交的《个人无偿赠与不动产登记表》上签字盖章后复印留存，原件退还提交人，同时办理个人所得税不征税手续。

三、除本通知第一条规定情形以外，房屋产权所有人将房屋产权无偿赠与他人的，受赠人因无偿受赠房屋取得的受赠所得，按照“经国务院财政部门确定征税的其他所得”项目缴纳个人所得税，税率为20%。

六、本通知自发布之日起执行。

《关于个人独资企业和合伙企业投资者取得种植业、养殖业、饲养业、捕捞业所得有关个人所得税问题的批复》(2010年11月2日 财税〔2010〕96号)

……对个人独资企业和合伙企业从事种植业、养殖业、饲养业和捕捞业(以下简称“四业”)，其投资者取得的“四业”所得暂不征收个人所得税。

《关于企业促销展业赠送礼品有关个人所得税问题的通知》(2011年6月9日 财税〔2011〕50号)

一、企业在销售商品(产品)和提供服务过程中向个人赠送礼品，属于下列情形之一的，不征收个人所得税：

1. 企业通过价格折扣、折让方式向个人销售商品(产品)和提供服务；

2. 企业在向个人销售商品(产品)和提供服务的同时给予赠品，如通信企业对个人购买手机赠话费、入网费，或者购话费赠手机等；

3. 企业对累积消费达到一定额度的个人按消费积分反馈礼品。

二、企业向个人赠送礼品，属于下列情形之一的，取得该项所得的个人应依法缴纳个人所得税，税款由赠送礼品的企业代扣代缴：

1. 企业在业务宣传、广告等活动中，随机向本单位以外的个人赠送礼品，对个人取得的礼品所得，按照“其他所得”项目，全额适用20%的税率缴纳个人所得税。

2. 企业在年会、座谈会、庆典以及其他活动中向本单位以外的个人赠送礼品，对个人取得的礼品所得，按照“其他所得”项目，全额适用20%的税率缴纳个人所得税。

3. 企业对累积消费达到一定额度的顾客，给予额外抽奖机会，个人的获奖所得，按照“偶然所得”项目，全额适用20%的税率缴纳个人所得税。

三、企业赠送的礼品是自产产品（服务）的，按该产品（服务）的市场销售价格确定个人的应税所得；是外购商品（服务）的，按该商品（服务）的实际购置价格确定个人的应税所得。

《关于退役士兵退役金和经济补助免征个人所得税问题的通知》（2011年12月6日　财税〔2011〕109号）

一、对退役士兵按照《退役士兵安置条例》（国务院、中央军委令第608号）规定，取得的一次性退役金以及地方政府发放的一次性经济补助，免征个人所得税。

《关于工伤职工取得的工伤保险待遇有关个人所得税政策的通知》（2012年5月3日　财税〔2012〕40号）

为贯彻落实《工伤保险条例》（国务院令第586号），根据个人所得税法第四条中“经国务院财政部门批准免税的所得”的规定，现就工伤职工取得的工伤保险待遇有关个人所得税政策通知如下：

一、对工伤职工及其近亲属按照《工伤保险条例》（国务院令第586号）规定取得的工伤保险待遇，免征个人所得税。

二、本通知第一条所称的工伤保险待遇，包括工伤职工按照《工伤保险条例》（国务院令第586号）规定取得的一次性伤残补助金、伤残津贴、一次性工伤医疗补助金、一次性伤残就业补助金、工伤医疗待遇、住院伙食补助费、外地就医交通食宿费用、工伤康复费用、辅助器具费用、生活护理费等，以及职工因工死亡，其近亲属按照《工伤保险条例》(国务院令第586号)规定取得的丧葬补助金、供养亲属抚恤金和一次性工亡补助金等。

三、本通知自2011年1月1日起执行。对2011年1月1日之后已征税款，由纳税人向主管税务机关提出申请，主管税务机关按相关规定予以退还。

《关于地方政府债券利息免征所得税问题的通知》(2013年1月16日 财税〔2013〕5号)

经国务院批准，现就地方政府债券利息有关所得税政策通知如下：

一、对企业和个人取得的2012年及以后年度发行的地方政府债券利息收入，免征企业所得税和个人所得税。

二、地方政府债券是指经国务院批准同意，以省、自治区、直辖市和计划单列市政府为发行和偿还主体的债券。

《关于棚户区改造有关税收政策的通知》(2013年12月2日 财税〔2013〕101号)

五、……个人取得的拆迁补偿款按有关规定免征个人所得税。

《关于企业年金、职业年金个人所得税有关问题的通知》(2013年12月6日 财税〔2013〕103号)

一、企业年金和职业年金缴费的个人所得税处理

1. 企业和事业单位(以下统称单位)根据国家有关政策规定的办法和标准，为在本单位任职或者受雇的全体职工缴付的企业年金或职业年金(以下统称年金)单位缴费部分，在计入个人账户时，个人暂不缴纳个人所得税。

2. 个人根据国家有关政策规定缴付的年金个人缴费部分，在不超过本人缴费工资计税基数的4%标准内的部分，暂从个人当

期的应纳税所得额中扣除。

3. 超过本通知第一条第1项和第2项规定的标准缴付的年金单位缴费和个人缴费部分,应并入个人当期的工资、薪金所得,依法计征个人所得税。税款由建立年金的单位代扣代缴,并向主管税务机关申报解缴。

4. 企业年金个人缴费工资计税基数为本人上一年度月平均工资。月平均工资按国家统计局规定列入工资总额统计的项目计算。月平均工资超过职工工作地所在设区城市上一年度职工月平均工资300%以上的部分,不计入个人缴费工资计税基数。

职业年金个人缴费工资计税基数为职工岗位工资和薪级工资之和。职工岗位工资和薪级工资之和超过职工工作地所在设区城市上一年度职工月平均工资300%以上的部分,不计入个人缴费工资计税基数。

二、年金基金投资运营收益的个人所得税处理

年金基金投资运营收益分配计入个人账户时,个人暂不缴纳个人所得税。

《关于上市公司股息红利差别化个人所得税政策有关问题的通知》(2015年9月7日　财税〔2015〕101号)

一、个人从公开发行和转让市场取得的上市公司股票,持股期限超过1年的,股息红利所得暂免征收个人所得税。

个人从公开发行和转让市场取得的上市公司股票,持股期限在1个月以内(含1个月)的,其股息红利所得全额计入应纳税所得额;持股期限在1个月以上至1年(含1年)的,暂减按50%计入应纳税所得额;上述所得统一适用20%的税率计征个人所得税。

二、上市公司派发股息红利时,对个人持股1年以内(含1年)的,上市公司暂不扣缴个人所得税;待个人转让股票时,证券

登记结算公司根据其持股期限计算应纳税额,由证券公司等股份托管机构从个人资金账户中扣收并划付证券登记结算公司,证券登记结算公司应于次月5个工作日内划付上市公司,上市公司在收到税款当月的法定申报期内向主管税务机关申报缴纳。

《关于继续实施扶持自主就业退役士兵创业就业有关税收政策的通知》(2017年6月12日 财税〔2017〕46号)

一、对自主就业退役士兵从事个体经营的,在3年内按每户每年8000元为限额依次扣减其当年实际应缴纳的增值税、城市维护建设税、教育费附加、地方教育附加和个人所得税。限额标准最高可上浮20%,各省、自治区、直辖市人民政府可根据本地区实际情况在此幅度内确定具体限额标准,并报财政部和税务总局备案。

纳税人年度应缴纳税款小于上述扣减限额的,以其实际缴纳的税款为限;大于上述扣减限额的,以上述扣减限额为限。纳税人的实际经营期不足一年的,应当以实际月份换算其减免税限额。换算公式为:减免税限额=年度减免税限额÷12×实际经营月数。

纳税人在享受税收优惠政策的当月,持《中国人民解放军义务兵退出现役证》或《中国人民解放军士官退出现役证》以及税务机关要求的相关材料向主管税务机关备案。

《关于继续实施支持和促进重点群体创业就业有关税收政策的通知》(2017年6月12日 财税〔2017〕49号)

一、对持《就业创业证》(注明"自主创业税收政策"或"毕业年度内自主创业税收政策")或《就业失业登记证》(注明"自主创业税收政策"或附着《高校毕业生自主创业证》)的人员从事个体经营的,在3年内按每户每年8000元为限额依次扣减其当年实际应缴纳的增值税、城市维护建设税、教育费附加、地方教育附加和个人所得税。限额标准最高可上浮20%，各省、自治区、直辖市人民政府可根据本地区实际情况在此幅度内确定具体限额标准，并报财政部和税务总局备案。

纳税人年度应缴纳税款小于上述扣减限额的，以其实际缴纳的税款为限；大于上述扣减限额的，以上述扣减限额为限。

上述人员是指：1. 在人力资源社会保障部门公共就业服务机构登记失业半年以上的人员；2. 零就业家庭、享受城市居民最低生活保障家庭劳动年龄内的登记失业人员；3. 毕业年度内高校毕业生。高校毕业生是指实施高等学历教育的普通高等学校、成人高等学校应届毕业的学生；毕业年度是指毕业所在自然年，即1月1日至12月31日。

三、享受上述优惠政策的人员按以下规定申领《就业创业证》：

（一）按照《就业服务与就业管理规定》（人力资源社会保障部令第24号）第六十三条的规定，在法定劳动年龄内，有劳动能力，有就业要求，处于无业状态的城镇常住人员，在公共就业服务机构进行失业登记，申领《就业创业证》。对其中的零就业家庭、城市低保家庭的登记失业人员，公共就业服务机构应在其《就业创业证》上予以注明。

（二）毕业年度内高校毕业生在校期间凭学生证向公共就业服务机构按规定申领《就业创业证》，或委托所在高校就业指导中心向公共就业服务机构按规定代为其申领《就业创业证》；毕业年度内高校毕业生离校后直接向公共就业服务机构按规定申领《就业创业证》。

（三）上述人员申领相关凭证后，由就业和创业地人力资源社会保障部门对人员范围、就业失业状态、已享受政策情况进行核实，在《就业创业证》上注明“自主创业税收政策”、“毕业年度内自主创业税收政策”或“企业吸纳税收政策”字样，同时符合自主创业和企业吸纳税收政策条件的，可同时加注；主管税务机关在《就业创业证》上加盖戳记，注明减免税所属时间。

《关于科技人员取得职务科技成果转化现金奖励有关个人所得税政策的通知》（2018 年 5 月 29 日　财税〔2018〕58 号）

为进一步支持国家大众创业、万众创新战略的实施，促进科技成果转化，现将科技人员取得职务科技成果转化现金奖励有关个人所得税政策通知如下：

一、依法批准设立的非营利性研究开发机构和高等学校（以下简称非营利性科研机构和高校）根据《中华人民共和国促进科技成果转化法》规定，从职务科技成果转化收入中给予科技人员的现金奖励，可减按 50% 计入科技人员当月“工资、薪金所得”，依法缴纳个人所得税。

二、非营利性科研机构和高校包括国家设立的科研机构和高校、民办非营利性科研机构和高校。

三、国家设立的科研机构和高校是指利用财政性资金设立的、取得《事业单位法人证书》的科研机构和公办高校，包括中央和地方所属科研机构和高校。

四、民办非营利性科研机构和高校，是指同时满足以下条件的科研机构和高校：

（一）根据《民办非企业单位登记管理暂行条例》在民政部门登记，并取得《民办非企业单位登记证书》。

（二）对于民办非营利性科研机构，其《民办非企业单位登记证书》记载的业务范围应属于“科学研究与技术开发、成果转让、科技咨询与服务、科技成果评估”范围。对业务范围存在争议的，由税务机关转请县级（含）以上科技行政主管部门确认。

对于民办非营利性高校，应取得教育主管部门颁发的《民办学校办学许可证》、《民办学校办学许可证》记载学校类型为“高等学校”。

（三）经认定取得企业所得税非营利组织免税资格。

五、科技人员享受本通知规定税收优惠政策，须同时符合以下条件：

（一）科技人员是指非营利性科研机构和高校中对完成或转化职务科技成果作出重要贡献的人员。非营利性科研机构和高校应按规定公示有关科技人员名单及相关信息（国防专利转化除外），具体公示办法由科技部会同财政部、税务总局制定。

（二）科技成果是指专利技术（含国防专利）、计算机软件著作权、集成电路布图设计专有权、植物新品种权、生物医药新品种，以及科技部、财政部、税务总局确定的其他技术成果。

（三）科技成果转化是指非营利性科研机构和高校向他人转让科技成果或者许可他人使用科技成果。现金奖励是指非营利性科研机构和高校在取得科技成果转化收入三年（36 个月）内奖励给科技人员的现金。

（四）非营利性科研机构和高校转化科技成果，应当签订技术合同，并根据《技术合同认定登记管理办法》，在技术合同登记机构进行审核登记，并取得技术合同认定登记证明。

非营利性科研机构和高校应健全科技成果转化的资金核算，不得将正常工资、奖金等收入列入科技人员职务科技成果转化现金奖励享受税收优惠。

六、非营利性科研机构和高校向科技人员发放现金奖励时，应按个人所得税法规定代扣代缴个人所得税，并按规定向税务机关履行备案手续。

七、本通知自 2018 年 7 月 1 日起施行。本通知施行前非营利性科研机构和高校取得的科技成果转化收入，自施行后 36 个月内给科技人员发放现金奖励,符合本通知规定的其他条件的,适用本通知。

《关于易地扶贫搬迁税收优惠政策的通知》(2018 年 11 月 29 日 财税〔2018〕135 号)

一、关于易地扶贫搬迁贫困人口税收政策

(一)对易地扶贫搬迁贫困人口按规定取得的住房建设补助资金、拆旧复垦奖励资金等与易地扶贫搬迁相关的货币化补偿和易地扶贫搬迁安置住房(以下简称安置住房),免征个人所得税。

《关于个人转让全国中小企业股份转让系统挂牌公司股票有关个人所得税政策的通知》(2018 年 11 月 30 日 财税〔2018〕137 号)

为促进全国中小企业股份转让系统(以下简称新三板)长期稳定发展,现就个人转让新三板挂牌公司股票有关个人所得税政策通知如下:

一、自 2018 年 11 月 1 日(含)起,对个人转让新三板挂牌公司非原始股取得的所得,暂免征收个人所得税。

本通知所称非原始股是指个人在新三板挂牌公司挂牌后取得的股票,以及由上述股票孳生的送、转股。

二、对个人转让新三板挂牌公司原始股取得的所得,按照“财产转让所得”,适用 20% 的比例税率征收个人所得税。

本通知所称原始股是指个人在新三板挂牌公司挂牌前取得的股票,以及在该公司挂牌前和挂牌后由上述股票孳生的送、转股。

三、2019 年 9 月 1 日之前,个人转让新三板挂牌公司原始股的个人所得税,征收管理办法按照现行股权转让所得有关规定执行,以股票受让方为扣缴义务人,由被投资企业所在地税务机关负责征收管理。

自2019年9月1日(含)起,个人转让新三板挂牌公司原始股的个人所得税,以股票托管的证券机构为扣缴义务人,由股票托管的证券机构所在地主管税务机关负责征收管理。具体征收管理办法参照《财政部　国家税务总局　证监会关于个人转让上市公司限售股所得征收个人所得税有关问题的通知》(财税〔2009〕167号)和《财政部　国家税务总局　证监会关于个人转让上市公司限售股所得征收个人所得税有关问题的补充通知》(财税〔2010〕70号)有关规定执行。

四、2018年11月1日之前,个人转让新三板挂牌公司非原始股,尚未进行税收处理的,可比照本通知第一条规定执行,已经进行相关税收处理的,不再进行税收调整。

五、中国证券登记结算公司应当在登记结算系统内明确区分新三板原始股和非原始股。中国证券登记结算公司、证券公司及其分支机构应当积极配合财政、税务部门做好相关工作。

法条解读

《个人所得税法》第4条明确了免税项目,是对部分项目的个人所得免除纳税义务,予以优惠的规定。在统一征税的基础上,采取免税税收优惠,以适应个别的、特殊的情形,体现了税法公平及合理负担的原则。主法条对应的实施条例对国债利息、津补贴、福利费、救济金等概念作了进一步解释说明。

(一)免税、减税、不征税

《个人所得税法》中,关于"免税""减税""不征税"三个概念容易混淆,需要加以区分。

免税是按照税收法律、法规对纳税义务人免征全部应纳税款。

减税是按照税收法律、法规减除纳税义务人一部分应纳税款。

不征税是界定征税范围的一个概念，指某一项财产或收入不列入征税范畴，获得收入的个人无须承担纳税义务。

三者之间的关系是：个人所得分为应征税收入和不征税收入，应征税收入的纳税义务全部可以免除的即为免税，一部分可以免除的即为减税。减免税都是对某些纳税人、征税对象进行扶持、鼓励或照顾，以减轻其税收负担的规定。

（二）免税法定

免税法定是税收法定的重要内容。《税收征收管理法》第3条第1款规定："税收的开征、停征以及减税、免税、退税、补税，依照法律的规定执行；法律授权国务院规定的，依照国务院制定的行政法规的规定执行。"所以，免税的项目需要立法者予以明确。同时，方便执行者能够根据法律、法规进行准确的判断。

《个人所得税法》第4条第1款第1项至第9项，对可享受免税的范围进行了严格的界定。例如第1项，明确了可免税的奖金发放的主体必须是"省级人民政府、国务院部委和中国人民解放军军以上单位以及外国组织、国际组织"，而奖金发放的内容必须是"科学、教育、技术、文化、卫生、体育、环境保护"方面的。实施条例对税法中的第1款第2项、第3项、第4项、第8项中的"国债利息""补贴、津贴""福利费""救济金"等概念进行了明确，阐明了哪些收入属于这些免税项目，进而确定了免税的范围。

2018年修改后的《个人所得税法》免税项目增加了"军人退役金"，将实际操作中比较难判断是否可以免税的该项收入予以明确。同时将"退休工资、离休工资"调整为"基本养老金或者退休费、离休费"，严谨地区分了"退休工资、离休工资"和"退休费、离休费"的概念，表述更加科学、精准。在《个人所得税法》中，工资薪金与任职受雇有关，退休工资、离休工资容易与退休返聘人员获得的工资薪金概念混淆。关于退休再任职人员取得收入如何计征个人所得税，目前可参考《关于个人兼职和退休人员再任职取得收入如何计算征收个人所得税问题的批复》（国税函〔2005〕382 号）及《关于离退休人员取得单位发放离退休工资以外奖金补贴征收个人所得税的批复》（国税函〔2008〕723 号）。

《个人所得税法》第 4 条第 1 款第 9 项在个人所得税免税方面将国内法和国际法进行衔接。其表达的意思是，只要我国认可的国际法中属于免税所得的，在我国也享受免税的优惠。这体现了个人所得税法的整体性和延展性。

《个人所得税法》第 4 条第 1 款第 10 项的兜底条款将“经国务院财政部门批准免税的所得”调整为“国务院规定的其他免税所得”；本条还增加了“前款第十项免税规定，由国务院报全国人民代表大会常务委员会备案”的规定，更符合税收法定的原则及《立法法》的要求。

（三）减免税与税收优惠政策

许多税收优惠政策通过减免税来实现，但广义的个人所得税优惠政策，除了减免税外，还包括减除费用的提高、应纳税所得额的计算等。例如，2018 年《个人所得税法》修改中，把减除费用从每月 3500 元提高至 5000 元，增加 6 项专项附加扣除；《关于个人所得税法修改后有关优惠政策衔接问题的通知》（财税〔2018〕164 号）文件中全年一次性奖金的计算都属于优惠政策（优惠政策中关于应纳税所得额计算部分详见第 6 条“应纳税所得额”）。

所以，税收优惠政策主要集中在个人所得税法的第 4 条“免税项目”、第 5 条“减征项目”、第 6 条“应纳税所得额”和他们的关联规定中。为了便于大家阅读理解，免税项目、减征项目的相关优惠政策集中摘录在第 4 条“免税项目”的关联规定中。

2018 年修改后的《个人所得税法》采取综合与分类相结合的税制，在征收上运用累计预扣预缴的方式，并引入综合所得的概念，与修改前的《个人所得税法》差别较大。2019 年以前印发的分散于各财政税务规范性文件中的个人所得税减免优惠政策是否有效，还需等待进一步的梳理与整合。目前，《关于继续有效的个人所得税优惠政策目录的公告》（财政部、税务总局公告 2018 年第 177 号）仅明确了继续有效的 88 个优惠政策。

第五条 【减征项目】

第五条 有下列情形之一的，可以减征个人所得税，具体幅度和期限，由省、自治区、直辖市人民政府规定，并报同级人民代表大会常务委员会备案：

（一）残疾、孤老人员和烈属的所得；

（二）因自然灾害遭受重大损失的。

国务院可以规定其他减税情形，报全国人民代表大会常务委员会备案。

关联规定

因个人所得税减免税政策联系密切，同一规范性文件中往往既有减征项目，又有免税项目，为方便集中阅读，避免文件重复出现，减征项目、免税项目相关规范性文件统一收集在第 4 条“免税项目”的关联规定中。

法条解读

《个人所得税法》第 5 条是个人所得税优惠政策中关于减税的内容，是对特定情形减除纳税义务人部分应纳税款的规定。

（一）第 5 条修正内容

2018 年修改后的《个人所得税法》将原实施条例中的第 16 条

“减征个人所得税,其减征的幅度和期限由省、自治区、直辖市人民政府规定”移至本法第5条,并要求“报同级人民代表大会常务委员会备案”。与免税项目的兜底条款类似,将“其他经国务院财政部门批准减税的”修改为“国务院可以规定其他减税情形,报全国人民代表大会常务委员会备案”。第1款第2项将“严重自然灾害”修改为“自然灾害”。这些修改使得《个人所得税法》更为客观、严谨,不与税收法定原则相违背。

(二)减免税的备案

《税收减免管理办法》(国家税务总局公告2015年第43号)第4条规定:“减免税分为核准类减免税和备案类减免税。核准类减免税是指法律、法规规定应由税务机关核准的减免税项目;备案类减免税是指不需要税务机关核准的减免税项目。”《个人所得税法》第5条第1款第1项即属于备案类减免。残疾人、孤老人员、烈属有残联、民政等部门办理的身份证明,主体符合就可按照各省、自治区、直辖市人民政府的规定,享受相应个税减征。《关于明确残疾人所得征免个人所得税范围的批复》(国税函〔1999〕329号)规定:“经省级人民政府批准可减征个人所得税的残疾、孤老人员和烈属的所得仅限于劳动所得,具体所得项目为:工资、薪金所得;个体工商户的生产经营所得;对企事业单位的承包经营、承租经营所得;劳务报酬所得;稿酬所得;特许权使用费所得。”因《个人所得税法》第5条没有实质性的修改,所以文件继续有效的可能性较大。

阅读交流二维码

目前,为了方便纳税人,提高纳税服务的质量,残疾、孤老人员和烈属个人所得税(不包括实行定期定额征收方式)减征实行“以申报代替备案,资料留存备查”方式。扣缴义务人在纳税申报时如存在该项减免个人所得税情形的,可以在扣缴客户端进行人员信息的勾选并填写残疾证号、烈属证号等享受减征。

第六条 【应纳税所得额】

第六条 应纳税所得额的计算：

（一）居民个人的综合所得，以每一纳税年度的收入额减除费用六万元以及专项扣除、专项附加扣除和依法确定的其他扣除后的余额，为应纳税所得额。

（二）非居民个人的工资、薪金所得，以每月收入额减除费用五千元后的余额为应纳税所得额；劳务报酬所得、稿酬所得、特许权使用费所得，以每次收入额为应纳税所得额。

（三）经营所得，以每一纳税年度的收入总额减除成本、费用以及损失后的余额，为应纳税所得额。

（四）财产租赁所得，每次收入不超过四千元的，减除费用八百元；四千元以上的，减除百分之二十的费用，其余额为应纳税所得额。

（五）财产转让所得，以转让财产的收入额减除财产原值和合理费用后的余额，为应纳税所得额。

（六）利息、股息、红利所得和偶然所得，以每次收入额为应纳税所得额。

劳务报酬所得、稿酬所得、特许权使用费所得以收入减除百分之二十的费用后的余额为收入额。稿酬所得的收入额减按百分之七十计算。

个人将其所得对教育、扶贫、济困等公益慈善事业进行捐赠，捐赠额未超过纳税人申报的应纳税所得额百分之三十的部分，可以从其应纳税所得额中扣除；国务院规定对公益慈善事业捐赠实行全额税前扣除的，从其规定。

本条第一款第一项规定的专项扣除，包括居民个人按照国家规定的范围和标准缴纳的基本养老保险、基本医疗保险、失业保险等社会

保险费和住房公积金等；专项附加扣除，包括子女教育、继续教育、大病医疗、住房贷款利息或者住房租金、赡养老人等支出，具体范围、标准和实施步骤由国务院确定，并报全国人民代表大会常务委员会备案。

《中华人民共和国个人所得税法实施条例》

第八条　个人所得的形式，包括现金、实物、有价证券和其他形式的经济利益；所得为实物的，应当按照取得的凭证上所注明的价格计算应纳税所得额，无凭证的实物或者凭证上所注明的价格明显偏低的，参照市场价格核定应纳税所得额；所得为有价证券的，根据票面价格和市场价格核定应纳税所得额；所得为其他形式的经济利益的，参照市场价格核定应纳税所得额。

第十三条　个人所得税法第六条第一款第一项所称依法确定的其他扣除，包括个人缴付符合国家规定的企业年金、职业年金，个人购买符合国家规定的商业健康保险、税收递延型商业养老保险的支出，以及国务院规定可以扣除的其他项目。

专项扣除、专项附加扣除和依法确定的其他扣除，以居民个人一个纳税年度的应纳税所得额为限额；一个纳税年度扣除不完的，不结转以后年度扣除。

第十四条　个人所得税法第六条第一款第二项、第四项、第六项所称每次，分别按照下列方法确定：

（一）劳务报酬所得、稿酬所得、特许权使用费所得，属于一次性收入的，以取得该项收入为一次；属于同一项目连续性收入的，以一个月内取得的收入为一次。

（二）财产租赁所得，以一个月内取得的收入为一次。

（三）利息、股息、红利所得，以支付利息、股息、红利时取得的收入为一次。

（四）偶然所得，以每次取得该项收入为一次。

第十五条 个人所得税法第六条第一款第三项所称成本、费用，是指生产、经营活动中发生的各项直接支出和分配计入成本的间接费用以及销售费用、管理费用、财务费用；所称损失，是指生产、经营活动中发生的固定资产和存货的盘亏、毁损、报废损失，转让财产损失，坏账损失，自然灾害等不可抗力因素造成的损失以及其他损失。

取得经营所得的个人，没有综合所得的，计算其每一纳税年度的应纳税所得额时，应当减除费用6万元、专项扣除、专项附加扣除以及依法确定的其他扣除。专项附加扣除在办理汇算清缴时减除。

从事生产、经营活动，未提供完整、准确的纳税资料，不能正确计算应纳税所得额的，由主管税务机关核定应纳税所得额或者应纳税额。

第十六条 个人所得税法第六条第一款第五项规定的财产原值，按照下列方法确定：

（一）有价证券，为买入价以及买入时按照规定交纳的有关费用；

（二）建筑物，为建造费或者购进价格以及其他有关费用；

（三）土地使用权，为取得土地使用权所支付的金额、开发土地的费用以及其他有关费用；

（四）机器设备、车船，为购进价格、运输费、安装费以及其他有关费用。

其他财产，参照前款规定的方法确定财产原值。

纳税人未提供完整、准确的财产原值凭证，不能按照本条第一款规定的方法确定财产原值的，由主管税务机关核定财产原值。

个人所得税法第六条第一款第五项所称合理费用，是指卖出财产时按照规定支付的有关税费。

第十七条 财产转让所得，按照一次转让财产的收入额减除财产原值和合理费用后的余额计算纳税。

第十八条 两个以上的个人共同取得同一项目收入的，应当对每个人取得的收入分别按照个人所得税法的规定计算纳税。

第十九条 个人所得税法第六条第三款所称个人将其所得对教育、扶贫、济困等公益慈善事业进行捐赠，是指个人将其所得通过中国境内的公益性社会组织、国家机关向教育、扶贫、济困等公益慈善事业的捐赠；所称应纳税所得额，是指计算扣除捐赠额之前的应纳税所得额。

关联规定

《关于个人所得税法修改后有关优惠政策衔接问题的通知》（2018 年 12 月 27 日　财税〔2018〕164 号）

一、关于全年一次性奖金、中央企业负责人年度绩效薪金延期兑现收入和任期奖励的政策

（一）居民个人取得全年一次性奖金，符合《国家税务总局关于调整个人取得全年一次性奖金等计算征收个人所得税方法问题的通知》（国税发〔2005〕9 号）规定的，在 2021 年 12 月 31 日前，不并入当年综合所得，以全年一次性奖金收入除以 12 个月得到的数额，按照本通知所附按月换算后的综合所得税率表（以下简称月度税率表），确定适用税率和速算扣除数，单独计算纳税。

计算公式为：

应纳税额＝全年一次性奖金收入×适用税率－速算扣除数

居民个人取得全年一次性奖金，也可以选择并入当年综合所得计算纳税。

自2022年1月1日起，居民个人取得全年一次性奖金，应并入当年综合所得计算缴纳个人所得税。

（二）中央企业负责人取得年度绩效薪金延期兑现收入和任期奖励，符合《国家税务总局关于中央企业负责人年度绩效薪金延期兑现收入和任期奖励征收个人所得税问题的通知》（国税发〔2007〕118号）规定的，在2021年12月31日前，参照本通知第一条第（一）项执行；2022年1月1日之后的政策另行明确。

二、关于上市公司股权激励的政策

（一）居民个人取得股票期权、股票增值权、限制性股票、股权奖励等股权激励（以下简称股权激励），符合《财政部 国家税务总局关于个人股票期权所得征收个人所得税问题的通知》（财税〔2005〕35号）、《财政部 国家税务总局关于股票增值权所得和限制性股票所得征收个人所得税有关问题的通知》（财税〔2009〕5号）、《财政部 国家税务总局关于将国家自主创新示范区有关税收试点政策推广到全国范围实施的通知》（财税〔2015〕116号）第四条、《财政部 国家税务总局关于完善股权激励和技术入股有关所得税政策的通知》（财税〔2016〕101号）第四条第（一）项规定的相关条件的，在2021年12月31日前，不并入当年综合所得，全额单独适用综合所得税率表，计算纳税。计算公式为：

应纳税额＝股权激励收入×适用税率－速算扣除数

（二）居民个人一个纳税年度内取得两次以上（含两次）股权激励的，应合并按本通知第二条第（一）项规定计算纳税。

（三）2022年1月1日之后的股权激励政策另行明确。

三、关于保险营销员、证券经纪人佣金收入的政策

保险营销员、证券经纪人取得的佣金收入，属于劳务报酬所得，以不含增值税的收入减除20%的费用后的余额为收入额，收入额减去展业成本以及附加税费后，并入当年综合所得，计算缴纳个人所得税。保险营销员、证券经纪人展业成本按照收入额的25%计算。

扣缴义务人向保险营销员、证券经纪人支付佣金收入时，应按照《个人所得税扣缴申报管理办法（试行）》（国家税务总局公告2018年第61号）规定的累计预扣法计算预扣税款。

四、关于个人领取企业年金、职业年金的政策

个人达到国家规定的退休年龄，领取的企业年金、职业年金，符合《财政部　人力资源社会保障部　国家税务总局关于企业年金、职业年金个人所得税有关问题的通知》（财税〔2013〕103号）规定的，不并入综合所得，全额单独计算应纳税款。其中按月领取的，适用月度税率表计算纳税；按季领取的，平均分摊计入各月，按每月领取额适用月度税率表计算纳税；按年领取的，适用综合所得税率表计算纳税。

个人因出境定居而一次性领取的年金个人账户资金，或个人死亡后，其指定的受益人或法定继承人一次性领取的年金个人账户余额，适用综合所得税率表计算纳税。对个人除上述特殊原因外一次性领取年金个人账户资金或余额的，适用月度税率表计算纳税。

五、关于解除劳动关系、提前退休、内部退养的一次性补偿收入的政策

（一）个人与用人单位解除劳动关系取得一次性补偿收入（包括用人单位发放的经济补偿金、生活补助费和其他补助费），在当地上年职工平均工资3倍数额以内的部分，免征个人所得税；超

过3倍数额的部分,不并入当年综合所得,单独适用综合所得税率表,计算纳税。

（二）个人办理提前退休手续而取得的一次性补贴收入,应按照办理提前退休手续至法定离退休年龄之间实际年度数平均分摊,确定适用税率和速算扣除数,单独适用综合所得税率表,计算纳税。计算公式:

应纳税额 = {〔(一次性补贴收入 ÷ 办理提前退休手续至法定退休年龄的实际年度数) - 费用扣除标准〕× 适用税率 - 速算扣除数} × 办理提前退休手续至法定退休年龄的实际年度数

（三）个人办理内部退养手续而取得的一次性补贴收入,按照《国家税务总局关于个人所得税有关政策问题的通知》(国税发〔1999〕58号)规定计算纳税。

六、关于单位低价向职工售房的政策

单位按低于购置或建造成本价格出售住房给职工,职工因此而少支出的差价部分,符合《财政部　国家税务总局关于单位低价向职工售房有关个人所得税问题的通知》(财税〔2007〕13号)第二条规定的,不并入当年综合所得,以差价收入除以12个月得到的数额,按照月度税率表确定适用税率和速算扣除数,单独计算纳税。计算公式为:

应纳税额 = 职工实际支付的购房价款低于该房屋的购置或建造成本价格的差额 × 适用税率 - 速算扣除数

七、关于外籍个人有关津补贴的政策

（一）2019年1月1日至2021年12月31日期间,外籍个人符合居民个人条件的,可以选择享受个人所得税专项附加扣除,也可以选择按照《财政部　国家税务总局关于个人所得税若干政策问题的通知》(财税〔1994〕20号)、《国家税务总局关于外籍个人取得有关补贴征免个人所得税执行问题的通知》(国税发

〔1997〕54 号)和《财政部　国家税务总局关于外籍个人取得港澳地区住房等补贴征免个人所得税的通知》(财税〔2004〕29 号)规定,享受住房补贴、语言训练费、子女教育费等津补贴免税优惠政策,但不得同时享受。外籍个人一经选择,在一个纳税年度内不得变更。

(二)自 2022 年 1 月 1 日起,外籍个人不再享受住房补贴、语言训练费、子女教育费津补贴免税优惠政策,应按规定享受专项附加扣除。

八、除上述衔接事项外,其他个人所得税优惠政策继续按照原文件规定执行。

九、本通知自 2019 年 1 月 1 日起执行。下列文件或文件条款同时废止:

(一)《财政部　国家税务总局关于个人与用人单位解除劳动关系取得的一次性补偿收入征免个人所得税问题的通知》(财税〔2001〕157 号)第一条;

(二)《财政部　国家税务总局关于个人股票期权所得征收个人所得税问题的通知》(财税〔2005〕35 号)第四条第(一)项;

(三)《财政部　国家税务总局关于单位低价向职工售房有关个人所得税问题的通知》(财税〔2007〕13 号)第三条;

(四)《财政部　人力资源社会保障部　国家税务总局关于企业年金职业年金个人所得税有关问题的通知》(财税〔2013〕103 号)第三条第 1 项和第 3 项;

(五)《国家税务总局关于个人认购股票等有价证券而从雇主取得折扣或补贴收入有关征收个人所得税问题的通知》(国税发〔1998〕9 号);

(六)《国家税务总局关于保险企业营销员(非雇员)取得的收入计征个人所得税问题的通知》(国税发〔1998〕13 号);

（七）《国家税务总局关于个人因解除劳动合同取得经济补偿金征收个人所得税问题的通知》（国税发〔1999〕178 号）；

（八）《国家税务总局关于国有企业职工因解除劳动合同取得一次性补偿收入征免个人所得税问题的通知》（国税发〔2000〕77 号）；

（九）《国家税务总局关于调整个人取得全年一次性奖金等计算征收个人所得税方法问题的通知》（国税发〔2005〕9 号）第二条；

（十）《国家税务总局关于保险营销员取得佣金收入征免个人所得税问题的通知》（国税函〔2006〕454 号）；

（十一）《国家税务总局关于个人股票期权所得缴纳个人所得税有关问题的补充通知》（国税函〔2006〕902 号）第七条、第八条；

（十二）《国家税务总局关于中央企业负责人年度绩效薪金延期兑现收入和任期奖励征收个人所得税问题的通知》（国税发〔2007〕118 号）第一条；

（十三）《国家税务总局关于个人提前退休取得补贴收入个人所得税问题的公告》（国家税务总局公告 2011 年第 6 号）第二条；

（十四）《国家税务总局关于证券经纪人佣金收入征收个人所得税问题的公告》（国家税务总局公告 2012 年第 45 号）。

附件:按月换算后的综合所得税率表

级数	全月应纳税所得额	税率（%）	速算扣除数
1	不超过 3000 元的	3	0
2	超过 3000 元至 12000 元的部分	10	210
3	超过 12000 元至 25000 元的部分	20	1410
4	超过 25000 元至 35000 元的部分	25	2660
5	超过 35000 元至 55000 元的部分	30	4410
6	超过 55000 元至 80000 元的部分	35	7160
7	超过 80000 元的部分	45	15160

《个人所得税专项附加扣除暂行办法》(2018 年 12 月 13 日国发〔2018〕41 号)

第一章　总　　则

第一条　根据《中华人民共和国个人所得税法》(以下简称个人所得税法)规定,制定本办法。

第二条　本办法所称个人所得税专项附加扣除,是指个人所得税法规定的子女教育、继续教育、大病医疗、住房贷款利息或者住房租金、赡养老人等 6 项专项附加扣除。

第三条　个人所得税专项附加扣除遵循公平合理、利于民生、简便易行的原则。

第四条　根据教育、医疗、住房、养老等民生支出变化情况,适时调整专项附加扣除范围和标准。

第二章　子 女 教 育

第五条　纳税人的子女接受全日制学历教育的相关支出,按照每个子女每月 1000 元的标准定额扣除。

学历教育包括义务教育(小学、初中教育)、高中阶段教育(普通高中、中等职业、技工教育)、高等教育(大学专科、大学本科、硕士研究生、博士研究生教育)。

年满 3 岁至小学入学前处于学前教育阶段的子女,按本条第一款规定执行。

第六条　父母可以选择由其中一方按扣除标准的 100% 扣除,也可以选择由双方分别按扣除标准的 50% 扣除,具体扣除方式在一个纳税年度内不能变更。

第七条　纳税人子女在中国境外接受教育的,纳税人应当留存境外学校录取通知书、留学签证等相关教育的证明资料备查。

第三章 继续教育

第八条 纳税人在中国境内接受学历(学位)继续教育的支出,在学历(学位)教育期间按照每月400元定额扣除。同一学历(学位)继续教育的扣除期限不能超过48个月。纳税人接受技能人员职业资格继续教育、专业技术人员职业资格继续教育的支出,在取得相关证书的当年,按照3600元定额扣除。

第九条 个人接受本科及以下学历(学位)继续教育,符合本办法规定扣除条件的,可以选择由其父母扣除,也可以选择由本人扣除。

第十条 纳税人接受技能人员职业资格继续教育、专业技术人员职业资格继续教育的,应当留存相关证书等资料备查。

第四章 大病医疗

第十一条 在一个纳税年度内,纳税人发生的与基本医保相关的医药费用支出,扣除医保报销后个人负担(指医保目录范围内的自付部分)累计超过15000元的部分,由纳税人在办理年度汇算清缴时,在80000元限额内据实扣除。

第十二条 纳税人发生的医药费用支出可以选择由本人或者其配偶扣除;未成年子女发生的医药费用支出可以选择由其父母一方扣除。

纳税人及其配偶、未成年子女发生的医药费用支出,按本办法第十一条规定分别计算扣除额。

第十三条 纳税人应当留存医药服务收费及医保报销相关票据原件(或者复印件)等资料备查。医疗保障部门应当向患者提供在医疗保障信息系统记录的本人年度医药费用信息查询服务。

第五章 住房贷款利息

第十四条 纳税人本人或者配偶单独或者共同使用商业银行或者住房公积金个人住房贷款为本人或者其配偶购买中国境内住房，发生的首套住房贷款利息支出，在实际发生贷款利息的年度，按照每月1000元的标准定额扣除，扣除期限最长不超过240个月。纳税人只能享受一次首套住房贷款的利息扣除。

本办法所称首套住房贷款是指购买住房享受首套住房贷款利率的住房贷款。

第十五条 经夫妻双方约定，可以选择由其中一方扣除，具体扣除方式在一个纳税年度内不能变更。

夫妻双方婚前分别购买住房发生的首套住房贷款，其贷款利息支出，婚后可以选择其中一套购买的住房，由购买方按扣除标准的100%扣除，也可以由夫妻双方对各自购买的住房分别按扣除标准的50%扣除，具体扣除方式在一个纳税年度内不能变更。

第十六条 纳税人应当留存住房贷款合同、贷款还款支出凭证备查。

第六章 住房租金

第十七条 纳税人在主要工作城市没有自有住房而发生的住房租金支出，可以按照以下标准定额扣除：

（一）直辖市、省会（首府）城市、计划单列市以及国务院确定的其他城市，扣除标准为每月1500元；

（二）除第一项所列城市以外，市辖区户籍人口超过100万的城市，扣除标准为每月1100元；市辖区户籍人口不超过100万的城市，扣除标准为每月800元。

纳税人的配偶在纳税人的主要工作城市有自有住房的，视同纳税人在主要工作城市有自有住房。

市辖区户籍人口，以国家统计局公布的数据为准。

第十八条 本办法所称主要工作城市是指纳税人任职受雇的直辖市、计划单列市、副省级城市、地级市（地区、州、盟）全部行政区域范围；纳税人无任职受雇单位的，为受理其综合所得汇算清缴的税务机关所在城市。

夫妻双方主要工作城市相同的，只能由一方扣除住房租金支出。

第十九条 住房租金支出由签订租赁住房合同的承租人扣除。

第二十条 纳税人及其配偶在一个纳税年度内不能同时分别享受住房贷款利息和住房租金专项附加扣除。

第二十一条 纳税人应当留存住房租赁合同、协议等有关资料备查。

第七章 赡养老人

第二十二条 纳税人赡养一位及以上被赡养人的赡养支出，统一按照以下标准定额扣除：

（一）纳税人为独生子女的，按照每月 2000 元的标准定额扣除；

（二）纳税人为非独生子女的，由其与兄弟姐妹分摊每月 2000 元的扣除额度，每人分摊的额度不能超过每月 1000 元。可以由赡养人均摊或者约定分摊，也可以由被赡养人指定分摊。约定或者指定分摊的须签订书面分摊协议，指定分摊优先于约定分摊。具体分摊方式和额度在一个纳税年度内不能变更。

第二十三条 本办法所称被赡养人是指年满 60 岁的父母，以及子女均已去世的年满 60 岁的祖父母、外祖父母。

第八章　保障措施

第二十四条　纳税人向收款单位索取发票、财政票据、支出凭证，收款单位不能拒绝提供。

第二十五条　纳税人首次享受专项附加扣除，应当将专项附加扣除相关信息提交扣缴义务人或者税务机关，扣缴义务人应当及时将相关信息报送税务机关，纳税人对所提交信息的真实性、准确性、完整性负责。专项附加扣除信息发生变化的，纳税人应当及时向扣缴义务人或者税务机关提供相关信息。

前款所称专项附加扣除相关信息，包括纳税人本人、配偶、子女、被赡养人等个人身份信息，以及国务院税务主管部门规定的其他与专项附加扣除相关的信息。

本办法规定纳税人需要留存备查的相关资料应当留存五年。

第二十六条　有关部门和单位有责任和义务向税务部门提供或者协助核实以下与专项附加扣除有关的信息：

（一）公安部门有关户籍人口基本信息、户成员关系信息、出入境证件信息、相关出国人员信息、户籍人口死亡标识等信息；

（二）卫生健康部门有关出生医学证明信息、独生子女信息；

（三）民政部门、外交部门、法院有关婚姻状况信息；

（四）教育部门有关学生学籍信息（包括学历继续教育学生学籍、考籍信息）、在相关部门备案的境外教育机构资质信息；

（五）人力资源社会保障等部门有关技工院校学生学籍信息、技能人员职业资格继续教育信息、专业技术人员职业资格继续教育信息；

（六）住房城乡建设部门有关房屋（含公租房）租赁信息、住房公积金管理机构有关住房公积金贷款还款支出信息；

（七）自然资源部门有关不动产登记信息；

（八）人民银行、金融监督管理部门有关住房商业贷款还款支出信息；

（九）医疗保障部门有关在医疗保障信息系统记录的个人负担的医药费用信息；

（十）国务院税务主管部门确定需要提供的其他涉税信息。

上述数据信息的格式、标准、共享方式，由国务院税务主管部门及各省、自治区、直辖市和计划单列市税务局商有关部门确定。

有关部门和单位拥有专项附加扣除涉税信息，但未按规定要求向税务部门提供的，拥有涉税信息的部门或者单位的主要负责人及相关人员承担相应责任。

第二十七条 扣缴义务人发现纳税人提供的信息与实际情况不符的，可以要求纳税人修改。纳税人拒绝修改的，扣缴义务人应当报告税务机关，税务机关应当及时处理。

第二十八条 税务机关核查专项附加扣除情况时，纳税人任职受雇单位所在地、经常居住地、户籍所在地的公安派出所、居民委员会或者村民委员会等有关单位和个人应当协助核查。

第九章 附　　则

第二十九条 本办法所称父母，是指生父母、继父母、养父母。本办法所称子女，是指婚生子女、非婚生子女、继子女、养子女。父母之外的其他人担任未成年人的监护人的，比照本办法规定执行。

第三十条 个人所得税专项附加扣除额一个纳税年度扣除不完的，不能结转以后年度扣除。

第三十一条 个人所得税专项附加扣除具体操作办法，由国务院税务主管部门另行制定。

第三十二条 本办法自2019年1月1日起施行。

《关于2018年第四季度个人所得税减除费用和税率适用问题的通知》(2018年9月7日　财税〔2018〕98号)

一、关于工资、薪金所得适用减除费用和税率问题

对纳税人在2018年10月1日(含)后实际取得的工资、薪金所得,减除费用统一按照5000元/月执行,并按照本通知所附个人所得税税率表一计算应纳税额。对纳税人在2018年9月30日(含)前实际取得的工资、薪金所得,减除费用按照税法修改前规定执行。

二、关于个体工商户业主、个人独资企业和合伙企业自然人投资者、企事业单位承包承租经营者的生产经营所得计税方法问题

(一)对个体工商户业主、个人独资企业和合伙企业自然人投资者、企事业单位承包承租经营者2018年第四季度取得的生产经营所得,减除费用按照5000元/月执行,前三季度减除费用按照3500元/月执行。

(二)对个体工商户业主、个人独资企业和合伙企业自然人投资者、企事业单位承包承租经营者2018年取得的生产经营所得,用全年应纳税所得额分别计算应纳前三季度税额和应纳第四季度税额,其中应纳前三季度税额按照税法修改前规定的税率和前三季度实际经营月份的权重计算,应纳第四季度税额按照本通知所附个人所得税税率表二(以下称税法修改后规定的税率)和第四季度实际经营月份的权重计算。具体计算方法:

1. 月(季)度预缴税款的计算。

本期应缴税额 = 累计应纳税额 - 累计已缴税额

累计应纳税额 = 应纳10月1日以前税额 + 应纳10月1日以后税额

应纳10月1日以前税额 = (累计应纳税所得额 × 税法修改

前规定的税率－税法修改前规定的速算扣除数）×10 月 1 日以前实际经营月份数÷累计实际经营月份数

应纳 10 月 1 日以后税额＝（累计应纳税所得额×税法修改后规定的税率－税法修改后规定的速算扣除数）×10 月 1 日以后实际经营月份数÷累计实际经营月份数

2. 年度汇算清缴税款的计算。

汇缴应补退税额＝全年应纳税额－累计已缴税额

全年应纳税额＝应纳前三季度税额＋应纳第四季度税额

应纳前三季度税额＝（全年应纳税所得额×税法修改前规定的税率－税法修改前规定的速算扣除数）×前三季度实际经营月份数÷全年实际经营月份数

应纳第四季度税额＝（全年应纳税所得额×税法修改后规定的税率－税法修改后规定的速算扣除数）×第四季度实际经营月份数÷全年实际经营月份数

三、《财政部　国家税务总局关于调整个体工商户业主个人独资企业和合伙企业自然人投资者个人所得税费用扣除标准的通知》（财税〔2011〕62 号）自 2018 年 10 月 1 日起废止。

《个体工商户个人所得税计税办法》（2018 年 6 月 15 日修正）

第一章　总　　则

第一条　为了规范和加强个体工商户个人所得税征收管理，根据个人所得税法等有关税收法律、法规和政策规定，制定本办法。

第二条　实行查账征收的个体工商户应当按照本办法的规定，计算并申报缴纳个人所得税。

第三条　本办法所称个体工商户包括：

（一）依法取得个体工商户营业执照，从事生产经营的个体工商户；

（二）经政府有关部门批准，从事办学、医疗、咨询等有偿服务活动的个人；

（三）其他从事个体生产、经营的个人。

第四条 个体工商户以业主为个人所得税纳税义务人。

第五条 个体工商户应纳税所得额的计算，以权责发生制为原则，属于当期的收入和费用，不论款项是否收付，均作为当期的收入和费用；不属于当期的收入和费用，即使款项已经在当期收付，均不作为当期收入和费用。本办法和财政部、国家税务总局另有规定的除外。

第六条 在计算应纳税所得额时，个体工商户会计处理办法与本办法和财政部、国家税务总局相关规定不一致的，应当依照本办法和财政部、国家税务总局的相关规定计算。

第二章 计税基本规定

第七条 个体工商户的生产、经营所得，以每一纳税年度的收入总额，减除成本、费用、税金、损失、其他支出以及允许弥补的以前年度亏损后的余额，为应纳税所得额。

第八条 个体工商户从事生产经营以及与生产经营有关的活动（以下简称生产经营）取得的货币形式和非货币形式的各项收入，为收入总额。包括：销售货物收入、提供劳务收入、转让财产收入、利息收入、租金收入、接受捐赠收入、其他收入。

前款所称其他收入包括个体工商户资产溢余收入、逾期一年以上的未退包装物押金收入、确实无法偿付的应付款项、已作坏账损失处理后又收回的应收款项、债务重组收入、补贴收入、违约金收入、汇兑收益等。

第九条 成本是指个体工商户在生产经营活动中发生的销售成本、销货成本、业务支出以及其他耗费。

第十条 费用是指个体工商户在生产经营活动中发生的销售费用、管理费用和财务费用,已经计入成本的有关费用除外。

第十一条 税金是指个体工商户在生产经营活动中发生的除个人所得税和允许抵扣的增值税以外的各项税金及其附加。

第十二条 损失是指个体工商户在生产经营活动中发生的固定资产和存货的盘亏、毁损、报废损失,转让财产损失,坏账损失,自然灾害等不可抗力因素造成的损失以及其他损失。

个体工商户发生的损失,减除责任人赔偿和保险赔款后的余额,参照财政部、国家税务总局有关企业资产损失税前扣除的规定扣除。

个体工商户已经作为损失处理的资产,在以后纳税年度又全部收回或者部分收回时,应当计入收回当期的收入。

第十三条 其他支出是指除成本、费用、税金、损失外,个体工商户在生产经营活动中发生的与生产经营活动有关的、合理的支出。

第十四条 个体工商户发生的支出应当区分收益性支出和资本性支出。收益性支出在发生当期直接扣除;资本性支出应当分期扣除或者计入有关资产成本,不得在发生当期直接扣除。

前款所称支出,是指与取得收入直接相关的支出。

除税收法律法规另有规定外,个体工商户实际发生的成本、费用、税金、损失和其他支出,不得重复扣除。

第十五条 个体工商户下列支出不得扣除:

(一)个人所得税税款;

(二)税收滞纳金;

(三)罚金、罚款和被没收财物的损失;

（四）不符合扣除规定的捐赠支出；

（五）赞助支出；

（六）用于个人和家庭的支出；

（七）与取得生产经营收入无关的其他支出；

（八）国家税务总局规定不准扣除的支出。

第十六条 个体工商户生产经营活动中，应当分别核算生产经营费用和个人、家庭费用。对于生产经营与个人、家庭生活混用难以分清的费用，其40%视为与生产经营有关费用，准予扣除。

第十七条 个体工商户纳税年度发生的亏损，准予向以后年度结转，用以后年度的生产经营所得弥补，但结转年限最长不得超过五年。

第十八条 个体工商户使用或者销售存货，按照规定计算的存货成本，准予在计算应纳税所得额时扣除。

第十九条 个体工商户转让资产，该项资产的净值，准予在计算应纳税所得额时扣除。

第二十条 本办法所称亏损，是指个体工商户依照本办法规定计算的应纳税所得额小于零的数额。

第三章 扣除项目及标准

第二十一条 个体工商户实际支付给从业人员的、合理的工资薪金支出，准予扣除。

个体工商户业主的费用扣除标准，依照相关法律、法规和政策规定执行。

个体工商户业主的工资薪金支出不得税前扣除。

第二十二条 个体工商户按照国务院有关主管部门或者省级人民政府规定的范围和标准为其业主和从业人员缴纳的基本养老保险费、基本医疗保险费、失业保险费、生育保险费、工伤保险费和住房公积金,准予扣除。

个体工商户为从业人员缴纳的补充养老保险费、补充医疗保险费,分别在不超过从业人员工资总额5%标准内的部分据实扣除;超过部分,不得扣除。

个体工商户业主本人缴纳的补充养老保险费、补充医疗保险费,以当地(地级市)上年度社会平均工资的3倍为计算基数,分别在不超过该计算基数5%标准内的部分据实扣除;超过部分,不得扣除。

第二十三条 除个体工商户依照国家有关规定为特殊工种从业人员支付的人身安全保险费和财政部、国家税务总局规定可以扣除的其他商业保险费外,个体工商户业主本人或者为从业人员支付的商业保险费,不得扣除。

第二十四条 个体工商户在生产经营活动中发生的合理的不需要资本化的借款费用,准予扣除。

个体工商户为购置、建造固定资产、无形资产和经过12个月以上的建造才能达到预定可销售状态的存货发生借款的,在有关资产购置、建造期间发生的合理的借款费用,应当作为资本性支出计入有关资产的成本,并依照本办法的规定扣除。

第二十五条 个体工商户在生产经营活动中发生的下列利息支出,准予扣除:

(一)向金融企业借款的利息支出;

(二)向非金融企业和个人借款的利息支出,不超过按照金融企业同期同类贷款利率计算的数额的部分。

第二十六条 个体工商户在货币交易中,以及纳税年度终了时将人民币以外的货币性资产、负债按照期末即期人民币汇率中间价折算为人民币时产生的汇兑损失,除已经计入有关资产成本部分外,准予扣除。

第二十七条 个体工商户向当地工会组织拨缴的工会经费、实际发生的职工福利费支出、职工教育经费支出分别在工资薪金总额的2%、14%、2.5%的标准内据实扣除。

工资薪金总额是指允许在当期税前扣除的工资薪金支出数额。

职工教育经费的实际发生数额超出规定比例当期不能扣除的数额,准予在以后纳税年度结转扣除。

个体工商户业主本人向当地工会组织缴纳的工会经费、实际发生的职工福利费支出、职工教育经费支出,以当地(地级市)上年度社会平均工资的3倍为计算基数,在本条第一款规定比例内据实扣除。

第二十八条 个体工商户发生的与生产经营活动有关的业务招待费,按照实际发生额的60%扣除,但最高不得超过当年销售(营业)收入的5‰。

业主自申请营业执照之日起至开始生产经营之日止所发生的业务招待费,按照实际发生额的60%计入个体工商户的开办费。

第二十九条 个体工商户每一纳税年度发生的与其生产经营活动直接相关的广告费和业务宣传费不超过当年销售(营业)收入15%的部分,可以据实扣除;超过部分,准予在以后纳税年度结转扣除。

第三十条 个体工商户代其从业人员或者他人负担的税款,不得税前扣除。

第三十一条 个体工商户按照规定缴纳的摊位费、行政性收费、协会会费等,按实际发生数额扣除。

第三十二条 个体工商户根据生产经营活动的需要租入固定资产支付的租赁费,按照以下方法扣除:

(一)以经营租赁方式租入固定资产发生的租赁费支出,按照租赁期限均匀扣除;

(二)以融资租赁方式租入固定资产发生的租赁费支出,按照规定构成融资租入固定资产价值的部分应当提取折旧费用,分期扣除。

第三十三条 个体工商户参加财产保险,按照规定缴纳的保险费,准予扣除。

第三十四条 个体工商户发生的合理的劳动保护支出,准予扣除。

第三十五条 个体工商户自申请营业执照之日起至开始生产经营之日止所发生符合本办法规定的费用,除为取得固定资产、无形资产的支出,以及应计入资产价值的汇兑损益、利息支出外,作为开办费,个体工商户可以选择在开始生产经营的当年一次性扣除,也可自生产经营月份起在不短于 3 年期限内摊销扣除,但一经选定,不得改变。

开始生产经营之日为个体工商户取得第一笔销售(营业)收入的日期。

第三十六条 个体工商户通过公益性社会团体或者县级以上人民政府及其部门,用于《中华人民共和国公益事业捐赠法》规定的公益事业的捐赠,捐赠额不超过其应纳税所得额 30% 的部分可以据实扣除。

财政部、国家税务总局规定可以全额在税前扣除的捐赠支出项目,按有关规定执行。

个体工商户直接对受益人的捐赠不得扣除。

公益性社会团体的认定,按照财政部、国家税务总局、民政部有关规定执行。

第三十七条 本办法所称赞助支出,是指个体工商户发生的与生产经营活动无关的各种非广告性质支出。

第三十八条 个体工商户研究开发新产品、新技术、新工艺所发生的开发费用,以及研究开发新产品、新技术而购置单台价值在10万元以下的测试仪器和试验性装置的购置费准予直接扣除;单台价值在10万元以上(含10万元)的测试仪器和试验性装置,按固定资产管理,不得在当期直接扣除。

第四章 附 则

第三十九条 个体工商户资产的税务处理,参照企业所得税相关法律、法规和政策规定执行。

第四十条 个体工商户有两处或两处以上经营机构的,选择并固定向其中一处经营机构所在地主管税务机关申报缴纳个人所得税。

第四十一条 个体工商户终止生产经营的,应当在注销工商登记或者向政府有关部门办理注销前向主管税务机关结清有关纳税事宜。

第四十二条 各省、自治区、直辖市和计划单列市税务局可以结合本地实际,制定具体实施办法。

第四十三条 本办法自2015年1月1日起施行。国家税务总局1997年3月26日发布的《国家税务总局关于印发〈个体工商户个人所得税计税办法(试行)〉的通知》(国税发〔1997〕43号)同时废止。

《个体工商户税收定期定额征收管理办法》(2018年6月15日修正)

第一条 为规范和加强个体工商户税收定期定额征收(以下简称定期定额征收)管理,公平税负,保护个体工商户合法权益,促进个体经济的健康发展,根据《中华人民共和国税收征收管理法》及其实施细则，制定本办法。

第二条 本办法所称个体工商户税收定期定额征收，是指税务机关依照法律、行政法规及本办法的规定，对个体工商户在一定经营地点、一定经营时期、一定经营范围内的应纳税经营额（包括经营数量）或所得额（以下简称定额）进行核定，并以此为计税依据，确定其应纳税额的一种征收方式。

第三条 本办法适用于经主管税务机关认定和县以上税务机关（含县级，下同）批准的生产、经营规模小，达不到《个体工商户建账管理暂行办法》规定设置账簿标准的个体工商户（以下简称定期定额户）的税收征收管理。

第四条 主管税务机关应当将定期定额户进行分类，在年度内按行业、区域选择一定数量并具有代表性的定期定额户，对其经营、所得情况进行典型调查，做出调查分析，填制有关表格。

典型调查户数应当占该行业、区域总户数的5%以上。具体比例由省税务机关确定。

第五条 定额执行期的具体期限由省税务机关确定，但最长不得超过一年。

定额执行期是指税务机关核定后执行的第一个纳税期至最后一个纳税期。

第六条 税务机关应当根据定期定额户的经营规模、经营区域、经营内容、行业特点、管理水平等因素核定定额，可以采用下列一种或两种以上的方法核定：

（一）按照耗用的原材料、燃料、动力等推算或者测算核定；

（二）按照成本加合理的费用和利润的方法核定；

（三）按照盘点库存情况推算或者测算核定；

（四）按照发票和相关凭据核定；

（五）按照银行经营账户资金往来情况测算核定；

（六）参照同类行业或类似行业中同规模、同区域纳税人的生产、经营情况核定；

（七）按照其他合理方法核定。

税务机关应当运用现代信息技术手段核定定额，增强核定工作的规范性和合理性。

第七条 税务机关核定定额程序：

（一）自行申报。定期定额户要按照税务机关规定的申报期限、申报内容向主管税务机关申报，填写有关申报文书。申报内容应包括经营行业、营业面积、雇佣人数和每月经营额、所得额以及税务机关需要的其他申报项目。

本项所称经营额、所得额为预估数。

（二）核定定额。主管税务机关根据定期定额户自行申报情况，参考典型调查结果，采取本办法第六条规定的核定方法核定定额，并计算应纳税额。

（三）定额公示。主管税务机关应当将核定定额的初步结果进行公示，公示期限为五个工作日。

公示地点、范围、形式应当按照便于定期定额户及社会各界了解、监督的原则，由主管税务机关确定。

（四）上级核准。主管税务机关根据公示意见结果修改定额，并将核定情况报经县以上税务机关审核批准后，填制《核定定额通知书》。

（五）下达定额。将《核定定额通知书》送达定期定额户执行。

（六）公布定额。主管税务机关将最终确定的定额和应纳税额情况在原公示范围内进行公布。

第八条 定期定额户应当建立收支凭证粘贴簿、进销货登记簿，完整保存有关纳税资料，并接受税务机关的检查。

第九条 依照法律、行政法规的规定，定期定额户负有纳税申报义务。

实行简易申报的定期定额户，应当在税务机关规定的期限内按照法律、行政法规规定缴清应纳税款，当期（指纳税期，下同）可以不办理申报手续。

第十条 采用数据电文申报、邮寄申报、简易申报等方式的，经税务机关认可后方可执行。经确定的纳税申报方式在定额执行期内不予更改。

第十一条 定期定额户可以委托经税务机关认定的银行或其他金融机构办理税款划缴。

凡委托银行或其他金融机构办理税款划缴的定期定额户，应当向税务机关书面报告开户银行及账号。其账户内存款应当足以按期缴纳当期税款。其存款余额低于当期应纳税款，致使当期税款不能按期入库的，税务机关按逾期缴纳税款处理；对实行简易申报的，按逾期办理纳税申报和逾期缴纳税款处理。

第十二条 定期定额户发生下列情形，应当向税务机关办理相关纳税事宜：

（一）定额与发票开具金额或税控收款机记录数据比对后，超过定额的经营额、所得额所应缴纳的税款；

（二）在税务机关核定定额的经营地点以外从事经营活动所应缴纳的税款。

第十三条 税务机关可以根据保证国家税款及时足额入库、方便纳税人、降低税收成本的原则，采用简化的税款征收方式，具体方式由省税务机关确定。

第十四条 县以上税务机关可以根据当地实际情况，依法委托有关单位代征税款。税务机关与代征单位必须签订委托代征协议，明确双方的权利、义务和应当承担的责任，并向代征单位颁发委托代征证书。

第十五条 定期定额户经营地点偏远、缴纳税款数额较小，或者税务机关征收税款有困难的，税务机关可以按照法律、行政法规的规定简并征期。但简并征期最长不得超过一个定额执行期。

简并征期的税款征收时间为最后一个纳税期。

第十六条 通过银行或其他金融机构划缴税款的，其完税凭证可以到税务机关领取，或到税务机关委托的银行或其他金融机构领取；税务机关也可以根据当地实际情况采取邮寄送达，或委托有关单位送达。

第十七条 定期定额户在定额执行期结束后，应当以该期每月实际发生的经营额、所得额向税务机关申报，申报额超过定额的，按申报额缴纳税款；申报额低于定额的，按定额缴纳税款。具体申报期限由省税务机关确定。

定期定额户当期发生的经营额、所得额超过定额一定幅度的，应当在法律、行政法规规定的申报期限内向税务机关进行申报并缴清税款。具体幅度由省税务机关确定。

第十八条 定期定额户的经营额、所得额连续纳税期超过或低于税务机关核定的定额，应当提请税务机关重新核定定额，税务机关应当根据本办法规定的核定方法和程序重新核定定额。具体期限由省税务机关确定。

第十九条 经税务机关检查发现定期定额户在以前定额执行期发生的经营额、所得额超过定额，或者当期发生的经营额、所得额超过定额一定幅度而未向税务机关进行纳税申报及结清应纳税款的，税务机关应当追缴税款、加收滞纳金，并按照法律、行政法规规定予以处理。其经营额、所得额连续纳税期超过定额，税务机关应当按照本办法第十八条的规定重新核定其定额。

第二十条 定期定额户发生停业的,应当在停业前向税务机关书面提出停业报告;提前恢复经营的,应当在恢复经营前向税务机关书面提出复业报告;需延长停业时间的,应当在停业期满前向税务机关提出书面的延长停业报告。

第二十一条 税务机关停止定期定额户实行定期定额征收方式,应当书面通知定期定额户。

第二十二条 定期定额户对税务机关核定的定额有争议的,可以在接到《核定定额通知书》之日起 30 日内向主管税务机关提出重新核定定额申请,并提供足以说明其生产、经营真实情况的证据,主管税务机关应当自接到申请之日起 30 日内书面答复。

定期定额户也可以按照法律、行政法规的规定直接向上一级税务机关申请行政复议;对行政复议决定不服的,可以依法向人民法院提起行政诉讼。

定期定额户在未接到重新核定定额通知、行政复议决定书或人民法院判决书前,仍按原定额缴纳税款。

第二十三条 税务机关应当严格执行核定定额程序,遵守回避制度。税务人员个人不得擅自确定或更改定额。

税务人员徇私舞弊或者玩忽职守,致使国家税收遭受重大损失,构成犯罪的,依法追究刑事责任;尚不构成犯罪的,依法给予行政处分。

第二十四条 对违反本办法规定的行为,按照《中华人民共和国税收征收管理法》及其实施细则有关规定处理。

第二十五条 个人独资企业的税款征收管理比照本办法执行。

第二十六条 各省、自治区、直辖市税务局根据本办法制定具体实施办法,并报国家税务总局备案。

第二十七条 本办法自2007年1月1日起施行。1997年6月19日国家税务总局发布的《个体工商户定期定额管理暂行办法》同时废止。

《境外所得个人所得税征收管理暂行办法》（2018年6月15日修正）

第五条 纳税人的境外所得，应按税法及其实施条例的规定确定应税项目，并分别计算其应纳税额。

第六条 纳税人的境外所得按照有关规定交付给派出单位的部分，凡能提供有效合同或有关凭证的，经主管税务机关审核后，允许从其境外所得中扣除。

第十一条 纳税人兼有来源于中国境内、境外所得的，应按税法规定分别减除费用并计算纳税。

《广告市场个人所得税征收管理暂行办法》（2018年6月15日修正）

第六条 纳税人以现金、实物和有价证券以外的其他形式取得所得，税务机关可以根据其所得的形式和价值，核定其应纳税所得额，据以征税。

对于不能准确提供或划分个人在广告设计、制作、发布过程中提供名义、形象及劳务而取得的所得的纳税人，主管税务机关可以根据支付总额等实际情况，参照同类广告活动名义、形象及其他劳务提供者的所得标准，核定其应纳税所得额，据以征税。

第七条 劳务报酬所得以纳税人每参与一项广告的设计、制作、发布所取得的所得为一次；稿酬所得以在图书、报刊上发布一项广告时使用其作品而取得的所得为一次；特许权使用费所得以提供一项特许权在一项广告的设计、制作、发布过程中使用而取得的所得为一次。上述所得，采取分笔支付的，应合并为一次所得计算纳税。

《演出市场个人所得税征收管理暂行办法》(2018 年 6 月 15 日修正)

第十一条 演职员取得的报酬为不含税收入的,扣缴义务人支付的税款应按以下公式计算:

(一)应纳税所得额 =(不含税收入 - 费用减除标准 - 速算扣除数)/(1 - 税率)

(二)应纳税额 = 应纳税所得额 × 适用税率 - 速算扣除数

第十五条 组台(团)演出,应当建立健全财务会计制度,正确反映演出收支和向演职员支付报酬情况,并接受主管税务机关的监督检查。没有建立财务会计制度,或者未提供完整、准确的纳税资料,主管税务机关可以核定其应纳税所得额,据以征税。

《机动出租车驾驶员个人所得税征收管理暂行办法》(2018 年 6 月 15 日修正)

第七条 县级以上(含县级)税务机关可以根据出租车的不同经营方式、不同车型、收费标准、缴纳的承包承租费等情况,核定出租车驾驶员的营业额并确定征收率或征收额,按月征收出租车驾驶员应纳的个人所得税。

第八条 出租车驾驶员能够提供有效停运证明的,税务机关应根据其停运期长短,相应核减其停运期间应缴纳的个人所得税。

《关于个人无偿受赠房屋有关个人所得税问题的通知》(2009 年 5 月 25 日 财税〔2009〕78 号)

四、对受赠人无偿受赠房屋计征个人所得税时,其应纳税所得额为房地产赠与合同上标明的赠与房屋价值减除赠与过程中受赠人支付的相关税费后的余额。赠与合同标明的房屋价值明显低于市场价格或房地产赠与合同未标明赠与房屋价值的,税务机关可依据受赠房屋的市场评估价格或采取其他合理方式确定受赠人的应纳税所得额。

五、受赠人转让受赠房屋的，以其转让受赠房屋的收入减除原捐赠人取得该房屋的实际购置成本以及赠与和转让过程中受赠人支付的相关税费后的余额，为受赠人的应纳税所得额，依法计征个人所得税。受赠人转让受赠房屋价格明显偏低且无正当理由的，税务机关可以依据该房屋的市场评估价格或其他合理方式确定的价格核定其转让收入。

《关于个人非货币性资产投资有关个人所得税政策的通知》
(2015 年 3 月 30 日　财税〔2015〕41 号)

为进一步鼓励和引导民间个人投资，经国务院批准，将在上海自由贸易试验区试点的个人非货币性资产投资分期缴税政策推广至全国。现就个人非货币性资产投资有关个人所得税政策通知如下：

一、个人以非货币性资产投资，属于个人转让非货币性资产和投资同时发生。对个人转让非货币性资产的所得，应按照“财产转让所得”项目，依法计算缴纳个人所得税。

二、个人以非货币性资产投资，应按评估后的公允价值确认非货币性资产转让收入。非货币性资产转让收入减除该资产原值及合理税费后的余额为应纳税所得额。

个人以非货币性资产投资，应于非货币性资产转让、取得被投资企业股权时，确认非货币性资产转让收入的实现。

三、个人应在发生上述应税行为的次月 15 日内向主管税务机关申报纳税。纳税人一次性缴税有困难的，可合理确定分期缴纳计划并报主管税务机关备案后，自发生上述应税行为之日起不超过 5 个公历年度内(含)分期缴纳个人所得税。

四、个人以非货币性资产投资交易过程中取得现金补价的，现金部分应优先用于缴税；现金不足以缴纳的部分，可分期缴纳。

个人在分期缴税期间转让其持有的上述全部或部分股权，并取得现金收入的，该现金收入应优先用于缴纳尚未缴清的税款。

五、本通知所称非货币性资产，是指现金、银行存款等货币性资产以外的资产，包括股权、不动产、技术发明成果以及其他形式的非货币性资产。

本通知所称非货币性资产投资，包括以非货币性资产出资设立新的企业，以及以非货币性资产出资参与企业增资扩股、定向增发股票、股权置换、重组改制等投资行为。

六、本通知规定的分期缴税政策自 2015 年 4 月 1 日起施行。对 2015 年 4 月 1 日之前发生的个人非货币性资产投资，尚未进行税收处理且自发生上述应税行为之日起期限未超过 5 年的，可在剩余的期限内分期缴纳其应纳税款。

法条解读

《个人所得税法》第 6 条主要是应纳税所得额的计算，是 2018 年个税改革变化最多的条款。实施条例则围绕主法条解释“个人所得的形式”“扣除”“ 每次”“成本”“费用”“损失”“合理费用”“捐赠”等概念，以及税务机关核定的条件、财产原值确定方法。

（一）分类综合征收

个税改革实现从分类征收到分类与综合相结合征收，或者称为部分综合征收。

所谓分类征收，就是把纳税人的各种应税所得分为若干类别，按类别适用不同的税率进行征收。分类征收的优点在于征收简便、税源易控，但是不能充分体现公平原则，比如稿酬所得的税率只有 20%，而劳务报酬所得的最高税率是 40%，工资薪金的最高税率则是 45%，对于从事不同职业的人来说，容易造成不公平。

而综合征收就是对纳税人的各种应税所得进行统一综合征收。综合征税的优点在于有利于实现公平，但是对征管的要求比较高，需要先进的征管手段作为支撑。

2018 年修法的一项重要变化，是将居民个人的工资、薪金所得，劳务报酬所得，稿酬所得和特许权使用费所得综合计征，按年度计税。这 4 项所得是多数个人主要的、稳定的收入来源，其他诸如经营所得、利息、红利等仍分类征收。这是分类与综合相结合的“小综合”方式，既能体现公平，又可做到征收便利。

当然，这次税改的综合征收还不够彻底，比如它只包含了 4 类收入，而且也只针对个人，并没有像国外那样，增加以家庭为单位的综合征收。但这是我国从 1996 年提出要实行从分类到分类综合相结合的征收方式的思路后，个税迈向综合征收的第一步，未来会继续提升和改善。

（二）免征额

免征额（即民间俗称的起征点）向来都是大家最为关注的。

1980 年 9 月 10 日，第五届全国人大第三次会议通过了《中华人民共和国个人所得税法》后，前 6 次修改主要是围绕工资薪金税目的费用扣除标准而进行的。因为免征额要考虑到居民工资水平、生活成本的变化，还有通货膨胀因素，需要经常调整。

历次个税改革的免征额

个税改革时点（年）	1980	2005	2007	2011	2018
免征额	800	1600	2000	3500	5000

2018 年个税改革，立法机关统筹考虑了近年的物价上涨、人均基本消费支出、每个就业者平均负担的人数、居民消费价格指数等因素，广泛征求意见后，将居民个人的综合所得免征额由此前的每月 3500 元调整为 5000 元（每年 6 万元），再加上本次改革

增加了专项附加扣除,实际上的扣除金额不止5000元。

2018年修法取消了在中国境内无住所而在中国境内取得工资、薪金所得的纳税人(一般是外籍个人)和在中国境内有住所而在中国境外取得工资、薪金所得的纳税人(一般是派遣至海外工作的中国人)的"附加减除费用"。这意味着,相关个人将不再享有此项特殊优待。

(三)专项扣除和专项附加扣除

个人所得税的税收职能在于公平社会再分配,因而必须贯彻量能平等负担原则。追求实质公平的"量能",必须考虑个性化的家庭及个人生活对人的负税能力的影响。在我国以往个税改革中,都是单纯提高免征额,尽管中低收入群体可以少缴税,但在累进税率的情况下,收入越高的群体少缴的税额也越多,这导致收入分配调节作用有限。所以,真正体现公平的不是改变免征额,而是要考虑个人负担的差异性。

2018年修法将以前国务院财税部门相关文件中的社保费和住房公积金扣除项目列入法律条款作为"专项扣除"项目,体现了税收法定原则。

实施条例第13条明确依法确定的其他扣除的范围,包括个人缴付符合规定的企业年金、职业年金,个人购买符合规定的商业健康保险、税收递延型商业养老保险的支出,以及国务院规定可以扣除的其他项目,突出了对养老、健康等民生的支持。

专项附加扣除的出现,考虑纳税人为自己和家庭生计必须开支的各类费用,尽可能准确地评价每一纳税人实际可支配收入,使纳税人有机会通过在税前额外扣除费用而降低税负。对于那些负担较重、生活成本较高的人来说,无疑大大降低了税负,这对于促进公平是很有帮助的。

2018年修改后《个人所得税法》有6项专项附加扣除:子女教

育、继续教育、大病医疗、住房贷款利息或者住房租金、赡养老人。“专项附加扣除”项目的增设，除了降低税负以外，还体现出税收对社会的导向作用。比如赡养老人支出，有利于弘扬传统美德；大病医疗是民生重点；子女教育支出，有利于鼓励结婚与生育；继续教育支出，有利于鼓励个人学习，提升居民素质等。

专项附加扣除该如何执行，怎么去确认这些细节，都是非常复杂的，为切实将专项附加扣除政策精准落地，让纳税人能够清楚自己如何可以享受专项附加扣除，具体享受扣除的起始时间、标准和办理途径，让扣缴义务人知晓该如何在预扣环节为纳税人办理扣除，以及在办理专项附加扣除工作中应承担的责任和义务等，国家税务总局制定了《个人所得税专项附加扣除暂行办法》《关于全面实施新个人所得税法若干征管衔接问题的公告》《个人所得税专项附加扣除操作办法（试行）》。

当然，与“基本减除费用”（每年6万元）和“专项扣除项目”（社保费、住房公积金）相比，“专项附加扣除项目”是《个人所得税法》修改后出现的新事物，涉及人数多，实际发生金额因人因地而异，完全据实扣除税务机关审核的工作量很大，也许限额扣除更有利于纳税人和日常征管。

（四）实施条例第15条重点

实施条例第15条的重点是：

（1）明确“损失”是指“生产、经营活动中发生的固定资产和存货的盘亏、毁损、报废损失，转让财产损失，坏账损失，自然灾害等不可抗力因素造成的损失以及其他损失”。

（2）明确经营所得中扣除费用6万元、专项扣除、专项附加扣除以及依法确定的其他扣除的情形仅仅适用于“取得经营所得的个人，没有综合所得的”纳税人。这解决了长期以来同时取得工资薪金所得（综合所得）和经营所得的纳税人重复扣除固定费用扣除标准的问题。但有综合所得的不能扣除,会导致仅有少量综合所得的纳税人税负,比单纯经营所得的纳税人增加很多的情形。

(3)明确了"取得经营所得的个人,没有综合所得的"纳税人同样可以扣除6项专项附加扣除,且"专项附加扣除在办理汇算清缴时减除"。

(五)过渡期政策

为稳定社会预期,让纳税人享受税改红利,财政部、税务总局制发了《关于个人所得税法修改后有关优惠政策衔接问题的通知》(财税〔2018〕164号),对2019年1月1日至2021年12月31日期间,个人取得全年一次性奖金、个人股权激励所得、保险营销员证券经纪人取得佣金收入、个人缴存领取企业年金、职业年金待遇等优惠政策都进行了明确,本书附录一:《个人所得税专项附加扣除和过渡期政策常见疑问》有进一步的解答。

全年一次性奖金,是指行政机关、企事业单位等扣缴义务人根据全年经济效益和对雇员全年工作业绩的综合考核情况,向雇员发放的一次性奖金。这个问题也是当下大家比较关心的。为确保修改后的个人所得税法平稳实施,2019年至2021年,居民个人取得全年一次性奖金,可自由选择是否进行单独纳税(与以前方法区别在于:不可与当月工资进行比较,对5000元扣除额进行补足),或并入当年综合所得计算缴纳个人所得税。单独纳税可避免部分纳税人因全年一次性奖金并入综合所得后提高适用税率。其计算方法已在《关于个人所得税法修改后有关优惠政策衔接问题的通知》(财税〔2018〕164号)中有了详细的说明。而对部分中低收入者而言,将全年一次性奖金并入综合所得,扣除基本减除费用、三险一金、专项附加扣除等后,可能无须

阅读交流
二维码

缴纳税款或者缴纳很少税款；如只能采用单独计算方法，则有可能增加其税负。并入综合所得的计算方法可参照《关于发布〈个人所得税扣缴申报管理办法(试行)〉的公告》(国家税务总局公告2018年第61号)，与当月工资薪金合并后，进行累计预扣预缴。

第七条 【境外已纳税额抵免】

第七条 居民个人从中国境外取得的所得，可以从其应纳税额中抵免已在境外缴纳的个人所得税税额，但抵免额不得超过该纳税人境外所得依照本法规定计算的应纳税额。

《中华人民共和国个人所得税法实施条例》

第二十条 居民个人从中国境内和境外取得的综合所得、经营所得，应当分别合并计算应纳税额；从中国境内和境外取得的其他所得，应当分别单独计算应纳税额。

第二十一条 个人所得税法第七条所称已在境外缴纳的个人所得税税额，是指居民个人来源于中国境外的所得，依照该所得来源国家(地区)的法律应当缴纳并且实际已经缴纳的所得税税额。

个人所得税法第七条所称纳税人境外所得依照本法规定计算的应纳税额，是居民个人抵免已在境外缴纳的综合所得、经营所得以及其他所得的所得税税额的限额(以下简称抵免限额)。除国务院财政、税务主管部门另有规定外，来源于中国境外一个国家(地区)的综合所得抵免限额、经营所得抵免限额以及其他所得抵免限额之和，为来源于该国家(地区)所得的抵免限额。

居民个人在中国境外一个国家(地区)实际已经缴纳的个人所得税税额,低于依照前款规定计算出的来源于该国家(地区)所得的抵免限额的,应当在中国缴纳差额部分的税款;超过来源于该国家(地区)所得的抵免限额的,其超过部分不得在本纳税年度的应纳税额中抵免,但是可以在以后纳税年度来源于该国家(地区)所得的抵免限额的余额中补扣。补扣期限最长不得超过五年。

第二十二条 居民个人申请抵免已在境外缴纳的个人所得税税额,应当提供境外税务机关出具的税款所属年度的有关纳税凭证。

关联规定

《境外所得个人所得税征收管理暂行办法》(2018 年 6 月 15 日修正)

第十二条 纳税人在境外已缴纳的个人所得税税额,能提供境外税务机关填发的完税凭证原件的,准予按照税法及其实施条例的规定从应纳税额中抵扣。①

法条解读

《个人所得税法》第 7 条是关于居民个人境外税款在中国境内的抵免规定。随着经济全球化的发展,居民个人在境外取得收入的情况越来越普遍。为维护纳税公平,解决居民税收管辖权和来源地税收管辖权的矛盾,必须明确个人所得税中境外所得的抵

---

① 该文件第 12 条要求"完税凭证原件"与修改后的实施条例第 22 条有冲突,今后可能会修改。

免问题。主法条对应的实施条例明确了中国境内和境外综合所得、经营所得、其他所得的计算方法,已在境外缴纳的个人所得税税额、抵免限额的概念,抵免的规则及抵免的凭证要求等。

(一)第7条及其实施条例修改内容

一是明确抵免条款适用的纳税人是居民个人。2018年修改后的《个人所得税法》引入“居民个人”和“非居民个人”的概念,将哪些人承担哪些纳税义务解析得更加清晰、明白。抵免条款是为了避免国际双重征税,针对的是境外所得,而只有居民个人对境外所得承担纳税义务,此处加以明确,与《个人所得税法》第1条逻辑衔接更为严谨。

二是实施条例第20条中的“其他所得”是指在2018年修改后《个人所得税法》第2条第1款中除综合所得、经营所得外列举的所得。与修改前《个人所得税法》中的第2条第11项“经国务院财政部门确定征税的其他所得”有着本质上的区别。

三是实施条例第22条将居民纳税人需提供的“完税凭证原件”修改为“有关纳税凭证”,说明某些特定的情况下可降低验证的要求,更方便纳税人享受抵免。

(二)抵免限额的计算

根据实施条例第21条,居民纳税人境外抵免限额继续采取“分国不分项”的计算方法。因此,超限额结转只能限于分国进行,而不能以一国的抵免限额余额去抵补另一国的超限额部分。

由于此次改革由原分类税制改为综合与分类相结合税制,境内、外所得的应纳税额、抵免限额的计算方法相应有所变化,国家税务总局12366纳税服务平台2019年1月31日发布的《新个人所得税法实施条例及过渡期政策纳税人常见疑问30答》阐明:

(1)鉴于综合所得、经营所得均为累进税率,计算境内外所得的应纳税额时,需将个人来源于境内和境外的综合所得、经营所得,分别合并后计算应纳税额。其他所得为比例税率,计算个人境内和境外应纳税额时,不需合并计算,依照税法规定单独计算应纳税额即可。

根据新税法精神,个人同时有境内、外综合所得,合并后减去一个6万元和与本人相关的专项附加扣除,与改革前境内、外所得分别计税,分别减除相关费用的计算方法相比,新规定更加公平合理。

(2)抵免限额的计算。来源于中国境外一个国家(地区)的综合所得抵免限额、经营所得抵免限额以及其他所得抵免限额之和,为来源于该国家(地区)所得的抵免限额。税收抵免限额的计算公式,另行规定。

(3)抵免过程。居民个人在境外一个国家(地区)实际已经缴纳的个人所得税税额,低于依照上述规定计算出的该国家(地区)抵免限额的,在中国缴纳差额部分的税款;超过该国家(地区)抵免限额的,当年不需在中国补税,但当年没有抵免完毕的部分,在以后五个年度内延续抵免。

第八条 【反避税】

第八条 有下列情形之一的,税务机关有权按照合理方法进行纳税调整:

(一)个人与其关联方之间的业务往来不符合独立交易原则而减少本人或者其关联方应纳税额,且无正当理由;

(二)居民个人控制的,或者居民个人和居民企业共同控制的设立在实际税负明显偏低的国家(地区)的企业,无合理经营需要,对应当归属于居民个人的利润不作分配或者减少分配;

（三）个人实施其他不具有合理商业目的的安排而获取不当税收利益。

税务机关依照前款规定作出纳税调整，需要补征税款的，应当补征税款，并依法加收利息。

《中华人民共和国个人所得税法实施条例》

第二十三条 个人所得税法第八条第二款规定的利息，应当按照税款所属纳税申报期最后一日中国人民银行公布的与补税期间同期的人民币贷款基准利率计算，自税款纳税申报期满次日起至补缴税款期限届满之日止按日加收。纳税人在补缴税款期限届满前补缴税款的，利息加收至补缴税款之日。

法条解读

《个人所得税法》第 8 条是一个反避税条款，分别从独立交易原则、受控外国企业、一般反避税三个方面作出规定。与 2018 年修改前的《个人所得税法》相比，这是一个全新的条款，首次提出税务机关有权进行个人所得税纳税调整，与《企业所得税法》中的“特别纳税调整”的概念含义基本相同。实施条例第 23 条明确了纳税调整利息的计算方法，但对关联方、关联关系、独立交易原则、受控外国企业、实际税负明显偏低、合理商业目的等概念的含义和标准并未加以细化，有待进一步明确。根据税法的体系解释，有关概念的含义和标准可参考目前较为成熟完备的企业所得税特别纳税调整和反避税管理的相关规定。

（一）个人所得税加强反避税

个人出于利益最大化的驱动，利用税法中的漏洞以及税法滞后于经济社会发展的特点，运用各种手段逃避缴纳个人所得税的行为时有发生，如存在不按独立交易原则转让财产、在境外避税地避税、关联企业对股东故意不分红或少分红、实施不合理商业安排获取不当税收利益等避税行为。

在我国的税法体系中，对企业的反避税行为有较为完备的法律法规体系进行制约。《税收征收管理法》第 36 条和《企业所得税法》第 6 章“特别纳税调整”对企业及关联企业之间的上述行为有特别纳税调整和反避税的相关规定。同时，还有一系列的管理办法和规程，如《特别纳税调整实施办法（试行）》《一般反避税管理办法（试行）》《特别纳税调查调整及相互协商程序管理办法》等。税务机关可通过转让定价调整、预约定价安排管理、成本分摊协议管理、受控外国企业管理、资本弱化调整等方法进行合理调整。

但相比之下，个人所得税在反避税领域的管理较弱。2018 年修改前的《个人所得税法》中并无反避税相关条款，只在一些规范性文件中进行了零星规定，如国家税务总局公告 2014 年第 67 号对个人低价转让股权且无正当理由的征税规定，国税函〔1999〕446 号文对业主个人无偿取得财产的征税规定，财税〔2008〕83 号文对企业为个人购买房屋或其他财产的征税规定，财税〔2003〕158 号文对个人投资者以企业资金为本人及家庭消费支出的征税规定，财税〔2003〕158 号文对纳税年度内个人投资者从其投资企业借款未归还的征税规定。

2018 年修改后的《个人所得税法》，参照企业所得税有关反避税的规定，赋予税务机关按合理方法进行个人所得税纳税调整的权力，规定税务机关作出纳税调整、需要补征税款的，应当补征税款，并依法加收利息。

（二）关联方与独立交易原则

针对《个人所得税法》第 8 条第 1 款第 1 项“个人与其关联方之间的业务往来不符合独立交易原则而减少本人或者其关联方应纳税额，且无正当理由”的管理，其中“关联方”的认定和“独立交易原则”的判断，《个人所得税法实施条例》中并未进行明确，目前也尚未有规范性文件进行细化。

对“关联方”的理解，可参考《企业所得税法实施条例》（国务院令第 512 号）、《特别纳税调整实施办法（试行）》（国税发〔2009〕2 号）和《关于完善关联申报和同期资料管理有关事项的公告》（国家税务总局公告 2016 年第 42 号）对关联关系作出的界定。《企业所得税法实施条例》第 109 条规定：“企业所得税法第四十一条所称关联方，是指与企业有下列关联关系之一的企业、其他组织或者个人：（一）在资金、经营、购销等方面存在直接或者间接的控制关系；（二）直接或者间接地同为第三者控制；（三）在利益上具有相关联的其他关系。”

对“独立交易原则”的理解，可参考《企业所得税法实施条例》第 110 条规定，即“企业所得税法第四十一条所称独立交易原则，是指没有关联关系的交易各方，按照公平成交价格和营业常规进行业务往来遵循的原则”。

《个人所得税法》第 8 条第 1 款个人与其关联方之间的业务往来不符合独立交易原则需进行纳税调整的，增加了“且无正当理由”的限制条件。可参考《股权转让所得个人所得税管理办法（试行）》第 13 条规定，个人股权价格偏低的可以不作调整的“正当理由”是：（1）能出具有效文件，证明被投资企业因国家政策调整，生产经营受到重大影响，导致低价转让股权；（2）继承或将股权转让给其能提供具有法律效力身份关系证明的配偶、父母、子女、祖父母、外祖父母、孙子女、外孙子女、兄弟姐妹以及对转让人承担直接抚养或者赡养义务的抚养人或者赡养人;(3)相关法律、政府文件或企业章程规定,并有相关资料充分证明转让价格合理且真实的本企业员工持有的不能对外转让股权的内部转让;(4)股权转让双方能够提供有效证据证明其合理性的其他合理情形。

(三)受控外国企业反避税

《个人所得税法》第8条第1款第2项是对受控外国企业反避税的规定,实施条例中并未加以细化,有待后续的规范性文件加以明确。对有关概念的理解是:

关于"控制",可参考《特别纳税调整实施办法(试行)》第77条规定,即该办法第76条所称控制,是指在股份、资金、经营、购销等方面构成实质控制。其中,股份控制是指由中国居民股东在纳税年度任何一天单层直接或多层间接单一持有外国企业10%以上有表决权股份,且共同持有该外国企业50%以上股份。中国居民股东多层间接持有股份按各层持股比例相乘计算,中间层持有股份超过50%的,按100%计算。

关于"实际税负明显偏低",可参考《企业所得税法实施条例》第118条规定,即《企业所得税法》第45条所称实际税负明显低于《企业所得税法》第4条第1款规定税率水平,是指低于该法第4条第1款规定税率的50%。

关于"无合理经营需要""利润不作分配或者减少分配",可参考《特别纳税调整实施办法(试行)》第84条规定,即中国居民企业股东能够提供资料证明其控制的外国企业满足以下条件之一的,可免于将外国企业不作分配或减少分配的利润视同股息分配额,计入中国居民企业股东的当期所得:(1)设立在国家税务总局指定的非低税率国家(地区);(2)主要取得积极经营活动所得;(3)年度利润总额低于500万元人民币。

此反避税条款将令在境外避税地(如英属维尔京群岛、开曼群岛、香港等地）设立无实质经营内容的空壳公司的居民个人面临中国内地税务机关的审视和调查，可能会令相关个人被查补调整应纳税款。特别需要注意的是，在CRS（海外金融账户信息共同申报准则）机制下，税务机关有权通过跨境信息批量交换渠道获得大量中国居民个人的境外金融资产信息，相应地，税务机关可能会发起大量的纳税调整调查。此外，由于2018年修法对居民个人的认定标准进行了调整，可能会相应影响到CRS机制下需要被收集和交换金融账户信息的非居民个人的范围。

（四）一般反避税

《个人所得税法》第8条第1款第3项是一般反避税的规定，是对关联交易、受控外国企业之外的避税手段进行纳税调整的兜底条款。

条文中“不具有合理商业目的”指的是具有以下特征的避税安排：一是以获取税收利益为唯一目的或者主要目的；二是以形式符合税法规定，但与其经济实质不符的方式获取税收利益。可参考《企业所得税法实施条例》第120条规定，即《企业所得税法》第47条所称不具有合理商业目的，是指以减少、免除或者推迟缴纳税款为主要目的。

可能引起一般反避税调查程序的原因是，纳税人有滥用税收优惠、滥用税收协定、滥用公司组织形式、利用避税港避税和其他不具有合理商业目的的安排。

（五）纳税调整的合理方法

阅读交流二维码

《个人所得税法》第8条规定“有下列情形之一的，税务机关有权按照合理方法进行纳税调整”，虽然《税收征收管理法实施细则》有调整方法的规定，但主要适用于企业。《企业所得税法》《特别纳税调整实施办法（试行）》和《特别纳税调查调整及相互协商程序管理办法》有比较完整、详细的调整方法规定,但由于企业和个人的身份差别及税种计算方法不同,其调整方法不一定适用于个人。因此,针对个人的纳税调整合理方法有待于进一步明确。

第九条 【纳税人、扣缴义务人】

第九条　个人所得税以所得人为纳税人,以支付所得的单位或者个人为扣缴义务人。

纳税人有中国公民身份号码的,以中国公民身份号码为纳税人识别号;纳税人没有中国公民身份号码的,由税务机关赋予其纳税人识别号。扣缴义务人扣缴税款时,纳税人应当向扣缴义务人提供纳税人识别号。

《中华人民共和国个人所得税法实施条例》

第二十四条　扣缴义务人向个人支付应税款项时,应当依照个人所得税法规定预扣或者代扣税款,按时缴库,并专项记载备查。

前款所称支付,包括现金支付、汇拨支付、转账支付和以有价证券、实物以及其他形式的支付。

关联规定

《个人所得税扣缴申报管理办法(试行)》(2018 年 12 月 21 日　国家税务总局公告 2018 年第 61 号)

第二条第一款　扣缴义务人,是指向个人支付所得的单位或者个人。扣缴义务人应当依法办理全员全额扣缴申报。

第五条第一款　扣缴义务人首次向纳税人支付所得时,应当按照纳税人提供的纳税人识别号等基础信息，填写《个人所得税基础信息表（A表）》，并于次月扣缴申报时向税务机关报送。

《国家税务总局关于自然人纳税人识别号有关事项的公告》

（2018年12月17日 国家税务总局公告2018年第59号）

根据新修改的《中华人民共和国个人所得税法》，为便利纳税人办理涉税业务，现就自然人纳税人识别号有关事项公告如下：

一、自然人纳税人识别号，是自然人纳税人办理各类涉税事项的唯一代码标识。

二、有中国公民身份号码的，以其中国公民身份号码作为纳税人识别号；没有中国公民身份号码的，由税务机关赋予其纳税人识别号。

三、纳税人首次办理涉税事项时，应当向税务机关或者扣缴义务人出示有效身份证件，并报送相关基础信息。

四、税务机关应当在赋予自然人纳税人识别号后告知或者通过扣缴义务人告知纳税人其纳税人识别号，并为自然人纳税人查询本人纳税人识别号提供便利。

五、自然人纳税人办理纳税申报、税款缴纳、申请退税、开具完税凭证、纳税查询等涉税事项时应当向税务机关或扣缴义务人提供纳税人识别号。

六、本公告所称"有效身份证件"，是指：

（一）纳税人为中国公民且持有有效《中华人民共和国居民身份证》（以下简称"居民身份证"）的，为居民身份证。

（二）纳税人为华侨且没有居民身份证的，为有效的《中华人民共和国护照》和华侨身份证明。

（三）纳税人为港澳居民的，为有效的《港澳居民来往内地通行证》或《中华人民共和国港澳居民居住证》。

（四）纳税人为台湾居民的，为有效的《台湾居民来往大陆通行证》或《中华人民共和国台湾居民居住证》。

（五）纳税人为持有有效《中华人民共和国外国人永久居留身份证》（以下简称永久居留证）的外籍个人的，为永久居留证和外国护照；未持有永久居留证但持有有效《中华人民共和国外国人工作许可证》（以下简称工作许可证）的，为工作许可证和外国护照；其他外籍个人，为有效的外国护照。

本公告自2019年1月1日起施行。

《境外所得个人所得税征收管理暂行办法》（2018年6月15日修正）

第七条 纳税人受雇于中国境内的公司、企业和其他经济组织以及政府部门并派往境外工作，其所得由境内派出单位支付或负担的，境内派出单位为个人所得税扣缴义务人，税款由境内派出单位负责代扣代缴。其所得由境外任职、受雇的中方机构支付、负担的，可委托其境内派出（投资）机构代征税款。

上述境外任职、受雇的中方机构是指中国境内的公司、企业和其他经济组织以及政府部门所属的境外分支机构、使（领）馆、子公司、代表处等。

第八条 纳税人有下列情形的，应自行申报纳税：

（一）境外所得来源于两处以上的；

（二）取得境外所得没有扣缴义务人、代征人的（包括扣缴义务人、代征人未按规定扣缴或征缴税款的）。

第九条 中国境内的公司、企业和其他经济组织以及政府部门，凡有外派人员的，应在每一公历年度（以下简称年度）终了后30日内向主管税务机关报送外派人员情况。内容主要包括：外派人员的姓名、身份证或护照号码、职务、派往国家和地区、境外工作单位名称和地址、合同期限、境内外收入状况、境内住所及缴纳税收情况等。

《广告市场个人所得税征收管理暂行办法》(2018年6月15日修正)

第三条 在广告设计、制作、发布过程中提供名义、形象及劳务并取得所得的个人为个人所得税的纳税义务人(以下简称纳税人);直接向上述个人支付所得的广告主、广告经营者、受托从事广告制作的单位和广告发布者为个人所得税的扣缴义务人(以下简称扣缴人)。

第四条 扣缴人应当在每项广告制作前向所在地主管税务机关报告广告中名义、形象及劳务提供者的姓名、身份证号码(护照号码及国籍)、工作单位(户籍所在地)、电话号码以及支付报酬的标准和支付形式等情况。双方订立书面合同(协议)的,应同时将合同(协议)副本报送上述税务机关。

广告发布者应当定期向所在地主管税务机关报送当期发布广告的数量及其广告主、广告经营者的名单。

《建筑安装业个人所得税征收管理暂行办法》(2018年6月15日修正)

第二条 本办法所称建筑安装业,包括建筑、安装、修缮、装饰及其他工程作业。从事建筑安装业的工程承包人、个体户及其他个人为个人所得税的纳税义务人。其从事建筑安装业取得的所得,应依法缴纳个人所得税。

第八条 建筑安装业的个人所得税,由扣缴义务人代扣代缴和纳税人自行申报缴纳。

第九条 承揽建筑安装业工程作业的单位和个人是个人所得税的代扣代缴义务人,应在向个人支付收入时依法代扣代缴其应纳的个人所得税。

第十条 没有扣缴义务人的和扣缴义务人未按规定代扣代缴税款的,纳税人应自行向主管税务机关申报纳税。

《演出市场个人所得税征收管理暂行办法》(2018 年 6 月 15 日修正)

第二条 凡参加演出(包括舞台演出、录音、录像、拍摄影视等,下同)而取得报酬的演职员,是个人所得税的纳税义务人;所取得的所得,为个人所得税的应纳税项目。

第三条 向演职员支付报酬的单位或个人,是个人所得税的扣缴义务人。扣缴义务人必须在支付演职员报酬的同时,按税收法律、行政法规及税务机关依照法律、行政法规作出的规定扣缴或预扣个人所得税。

预扣办法由各省、自治区、直辖市税务局根据有利控管的原则自行确定。

第七条 参加组台(团)演出的演职员取得的报酬,由主办单位或承办单位通过银行转账支付给演职员所在单位或发放演职员演出许可证的文化行政部门或其授权单位的,经演出所在地主管税务机关确认后,由演职员所在单位或者发放演职员许可证的文化行政部门或其授权单位,按实际支付给演职员个人的报酬代扣个人所得税,并在原单位所在地缴入金库。

第八条 组台(团)演出,不按第七条所述方式支付演职员报酬,或者虽按上述方式支付但未经演出所在地主管税务机关确认的,由向演职员支付报酬的演出经纪机构或者主办、承办单位扣缴个人所得税,税款在演出所在地缴纳。申报的演职员报酬明显偏低又无正当理由的,主管税务机关可以在查账核实的基础上,依据演出报酬总额、演职员分工、演员演出通常收费额等情况核定演职员的应纳税所得,扣缴义务人据此扣缴税款。

第十条 参与录音、录像、拍摄影视和在歌厅、舞厅、卡拉 OK

厅、夜总会、娱乐城等娱乐场所演出的演职员取得的报酬，由向演职员支付报酬的单位或业主扣缴个人所得税。

《机动出租车驾驶员个人所得税征收管理暂行办法》(2018年6月15日修正)

第二条 各种机动出租车驾驶员为个人所得税的纳税义务人，其从事出租车运营取得的收入，应依法缴纳个人所得税。

第三条 税务机关可以委托出租汽车经营单位、交通管理部门和运输服务站或者其他有关部门(单位)代收代缴出租车驾驶员应纳的个人所得税。被委托的单位为扣缴义务人，应按期代收代缴出租车驾驶员应纳的个人所得税。

第四条 没有扣缴义务人或扣缴义务人未按规定扣缴税款的，出租车驾驶员应自行向单位所在地或准运证发放地的主管税务机关申报纳税。

法条解读

《个人所得税法》第9条对个人所得税的纳税人和扣缴义务人进行了界定和明确，并首次在《个人所得税法》中增加了“纳税人识别号”的规定。实施条例第24条明确了扣缴义务人支付款项时代扣税款，按时缴库并备查，同时对支付方式的范围作了明确，“实物及其他形式的支付”也属于代扣代缴的范围。

(一)纳税人与扣缴义务人

纳税人是法律、行政法规规定负有纳税义务的单位和个人。纳税人由各税种的实体法规定，每个税种的纳税人的范围并不一致。《个人所得税法》规定了以所得人为纳税人。

扣缴义务人是法律、行政法规规定负有代扣代缴、代收代缴义务的单位和个人。

扣缴义务人的存在是因为我国对部分税收的征管采取源泉扣缴制度,即以所得支付者为扣缴义务人,在每次向纳税人支付有关所得款项时,代为扣缴税款。实行源泉扣缴可以有效保护税源,保证国家的财政收入,防止偷漏税,简化纳税手续。

扣缴义务人代扣、代收税款是两种重要的税款征收方式。代扣代缴是指持有纳税人收入的单位和个人从持有的纳税人收入中扣缴其应纳税款,并向税务机关解缴的行为。代收代缴是指与纳税人有经济往来关系的单位和个人,借助经济往来关系,向纳税人收取其应纳税款,并向税务机关解缴的行为。《个人所得税法》第 9 条所称的扣缴税款,指的是代扣代缴税款,即扣缴义务人在支付所得时直接扣除应纳税款并缴库,并不包括纳税人收取税款的代收代缴税款行为。扣缴义务人直接持有纳税人的收入,从中直接扣除纳税人的应纳税款。

在税收法律关系中,扣缴义务人是一种特殊的纳税主体,在征税主体和纳税主体之间。一方面,在代扣税款时,它代表国家行使征税权力;另一方面,在税款上缴国库时,又在履行纳税主体的义务,其还需将代扣税款像其他纳税人一样进行纳税申报并代为缴纳。

扣缴义务人在履行代扣个人所得税款时应注意以下问题:

1. 依法代扣税款是扣缴义务人的一项法定义务。税法规定扣缴义务人必须依法履行代扣代缴税款义务,如果不履行义务就要承担法律责任。根据《税收征收管理法》第 69 条规定,扣缴义务人应扣未扣税款的,由税务机关向纳税人追缴税款,对扣缴义务人处应扣未扣税款 50% 以上 3 倍以下的罚款。

2. 依法代扣税款是扣缴义务人代表国家行使征收税款权利的行为,因此纳税人不得拒绝。纳税人拒绝的,扣缴义务人应当及时报告税务机关处理。

3. 扣缴义务人代扣税款只限于法律、行政法规规定的范围，并依照法律、行政法规规定的征收标准执行，扣缴义务人不能超越范围代扣税款，也不得提高或降低标准代扣税款。

（二）纳税人识别号

阅读交流二维码

《个人所得税法》增加了个人实名办税和使用纳税人识别号有关要求，明确个人应当凭纳税人识别号实名办税，对没有中国公民身份号码的个人在首次发生纳税义务时，由税务机关赋予其纳税人识别号；明确个人首次取得应税所得或者首次办理纳税申报时，应当向扣缴义务人或者税务机关如实提供纳税人识别号及与纳税有关的信息。

在此之前，我国企业、事业单位和社会组织都拥有税务登记代码，主要由区域码和组织机构代码组成，个体工商户税务登记代码为其居民身份证号码。但对于自然人，税务代码制度却没有实现全覆盖。

根据我国的《社会保险法》，身份证号与社会保障号是一样的。2018 年修改《个人所得税法》，规定每个纳税人有一个与身份证号一样的纳税人识别号，意味着今后每个中国公民有了一个身份证号、社会保障号和纳税人识别号“三号合一”的个人身份代码。

“三号合一”有利于建立健全社会征信系统，实现纳税信息与每个人的身份信息、银行信息、不动产等信息共享，打通部门壁垒，实现各个部门信息的互联互通。

第十条 【自行纳税申报、全员全额扣缴申报】

第十条 有下列情形之一的，纳税人应当依法办理纳税申报：

（一）取得综合所得需要办理汇算清缴；

（二）取得应税所得没有扣缴义务人；

（三）取得应税所得，扣缴义务人未扣缴税款；

（四）取得境外所得；

（五）因移居境外注销中国户籍；

（六）非居民个人在中国境内从两处以上取得工资、薪金所得；

（七）国务院规定的其他情形。

扣缴义务人应当按照国家规定办理全员全额扣缴申报，并向纳税人提供其个人所得和已扣缴税款等信息。

《中华人民共和国个人所得税法实施条例》

第二十六条 个人所得税法第十条第二款所称全员全额扣缴申报，是指扣缴义务人在代扣税款的次月十五日内，向主管税务机关报送其支付所得的所有个人的有关信息、支付所得数额、扣除事项和数额、扣缴税款的具体数额和总额以及其他相关涉税信息资料。

第二十七条 纳税人办理纳税申报的地点以及其他有关事项的具体办法，由国务院税务主管部门制定。

关联规定

《个人所得税扣缴申报管理办法（试行）》（2018 年 12 月 21 日 国家税务总局公告 2018 年第 61 号）

第一条 为规范个人所得税扣缴申报行为，维护纳税人和扣缴义务人合法权益，根据《中华人民共和国个人所得税法》及其实施条例、《中华人民共和国税收征收管理法》及其实施细则等法律法规的规定,制定本办法。

第二条 扣缴义务人,是指向个人支付所得的单位或者个人。扣缴义务人应当依法办理全员全额扣缴申报。

全员全额扣缴申报,是指扣缴义务人应当在代扣税款的次月十五日内,向主管税务机关报送其支付所得的所有个人的有关信息、支付所得数额、扣除事项和数额、扣缴税款的具体数额和总额以及其他相关涉税信息资料。

第三条 扣缴义务人每月或者每次预扣、代扣的税款,应当在次月十五日内缴入国库,并向税务机关报送《个人所得税扣缴申报表》。

第四条 实行个人所得税全员全额扣缴申报的应税所得包括:

(一)工资、薪金所得;

(二)劳务报酬所得;

(三)稿酬所得;

(四)特许权使用费所得;

(五)利息、股息、红利所得;

(六)财产租赁所得;

(七)财产转让所得;

(八)偶然所得。

第五条 扣缴义务人首次向纳税人支付所得时,应当按照纳税人提供的纳税人识别号等基础信息,填写《个人所得税基础信息表(A表)》,并于次月扣缴申报时向税务机关报送。

扣缴义务人对纳税人向其报告的相关基础信息变化情况,应当于次月扣缴申报时向税务机关报送。

第六条 扣缴义务人向居民个人支付工资、薪金所得时,应当按照累计预扣法计算预扣税款,并按月办理扣缴申报。

累计预扣法,是指扣缴义务人在一个纳税年度内预扣预缴税款时,以纳税人在本单位截至当前月份工资、薪金所得累计收入减除累计免税收入、累计减除费用、累计专项扣除、累计专项附加扣除和累计依法确定的其他扣除后的余额为累计预扣预缴应纳税所得额,适用个人所得税预扣率表一(见附件),计算累计应预扣预缴税额,再减除累计减免税额和累计已预扣预缴税额,其余额为本期应预扣预缴税额。余额为负值时,暂不退税。纳税年度终了后余额仍为负值时,由纳税人通过办理综合所得年度汇算清缴,税款多退少补。

具体计算公式如下:

本期应预扣预缴税额 =(累计预扣预缴应纳税所得额 × 预扣率 - 速算扣除数) - 累计减免税额 - 累计已预扣预缴税额

累计预扣预缴应纳税所得额 = 累计收入 - 累计免税收入 - 累计减除费用 - 累计专项扣除 - 累计专项附加扣除 - 累计依法确定的其他扣除

其中:累计减除费用,按照 5000 元/月乘以纳税人当年截至本月在本单位的任职受雇月份数计算。

第七条 居民个人向扣缴义务人提供有关信息并依法要求办理专项附加扣除的,扣缴义务人应当按照规定在工资、薪金所得按月预扣预缴税款时予以扣除,不得拒绝。

第八条 扣缴义务人向居民个人支付劳务报酬所得、稿酬所得、特许权使用费所得时,应当按照以下方法按次或者按月预扣预缴税款:

劳务报酬所得、稿酬所得、特许权使用费所得以收入减除费用后的余额为收入额;其中,稿酬所得的收入额减按百分之七十计算。

减除费用：预扣预缴税款时，劳务报酬所得、稿酬所得、特许权使用费所得每次收入不超过四千元的，减除费用按八百元计算；每次收入四千元以上的，减除费用按收入的百分之二十计算。

应纳税所得额：劳务报酬所得、稿酬所得、特许权使用费所得，以每次收入额为预扣预缴应纳税所得额，计算应预扣预缴税额。劳务报酬所得适用个人所得税预扣率表二（见附件），稿酬所得、特许权使用费所得适用百分之二十的比例预扣率。

居民个人办理年度综合所得汇算清缴时，应当依法计算劳务报酬所得、稿酬所得、特许权使用费所得的收入额，并入年度综合所得计算应纳税款，税款多退少补。

第九条　扣缴义务人向非居民个人支付工资、薪金所得，劳务报酬所得，稿酬所得和特许权使用费所得时，应当按照以下方法按月或者按次代扣代缴税款：

非居民个人的工资、薪金所得，以每月收入额减除费用五千元后的余额为应纳税所得额；劳务报酬所得、稿酬所得、特许权使用费所得，以每次收入额为应纳税所得额，适用个人所得税税率表三（见附件）计算应纳税额。劳务报酬所得、稿酬所得、特许权使用费所得以收入减除百分之二十的费用后的余额为收入额；其中，稿酬所得的收入额减按百分之七十计算。

非居民个人在一个纳税年度内税款扣缴方法保持不变，达到居民个人条件时，应当告知扣缴义务人基础信息变化情况，年度终了后按照居民个人有关规定办理汇算清缴。

第十条　扣缴义务人支付利息、股息、红利所得，财产租赁所得，财产转让所得或者偶然所得时，应当依法按次或者按月代扣代缴税款。

第十一条　劳务报酬所得、稿酬所得、特许权使用费所得，属于一次性收入的，以取得该项收入为一次；属于同一项目连续性收入的，以一个月内取得的收入为一次。

财产租赁所得，以一个月内取得的收入为一次。

利息、股息、红利所得，以支付利息、股息、红利时取得的收入为一次。

偶然所得，以每次取得该项收入为一次。

第十二条 纳税人需要享受税收协定待遇的，应当在取得应税所得时主动向扣缴义务人提出，并提交相关信息、资料，扣缴义务人代扣代缴税款时按照享受税收协定待遇有关办法办理。

第十三条 支付工资、薪金所得的扣缴义务人应当于年度终了后两个月内，向纳税人提供其个人所得和已扣缴税款等信息。纳税人年度中间需要提供上述信息的，扣缴义务人应当提供。

纳税人取得除工资、薪金所得以外的其他所得，扣缴义务人应当在扣缴税款后，及时向纳税人提供其个人所得和已扣缴税款等信息。

第十四条 扣缴义务人应当按照纳税人提供的信息计算税款、办理扣缴申报，不得擅自更改纳税人提供的信息。

扣缴义务人发现纳税人提供的信息与实际情况不符的，可以要求纳税人修改。纳税人拒绝修改的，扣缴义务人应当报告税务机关，税务机关应当及时处理。

纳税人发现扣缴义务人提供或者扣缴申报的个人信息、支付所得、扣缴税款等信息与实际情况不符的，有权要求扣缴义务人修改。扣缴义务人拒绝修改的，纳税人应当报告税务机关，税务机关应当及时处理。

第十五条 扣缴义务人对纳税人提供的《个人所得税专项附加扣除信息表》，应当按照规定妥善保存备查。

第十六条 扣缴义务人应当依法对纳税人报送的专项附加扣除等相关涉税信息和资料保密。

第十七条 对扣缴义务人按照规定扣缴的税款，按年付给百分之二的手续费。不包括税务机关、司法机关等查补或者责令补扣的税款。

扣缴义务人领取的扣缴手续费可用于提升办税能力、奖励办税人员。

第十八条 扣缴义务人依法履行代扣代缴义务，纳税人不得拒绝。纳税人拒绝的，扣缴义务人应当及时报告税务机关。

第十九条 扣缴义务人有未按照规定向税务机关报送资料和信息、未按照纳税人提供信息虚报虚扣专项附加扣除、应扣未扣税款、不缴或少缴已扣税款、借用或冒用他人身份等行为的，依照《中华人民共和国税收征收管理法》等相关法律、行政法规处理。

第二十条 本办法相关表证单书式样，由国家税务总局另行制定发布。

第二十一条 本办法自2019年1月1日起施行。《国家税务总局关于印发〈个人所得税全员全额扣缴申报管理暂行办法〉的通知》(国税发〔2005〕205号)同时废止。

《关于个人所得税自行纳税申报有关问题的公告》(2018年12月21日 国家税务总局公告2018年第62号)

根据新修改的《中华人民共和国个人所得税法》及其实施条例，现就个人所得税自行纳税申报有关问题公告如下：

一、取得综合所得需要办理汇算清缴的纳税申报

取得综合所得且符合下列情形之一的纳税人，应当依法办理汇算清缴：

(一)从两处以上取得综合所得，且综合所得年收入额减除专项扣除后的余额超过6万元；

(二)取得劳务报酬所得、稿酬所得、特许权使用费所得中一

项或者多项所得,且综合所得年收入额减除专项扣除的余额超过6万元;

(三)纳税年度内预缴税额低于应纳税额;

(四)纳税人申请退税。

需要办理汇算清缴的纳税人,应当在取得所得的次年3月1日至6月30日内,向任职、受雇单位所在地主管税务机关办理纳税申报,并报送《个人所得税年度自行纳税申报表》。纳税人有两处以上任职、受雇单位的,选择向其中一处任职、受雇单位所在地主管税务机关办理纳税申报;纳税人没有任职、受雇单位的,向户籍所在地或经常居住地主管税务机关办理纳税申报。

纳税人办理综合所得汇算清缴,应当准备与收入、专项扣除、专项附加扣除、依法确定的其他扣除、捐赠、享受税收优惠等相关的资料,并按规定留存备查或报送。

纳税人取得综合所得办理汇算清缴的具体办法,另行公告。

二、取得经营所得的纳税申报

个体工商户业主、个人独资企业投资者、合伙企业个人合伙人、承包承租经营者个人以及其他从事生产、经营活动的个人取得经营所得,包括以下情形:

(一)个体工商户从事生产、经营活动取得的所得,个人独资企业投资人、合伙企业的个人合伙人来源于境内注册的个人独资企业、合伙企业生产、经营的所得;

(二)个人依法从事办学、医疗、咨询以及其他有偿服务活动取得的所得;

(三)个人对企业、事业单位承包经营、承租经营以及转包、转租取得的所得;

(四)个人从事其他生产、经营活动取得的所得。

纳税人取得经营所得,按年计算个人所得税,由纳税人在月度或季度终了后15日内，向经营管理所在地主管税务机关办理预缴纳税申报，并报送《个人所得税经营所得纳税申报表（A表）》。在取得所得的次年3月31日前，向经营管理所在地主管税务机关办理汇算清缴，并报送《个人所得税经营所得纳税申报表（B表）》；从两处以上取得经营所得的，选择向其中一处经营管理所在地主管税务机关办理年度汇总申报，并报送《个人所得税经营所得纳税申报表（C表）》。

三、取得应税所得，扣缴义务人未扣缴税款的纳税申报

纳税人取得应税所得，扣缴义务人未扣缴税款的，应当区别以下情形办理纳税申报：

（一）居民个人取得综合所得的，按照本公告第一条办理。

（二）非居民个人取得工资、薪金所得，劳务报酬所得，稿酬所得，特许权使用费所得的，应当在取得所得的次年6月30日前，向扣缴义务人所在地主管税务机关办理纳税申报，并报送《个人所得税自行纳税申报表（A表）》。有两个以上扣缴义务人均未扣缴税款的，选择向其中一处扣缴义务人所在地主管税务机关办理纳税申报。

非居民个人在次年6月30日前离境（临时离境除外）的，应当在离境前办理纳税申报。

（三）纳税人取得利息、股息、红利所得，财产租赁所得，财产转让所得和偶然所得的，应当在取得所得的次年6月30日前，按相关规定向主管税务机关办理纳税申报，并报送《个人所得税自行纳税申报表（A表）》。

税务机关通知限期缴纳的，纳税人应当按照期限缴纳税款。

四、取得境外所得的纳税申报

居民个人从中国境外取得所得的，应当在取得所得的次年3月1日至6月30日内，向中国境内任职、受雇单位所在地主管税

务机关办理纳税申报;在中国境内没有任职、受雇单位的,向户籍所在地或中国境内经常居住地主管税务机关办理纳税申报;户籍所在地与中国境内经常居住地不一致的,选择其中一地主管税务机关办理纳税申报;在中国境内没有户籍的,向中国境内经常居住地主管税务机关办理纳税申报。

纳税人取得境外所得办理纳税申报的具体规定,另行公告。

五、因移居境外注销中国户籍的纳税申报

纳税人因移居境外注销中国户籍的,应当在申请注销中国户籍前,向户籍所在地主管税务机关办理纳税申报,进行税款清算。

(一)纳税人在注销户籍年度取得综合所得的,应当在注销户籍前,办理当年综合所得的汇算清缴,并报送《个人所得税年度自行纳税申报表》。尚未办理上一年度综合所得汇算清缴的,应当在办理注销户籍纳税申报时一并办理。

(二)纳税人在注销户籍年度取得经营所得的,应当在注销户籍前,办理当年经营所得的汇算清缴,并报送《个人所得税经营所得纳税申报表(B 表)》。从两处以上取得经营所得的,还应当一并报送《个人所得税经营所得纳税申报表(C 表)》。尚未办理上一年度经营所得汇算清缴的,应当在办理注销户籍纳税申报时一并办理。

(三)纳税人在注销户籍当年取得利息、股息、红利所得,财产租赁所得,财产转让所得和偶然所得的,应当在注销户籍前,申报当年上述所得的完税情况,并报送《个人所得税自行纳税申报表(A 表)》。

(四)纳税人有未缴或者少缴税款的,应当在注销户籍前,结清欠缴或未缴的税款。纳税人存在分期缴税且未缴纳完毕的,应当在注销户籍前,结清尚未缴纳的税款。

(五)纳税人办理注销户籍纳税申报时,需要办理专项附加扣除、依法确定的其他扣除的，应当向税务机关报送《个人所得税专项附加扣除信息表》《商业健康保险税前扣除情况明细表》《个人税收递延型商业养老保险税前扣除情况明细表》等。

六、非居民个人在中国境内从两处以上取得工资、薪金所得的纳税申报

非居民个人在中国境内从两处以上取得工资、薪金所得的，应当在取得所得的次月15日内，向其中一处任职、受雇单位所在地主管税务机关办理纳税申报，并报送《个人所得税自行纳税申报表（A表）》。

七、纳税申报方式

纳税人可以采用远程办税端、邮寄等方式申报，也可以直接到主管税务机关申报。

八、其他有关问题

（一）纳税人办理自行纳税申报时，应当一并报送税务机关要求报送的其他有关资料。首次申报或者个人基础信息发生变化的，还应报送《个人所得税基础信息表（B表）》。

本公告涉及的有关表证单书，由国家税务总局统一制定式样，另行公告。

（二）纳税人在办理纳税申报时需要享受税收协定待遇的，按照享受税收协定待遇有关办法办理。

九、施行时间

本公告自2019年1月1日起施行。

法条解读

《个人所得税法》第10条规定了纳税人应当自行纳税申报的7种情形和扣缴义务人进行全员全额扣缴申报的义务。实施条例第26条、第27条对全员全额扣缴申报进行了定义，并明确由国务

院税务主管部门制定办理纳税申报的具体办法。

(一)个人所得税自行纳税申报

我国的个人所得税征管制度设计以源泉扣缴为主,即以扣缴义务人扣缴申报为主,纳税人自行申报为补充。

《个人所得税法》第 10 条对自行申报的条件作了修改,此前规定自行申报条件只有 4 条,2018 年修改后的《个人所得税法》规定的自行申报条件增加到 7 条,变化有:取消了超过国务院规定数额(即年所得 12 万元以上)自行申报的规定;增加了汇算清缴的要求;对未扣缴税款的情形进行明确;增加了取得境外所得自行申报的义务;增加了退籍清税的规定;将从两处以上取得工资、薪金所得需要自行申报的纳税人范围单独限定为非居民个人。

1. 综合所得汇算清缴

汇算清缴是指所得税和某些其他实行预缴税款办法的税种,在年度终了后的税款汇总结算清缴工作。

原法只规定了个体工商户生产经营所得和企事业单位承包经营所得要求汇算清缴,2018 年修改后增加了综合所得汇算清缴的规定。

《个人所得税法》第 10 条规定取得综合所得需要办理汇算清缴,汇算清缴的范围主要是居民个人取得综合所得,也就是工资、薪金所得,劳务报酬所得,稿酬所得,特许权使用费所得之一,符合规定情形的,需要办理汇算清缴。需要注意的是,该情形只适用于居民个人,非居民个人取得综合所得有扣缴义务人的,由扣缴义务人按月或者按次代扣代缴税款,不办理汇算清缴。

并不是只要取得综合所得,都需要进行汇算清缴。《个人所得税法》第 11 条和《个人所得税专项附加扣除操作办法(试行)》第 4 条指出需要进行汇算清缴的四种情形,除此之外的综合所得无须办理汇算清缴,详见《个人所得税法》第 11 条的法条解读。

2. 取得应税所得没有扣缴义务人和扣缴义务人未扣缴税款

《个人所得税法》第 9 条规定了以支付所得的单位和个人为扣缴义务人。一般情况下,取得应税所得的支付方为扣缴义务人,但特定情形下,纳税人取得了应税所得却没有扣缴义务人。如以下情形:一是取得生产经营所得,个体工商户、个人独资合伙企业投资者以及对企事业的承包承租经营人,他们取得经营所得的计算方式不同,税法也规定了单独的申报义务,可视为没有扣缴义务人;二是部分偶然所得,如拾得财物,由于没有支付方,自然就没有扣缴义务人;三是取得境外所得,境外支付方不可能代为扣缴申报个人所得税,也可视为无扣缴义务人,但《个人所得税法》第 10 条第 1 款第 4 项将其单独作为一种情形要求自行申报,理论上更为严密。

2018 年修改前的《个人所得税法》规定没有扣缴义务人要自行纳税申报,但对有扣缴义务人却没有扣缴的行为并没有进行明确,修改后的《个人所得税法》明确了此种情形下纳税人的自行申报义务,对该漏洞进行了弥补。与之相关的《税收征收管理法》第 69 条规定了扣缴义务人应扣未扣税款的,由税务机关向纳税人追缴税款,对扣缴义务人处应扣未扣税款 50% 以上 3 倍以下的罚款。

3. 取得境外所得

境外所得指的是居民个人来源于中国境外的各项应纳税所得。对境外所得征税,体现了我国税收管辖的“属人主义”原则。

境外所得的支付地点可能有两种:一种是境外所得境内支付,一般来说就有扣缴义务人;另一种是境外所得境外支付,境外支付方不可能代扣代缴税款。《个人所得税法》第 10 条未区分是否有扣缴义务人,规定取得境外所得应办理纳税申报。

《境外所得个人所得税征收管理暂行办法》(国税发〔1998〕126 号)第 4 条规定下列所得,不论支付地点是否在中国境外,均为来源于中国境外的所得:(1)因任职、受雇、履约等而在中国境外提供劳务取得的所得;(2)将财产出租给承租人在中国境外使用而取得的所得;(3)转让中国境外的建筑物、土地使用权等财产或者在中国境外转让其他财产取得的所得;(4)许可各种特许权在中国境外使用而取得的所得;(5)从中国境外的公司、企业以及其他经济组织或者个人取得的利息、股息、红利所得。

4. 因移居境外注销中国户籍纳税申报

《个人所得税法》第 10 条中关于移居境外注销中国户籍要求纳税申报的规定,是为应对纳税人移居移民造成税收流失而设立的税收制度,起到打击逃避税、规范非正常移民的作用。

与《个人所得税法》第 10 条相对应,《个人所得税法》第 13 条规定了因移居境外注销中国户籍,应当在注销中国户籍前办理税款清算。根据《阻止欠税人出境实施办法》(国税发〔1996〕215 号)规定,如果离境之前未结清应纳税款又未提供纳税担保,其后果是被阻止出境。

(二)个人所得税全员全额扣缴申报

个人所得税全员全额扣缴申报,是指扣缴义务人向主管税务机关报送其支付所得的所有个人的有关信息、支付所得数额、扣除事项和数额、扣缴税款的具体数额和总额以及其他相关涉税信息资料。

“全员”指的是不论其支付所得的个人是否属于本单位人员,“全额”指的是不论支付的应税所得是否达到纳税标准,均应按规定进行扣缴申报,即使应税所得为零,也需办理申报。

《个人所得税扣缴申报管理办法(试行)》(国家税务总局公告 2018 年第 61 号)第 4 条规定了实行个人所得税全员全额扣缴申报的应税所得的范围包括:工资、薪金所得;劳务报酬所得;稿酬所得;特许权使用费所得;利息、股息、红利所得;财产租赁所得;财产转让所得;偶然所得。即除“经营所得”之外的所有类型的应税所得。

扣缴义务人全员全额申报后,应当向纳税人提供其个人所得和已扣缴税款等信息。一方面使纳税人掌握自己被扣缴税款的情况,另一方面便于取得综合所得的纳税人使用已扣缴税款信息进行汇算清缴、办理退税或补税。

实行全员全额扣缴申报管理,是2005年开始的个人所得税法征管的一项重要内容,是我国个人所得税征管的方向。2018年《个人所得税法》的修改对全员全额扣缴申报进一步明确和细化。全员全额扣缴申报管理与实行纳税人识别号制度相结合,有利于税务部门利用信息手段进行信息收集和比对,推广应用个人所得税管理系统,提升个人所得税管理水平。

累计预扣法,简单来说,就是扣缴义务人向居民个人支付工资薪金所得时,将其在本单位年初以来的全部工薪收入,减去年初以来的全部可以扣除项目金额,如减除费用(也就是大家说的“起征点”)、“三险一金”、专项附加扣除等,减出来的余额对照相应预扣率表(与综合所得年度税率表相同)计算年初以来应预缴的全部税款,再减去之前月份已经预缴的税款,就能计算出本月应该预缴的税款。

在实际计算税款时,《个人所得税扣缴申报管理办法(试行)》有具体的规定,单位办税人员将本月的收入、专项扣除等金额录入税务机关提供的免费软件后,可以直接计算出本月应该预缴的税款。之所以采用这种预扣税款方法,主要是考虑到,如果按照税改前的方法预缴税款,在纳税人各月工薪收入不均衡的情况下,纳税人年终都需要办理补税或者退税。而采用累计预扣法,将有效缓解这一问题,对大部分只有一处工薪所得的纳税人,纳税年度终了时预扣预缴的税款基本上等于年度应纳税款,次年无须再办理汇算清缴申报;同时,即使纳税人需要补税或者退税,金额也相对较小,不会占用纳税人过多资金。①

第十一条 【综合所得申报和缴纳】

第十一条 居民个人取得综合所得,按年计算个人所得税;有扣缴义务人的,由扣缴义务人按月或者按次预扣预缴税款;需要办理汇算清缴的,应当在取得所得的次年三月一日至六月三十日内办理汇算清缴。预扣预缴办法由国务院税务主管部门制定。

居民个人向扣缴义务人提供专项附加扣除信息的,扣缴义务人按月预扣预缴税款时应当按照规定予以扣除,不得拒绝。

非居民个人取得工资、薪金所得,劳务报酬所得,稿酬所得和特许权使用费所得,有扣缴义务人的,由扣缴义务人按月或者按次代扣代缴税款,不办理汇算清缴。

《中华人民共和国个人所得税法实施条例》

第二十五条 取得综合所得需要办理汇算清缴的情形包括:

(一)从两处以上取得综合所得,且综合所得年收入额减除专项扣除的余额超过6万元;

(二)取得劳务报酬所得、稿酬所得、特许权使用费所得中一项或者多项所得,且综合所得年收入额减除专项扣除的余额超过6万元;

(三)纳税年度内预缴税额低于应纳税额;

(四)纳税人申请退税。

---

① 转引自国家税务总局12366纳税服务平台2019年1月31日发布的《新个人所得税法实施条例及过渡期政策纳税人常见疑问30答》。

纳税人申请退税，应当提供其在中国境内开设的银行账户，并在汇算清缴地就地办理税款退库。

汇算清缴的具体办法由国务院税务主管部门制定。

第二十八条 居民个人取得工资、薪金所得时，可以向扣缴义务人提供专项附加扣除有关信息，由扣缴义务人扣缴税款时减除专项附加扣除。纳税人同时从两处以上取得工资、薪金所得，并由扣缴义务人减除专项附加扣除的，对同一专项附加扣除项目，在一个纳税年度内只能选择从一处取得的所得中减除。

居民个人取得劳务报酬所得、稿酬所得、特许权使用费所得，应当在汇算清缴时向税务机关提供有关信息，减除专项附加扣除。

第二十九条 纳税人可以委托扣缴义务人或者其他单位和个人办理汇算清缴。

第三十条 扣缴义务人应当按照纳税人提供的信息计算办理扣缴申报，不得擅自更改纳税人提供的信息。

纳税人发现扣缴义务人提供或者扣缴申报的个人信息、所得、扣缴税款等与实际情况不符的，有权要求扣缴义务人修改。扣缴义务人拒绝修改的，纳税人应当报告税务机关，税务机关应当及时处理。

纳税人、扣缴义务人应当按照规定保存与专项附加扣除相关的资料。税务机关可以对纳税人提供的专项附加扣除信息进行抽查，具体办法由国务院税务主管部门另行规定。税务机关发现纳税人提供虚假信息的，应当责令改正并通知扣缴义务人；情节严重的，有关部门应当依法予以处理，纳入信用信息系统并实施联合惩戒。

关联规定

《关于全面实施新个人所得税法若干征管衔接问题的公告》
(2018 年 12 月 19 日 国家税务总局公告 2018 年第 56 号)

为贯彻落实新修改的《中华人民共和国个人所得税法》(以下简称“新个人所得税法”),现就全面实施新个人所得税法后扣缴义务人对居民个人工资、薪金所得,劳务报酬所得,稿酬所得,特许权使用费所得预扣预缴个人所得税的计算方法,对非居民个人上述四项所得扣缴个人所得税的计算方法,公告如下:

一、居民个人预扣预缴方法

扣缴义务人向居民个人支付工资、薪金所得,劳务报酬所得,稿酬所得,特许权使用费所得时,按以下方法预扣预缴个人所得税,并向主管税务机关报送《个人所得税扣缴申报表》。年度预扣预缴税额与年度应纳税额不一致的,由居民个人于次年 3 月 1 日至 6 月 30 日向主管税务机关办理综合所得年度汇算清缴,税款多退少补。

(一)扣缴义务人向居民个人支付工资、薪金所得时,应当按照累计预扣法计算预扣税款,并按月办理全员全额扣缴申报。具体计算公式如下:

本期应预扣预缴税额 =(累计预扣预缴应纳税所得额 × 预扣率 - 速算扣除数)- 累计减免税额 - 累计已预扣预缴税额

累计预扣预缴应纳税所得额 = 累计收入 - 累计免税收入 - 累计减除费用 - 累计专项扣除 - 累计专项附加扣除 - 累计依法确定的其他扣除

其中:累计减除费用,按照 5000 元/月乘以纳税人当年截至本月在本单位的任职受雇月份数计算。

上述公式中,计算居民个人工资、薪金所得预扣预缴税额的预扣率、速算扣除数,按《个人所得税预扣率表一》(见附件 2)

执行。

(二)扣缴义务人向居民个人支付劳务报酬所得、稿酬所得、特许权使用费所得,按次或者按月预扣预缴个人所得税。具体预扣预缴方法如下:

劳务报酬所得、稿酬所得、特许权使用费所得以收入减除费用后的余额为收入额。其中,稿酬所得的收入额减按百分之七十计算。

减除费用:劳务报酬所得、稿酬所得、特许权使用费所得每次收入不超过四千元的,减除费用按八百元计算;每次收入四千元以上的,减除费用按百分之二十计算。

应纳税所得额:劳务报酬所得、稿酬所得、特许权使用费所得,以每次收入额为预扣预缴应纳税所得额。劳务报酬所得适用百分之二十至百分之四十的超额累进预扣率(见附件2《个人所得税预扣率表二》),稿酬所得、特许权使用费所得适用百分之二十的比例预扣率。

劳务报酬所得应预扣预缴税额 = 预扣预缴应纳税所得额 × 预扣率 - 速算扣除数

稿酬所得、特许权使用费所得应预扣预缴税额 = 预扣预缴应纳税所得额 ×20%

二、非居民个人扣缴方法

扣缴义务人向非居民个人支付工资、薪金所得,劳务报酬所得,稿酬所得和特许权使用费所得时,应当按以下方法按月或者按次代扣代缴个人所得税:

非居民个人的工资、薪金所得,以每月收入额减除费用五千元后的余额为应纳税所得额;劳务报酬所得、稿酬所得、特许权使用费所得,以每次收入额为应纳税所得额,适用按月换算后的非居民个人月度税率表(见附件2《个人所得税税率表三》)计算应纳税额。其中,劳务报酬所得、稿酬所得、特许权使用费所得以收入减除百分之二十的费用后的余额为收入额。稿酬所得的收入额减按百分之七十计算。

非居民个人工资、薪金所得,劳务报酬所得,稿酬所得,特许权使用费所得应纳税额 = 应纳税所得额 × 税率 - 速算扣除数

本公告自 2019 年 1 月 1 日起施行。

《个人所得税专项附加扣除操作办法(试行)》(2018 年 12 月 21 日 国家税务总局公告 2018 年第 60 号)

第一章 总 则

第一条 为了规范个人所得税专项附加扣除行为,切实维护纳税人合法权益,根据新修改的《中华人民共和国个人所得税法》及其实施条例、《中华人民共和国税收征收管理法》及其实施细则、《国务院关于印发个人所得税专项附加扣除暂行办法的通知》(国发〔2018〕41 号)的规定,制定本办法。

第二条 纳税人享受子女教育、继续教育、大病医疗、住房贷款利息或者住房租金、赡养老人专项附加扣除的,依照本办法规定办理。

第二章 享受扣除及办理时间

第三条 纳税人享受符合规定的专项附加扣除的计算时间分别为:

(一)子女教育。学前教育阶段,为子女年满 3 周岁当月至小学入学前一月。学历教育,为子女接受全日制学历教育入学的当月至全日制学历教育结束的当月。

(二)继续教育。学历(学位)继续教育,为在中国境内接受学历(学位)继续教育入学的当月至学历(学位)继续教育结束的当

月，同一学历（学位）继续教育的扣除期限最长不得超过 48 个月。技能人员职业资格继续教育、专业技术人员职业资格继续教育，为取得相关证书的当年。

（三）大病医疗。为医疗保障信息系统记录的医药费用实际支出的当年。

（四）住房贷款利息。为贷款合同约定开始还款的当月至贷款全部归还或贷款合同终止的当月，扣除期限最长不得超过 240 个月。

（五）住房租金。为租赁合同（协议）约定的房屋租赁期开始的当月至租赁期结束的当月。提前终止合同（协议）的，以实际租赁期限为准。

（六）赡养老人。为被赡养人年满 60 周岁的当月至赡养义务终止的年末。

前款第一项、第二项规定的学历教育和学历（学位）继续教育的期间，包含因病或其他非主观原因休学但学籍继续保留的休学期间，以及施教机构按规定组织实施的寒暑假等假期。

第四条 享受子女教育、继续教育、住房贷款利息或者住房租金、赡养老人专项附加扣除的纳税人，自符合条件开始，可以向支付工资、薪金所得的扣缴义务人提供上述专项附加扣除有关信息，由扣缴义务人在预扣预缴税款时，按其在本单位本年可享受的累计扣除额办理扣除；也可以在次年 3 月 1 日至 6 月 30 日内，向汇缴地主管税务机关办理汇算清缴申报时扣除。

纳税人同时从两处以上取得工资、薪金所得，并由扣缴义务人办理上述专项附加扣除的，对同一专项附加扣除项目，一个纳税年度内，纳税人只能选择从其中一处扣除。

享受大病医疗专项附加扣除的纳税人，由其在次年 3 月 1 日至 6 月 30 日内，自行向汇缴地主管税务机关办理汇算清缴申报时扣除。

第五条 扣缴义务人办理工资、薪金所得预扣预缴税款时，应当根据纳税人报送的《个人所得税专项附加扣除信息表》（以下简称《扣除信息表》，见附件）为纳税人办理专项附加扣除。

纳税人年度中间更换工作单位的，在原单位任职、受雇期间已享受的专项附加扣除金额，不得在新任职、受雇单位扣除。原扣缴义务人应当自纳税人离职不再发放工资薪金所得的当月起，停止为其办理专项附加扣除。

第六条 纳税人未取得工资、薪金所得，仅取得劳务报酬所得、稿酬所得、特许权使用费所得需要享受专项附加扣除的，应当在次年3月1日至6月30日内，自行向汇缴地主管税务机关报送《扣除信息表》，并在办理汇算清缴申报时扣除。

第七条 一个纳税年度内，纳税人在扣缴义务人预扣预缴税款环节未享受或未足额享受专项附加扣除的，可以在当年内向支付工资、薪金的扣缴义务人申请在剩余月份发放工资、薪金时补充扣除，也可以在次年3月1日至6月30日内，向汇缴地主管税务机关办理汇算清缴时申报扣除。

第三章 报送信息及留存备查资料

第八条 纳税人选择在扣缴义务人发放工资、薪金所得时享受专项附加扣除的，首次享受时应当填写并向扣缴义务人报送《扣除信息表》；纳税年度中间相关信息发生变化的，纳税人应当更新《扣除信息表》相应栏次，并及时报送给扣缴义务人。

更换工作单位的纳税人，需要由新任职、受雇扣缴义务人办理专项附加扣除的，应当在入职的当月，填写并向扣缴义务人报送《扣除信息表》。

第九条 纳税人次年需要由扣缴义务人继续办理专项附加

扣除的,应当于每年 12 月份对次年享受专项附加扣除的内容进行确认,并报送至扣缴义务人。纳税人未及时确认的,扣缴义务人于次年 1 月起暂停扣除,待纳税人确认后再行办理专项附加扣除。

扣缴义务人应当将纳税人报送的专项附加扣除信息,在次月办理扣缴申报时一并报送至主管税务机关。

第十条 纳税人选择在汇算清缴申报时享受专项附加扣除的,应当填写并向汇缴地主管税务机关报送《扣除信息表》。

第十一条 纳税人将需要享受的专项附加扣除项目信息填报至《扣除信息表》相应栏次。填报要素完整的,扣缴义务人或者主管税务机关应当受理;填报要素不完整的,扣缴义务人或者主管税务机关应当及时告知纳税人补正或重新填报。纳税人未补正或重新填报的,暂不办理相关专项附加扣除,待纳税人补正或重新填报后再行办理。

第十二条 纳税人享受子女教育专项附加扣除,应当填报配偶及子女的姓名、身份证件类型及号码、子女当前受教育阶段及起止时间、子女就读学校以及本人与配偶之间扣除分配比例等信息。

纳税人需要留存备查资料包括:子女在境外接受教育的,应当留存境外学校录取通知书、留学签证等境外教育佐证资料。

第十三条 纳税人享受继续教育专项附加扣除,接受学历(学位)继续教育的,应当填报教育起止时间、教育阶段等信息;接受技能人员或者专业技术人员职业资格继续教育的,应当填报证书名称、证书编号、发证机关、发证(批准)时间等信息。

纳税人需要留存备查资料包括:纳税人接受技能人员职业资格继续教育、专业技术人员职业资格继续教育的,应当留存职业资格相关证书等资料。

第十四条 纳税人享受住房贷款利息专项附加扣除,应当填报住房权属信息、住房坐落地址、贷款方式、贷款银行、贷款合同编号、贷款期限、首次还款日期等信息;纳税人有配偶的,填写配偶姓名、身份证件类型及号码。

纳税人需要留存备查资料包括:住房贷款合同、贷款还款支出凭证等资料。

第十五条 纳税人享受住房租金专项附加扣除,应当填报主要工作城市、租赁住房坐落地址、出租人姓名及身份证件类型和号码或者出租方单位名称及纳税人识别号(社会统一信用代码)、租赁起止时间等信息;纳税人有配偶的,填写配偶姓名、身份证件类型及号码。

纳税人需要留存备查资料包括:住房租赁合同或协议等资料。

第十六条 纳税人享受赡养老人专项附加扣除,应当填报纳税人是否为独生子女、月扣除金额、被赡养人姓名及身份证件类型和号码、与纳税人关系;有共同赡养人的,需填报分摊方式、共同赡养人姓名及身份证件类型和号码等信息。

纳税人需要留存备查资料包括:约定或指定分摊的书面分摊协议等资料。

第十七条 纳税人享受大病医疗专项附加扣除,应当填报患者姓名、身份证件类型及号码、与纳税人关系、与基本医保相关的医药费用总金额、医保目录范围内个人负担的自付金额等信息。

纳税人需要留存备查资料包括:大病患者医药服务收费及医保报销相关票据原件或复印件,或者医疗保障部门出具的纳税年度医药费用清单等资料。

第十八条 纳税人应当对报送的专项附加扣除信息的真实性、准确性、完整性负责。

第四章　信息报送方式

第十九条　纳税人可以通过远程办税端、电子或者纸质报表等方式,向扣缴义务人或者主管税务机关报送个人专项附加扣除信息。

第二十条　纳税人选择纳税年度内由扣缴义务人办理专项附加扣除的,按下列规定办理:

(一)纳税人通过远程办税端选择扣缴义务人并报送专项附加扣除信息的,扣缴义务人根据接收的扣除信息办理扣除。

(二)纳税人通过填写电子或者纸质《扣除信息表》直接报送扣缴义务人的,扣缴义务人将相关信息导入或者录入扣缴端软件,并在次月办理扣缴申报时提交给主管税务机关。《扣除信息表》应当一式两份,纳税人和扣缴义务人签字(章)后分别留存备查。

第二十一条　纳税人选择年度终了后办理汇算清缴申报时享受专项附加扣除的,既可以通过远程办税端报送专项附加扣除信息,也可以将电子或者纸质《扣除信息表》(一式两份)报送给汇缴地主管税务机关。

报送电子《扣除信息表》的,主管税务机关受理打印,交由纳税人签字后,一份由纳税人留存备查,一份由税务机关留存;报送纸质《扣除信息表》的,纳税人签字确认、主管税务机关受理签章后,一份退还纳税人留存备查,一份由税务机关留存。

第二十二条　扣缴义务人和税务机关应当告知纳税人办理专项附加扣除的方式和渠道,鼓励并引导纳税人采用远程办税端报送信息。

第五章　后 续 管 理

第二十三条　纳税人应当将《扣除信息表》及相关留存备查资料,自法定汇算清缴期结束后保存五年。

纳税人报送给扣缴义务人的《扣除信息表》，扣缴义务人应当自预扣预缴年度的次年起留存五年。

第二十四条 纳税人向扣缴义务人提供专项附加扣除信息的，扣缴义务人应当按照规定予以扣除，不得拒绝。扣缴义务人应当为纳税人报送的专项附加扣除信息保密。

第二十五条 扣缴义务人应当及时按照纳税人提供的信息计算办理扣缴申报，不得擅自更改纳税人提供的相关信息。

扣缴义务人发现纳税人提供的信息与实际情况不符，可以要求纳税人修改。纳税人拒绝修改的，扣缴义务人应当向主管税务机关报告，税务机关应当及时处理。

除纳税人另有要求外，扣缴义务人应当于年度终了后两个月内，向纳税人提供已办理的专项附加扣除项目及金额等信息。

第二十六条 税务机关定期对纳税人提供的专项附加扣除信息开展抽查。

第二十七条 税务机关核查时，纳税人无法提供留存备查资料，或者留存备查资料不能支持相关情况的，税务机关可以要求纳税人提供其他佐证；不能提供其他佐证材料，或者佐证材料仍不足以支持的，不得享受相关专项附加扣除。

第二十八条 税务机关核查专项附加扣除情况时，可以提请有关单位和个人协助核查，相关单位和个人应当协助。

第二十九条 纳税人有下列情形之一的，主管税务机关应当责令其改正；情形严重的，应当纳入有关信用信息系统，并按照国家有关规定实施联合惩戒；涉及违反税收征管法等法律法规的，税务机关依法进行处理：

（一）报送虚假专项附加扣除信息；

（二）重复享受专项附加扣除；

（三）超范围或标准享受专项附加扣除；

（四）拒不提供留存备查资料；

（五）税务总局规定的其他情形。

纳税人在任职、受雇单位报送虚假扣除信息的，税务机关责令改正的同时，通知扣缴义务人。

第三十条 本办法自2019年1月1日起施行。

《个人所得税扣缴申报管理办法（试行）》（2018年12月21日 国家税务总局公告2018年第61号）

（详见《个人所得税法》第十条关联规定部分）

《演出市场个人所得税征收管理暂行办法》（2018年6月15日修正）

第十二条 扣缴义务人扣缴的税款，应在次月七日内缴入国库，同时向主管税务机关报送扣缴个人所得税报告表、支付报酬明细表以及税务机关要求报送的其他资料。

第十三条 有下列情形的，演职员应在取得报酬的次月七日内自行到演出所在地或者单位所在地主管税务机关申报纳税：

（一）在两处或者两处以上取得工资、薪金性质所得的，应将各处取得的工资、薪金性质的所得合并计算纳税；

（二）分笔取得属于一次报酬的；

（三）扣缴义务人没有依法扣缴税款的；

（四）主管税务机关要求其申报纳税的。

《机动出租车驾驶员个人所得税征收管理暂行办法》（2018年6月15日修正）

第十条 扣缴义务人每月所扣的税款、自行申报纳税人每月应纳的税款，应当在次月7日内缴入国库，并向主管税务机关报送扣缴个人所得税报告表或纳税申报表以及税务机关要求报送的其他资料。

法条解读

《个人所得税法》第11条对居民个人和非居民个人取得综合所得的申报和缴纳分别作了规定。法条对应的实施条例明确了综合所得需要办理汇算清缴的情形、居民个人提供专项附加扣除信息的要求以及纳税人和扣缴义务人在办理纳税申报中的权利和义务。

(一)预扣预缴

2018年修改后的个人所得税法将工资、薪金所得,劳务报酬所得,稿酬所得和特许权使用费所得由原来的按月按次计征改成综合所得按年计算个税,为保证税款的及时均衡入库,采用了按月按次预扣预缴和按年汇算清缴结合的征管方法。居民个人取得综合所得,按年计算个人所得税,一般情况下,平时由扣缴义务人预扣预缴,次年对全年的应缴税款进行汇算清缴,多退少补。

《关于全面实施新个人所得税法若干征管衔接问题的公告》(国家税务总局公告2018年第56号)对个人取得工资、薪金、劳务报酬、稿酬和特许权使用费所得预扣预缴个人所得税的计算方法作出明确规定。

1. 居民个人工资薪金所得采取累计预扣法

扣缴义务人向居民个人支付工资、薪金所得时,应当按照累计预扣法计算预扣税款。累计预扣法主要是通过各月累计收入减去对应扣除,适用年度综合所得税率表计算累计应缴税额,再减去已缴和减免税额,确定本期应缴税额的一种方法。这种方法,一方面,对于大部分只有一处工资薪金所得的纳税人,纳税年度终了时预扣预缴的税款基本上等于年度应纳税款,因此无须再办理自行纳税申报、汇算清缴;另一方面,对需要补退税的纳税人,预扣预缴的税款与年度应纳税款差额相对较小,不会占用纳税人过多资金。

2. 居民个人劳务报酬所得、稿酬所得、特许权使用费所得采

取预扣率计算

和工资薪金的累计预扣法不同,居民个人的劳务报酬、稿酬、特许权使用费所得预扣税款时不考虑每月 5000 元的费用扣除额,以及专项扣除和专项附加扣除,适用单独的预扣率扣缴个税。这种计算方法,基本平移了原《个人所得税法》的扣缴方法,特别是平移了对每次收入不超过 4000 元、费用按 800 元计算的规定。这种预扣预缴方法对扣缴义务人和纳税人来讲既容易理解,也简便易行,方便扣缴义务人和纳税人操作。

对年度预扣预缴税款与依法计算的个人年度应纳个人所得税额不一致的,按照“补税依法,退税自愿”的原则,由纳税人在取得所得的次年 3 月 1 日至 6 月 30 日内,向任职、受雇单位所在地主管税务机关办理汇算清缴纳税申报,并报送《个人所得税年度自行纳税申报表》,税款多退少补。

(二)汇算清缴

居民个人的综合所得按月或按次预扣预缴与按年计算个人所得税额存在差异,需要补税和退税的,有必要在次年进行汇算清缴。

1. 需要进行汇算清缴的情形

《个人所得税法实施条例》第 25 条和《个人所得税专项附加扣除操作办法(试行)》第 4 条规定了取得综合所得需要办理汇算清缴的五种情形:(1)从两处以上取得综合所得,且综合所得年收入额减除专项扣除的余额超过 6 万元;(2)取得劳务报酬所得、稿酬所得、特许权使用费所得中一项或者多项所得,且综合所得年收入额减除专项扣除的余额超过 6 万元;(3)纳税年度内预缴税额低于应纳税额;(4)纳税人申请退税;(5)需要享受大病医疗专项附加扣除。

一般来说,以上情形都是需要补税和退税的,所以需要进行汇算清缴。

2. 不需要进行汇算清缴的情形

不需要进行汇算清缴的情形有:(1)对于只取得一处工资薪金所得的纳税人,可在日常预缴环节缴纳全部税款的,不需办理汇算清缴。(2)非居民个人取得工资、薪金所得,劳务报酬所得,稿酬所得和特许权使用费所得,有扣缴义务人的,由扣缴义务人按月或者按次代扣代缴税款,不办理汇算清缴。

3. 汇算清缴的主体

纳税人可以自行办理汇算清缴,也可以委托扣缴义务人或者其他单位和个人办理汇算清缴。比如,取得工资薪金的纳税人,可以与所在单位协商后,由单位代为办理汇算清缴;纳税人还可以委托涉税专业服务机构及其从业人员代为办理汇算清缴;或者委托其信任的其他单位或个人代办汇算清缴。

(三)居民个人和非居民个人综合所得税款计算差异对比

1. 工资、薪金所得

居民个人预缴采取累计预扣法,年度汇算清缴,税款多退少补,适用综合所得年度应纳税所得额税率表;非居民个人直接扣缴税款,按照每月收入额减去5000元费用后的余额,适用换算后的月度应纳税所得额税率表计算个税,不汇算清缴。

居民个人可以减除专项附加扣除,非居民个人不享受专项附加扣除优惠。

2. 劳务报酬所得、稿酬所得、特许权使用费所得

(1)居民个人预缴和汇算清缴时收入的计算方式不同

年度汇算清缴时,收入额为收入减除20%的费用后的余额;预扣预缴时收入额为每次收入减除费用后的余额,其中,“收入不超过四千元的,费用按八百元计算;每次收入四千元以上的,费用按百分之二十计算”。

(2)居民个人预缴和汇算清缴时可扣除的项目不同

居民个人的上述3项所得和工资、薪金所得属于综合所得，年度汇算清缴时以4项所得的合计收入额减除费用6万元以及专项扣除、专项附加扣除和依法确定的其他扣除后的余额，为应纳税所得额。而根据《个人所得税法》及实施条例规定，上述3项所得日常预扣预缴税款时暂不减除上述扣除。

(3)居民个人预缴和汇算清缴时适用的预扣率/税率不同

预扣预缴时，劳务报酬所得适用个人所得税预扣率表二、三档预扣率，稿酬所得、特许权使用费所得适用20%的比例预扣率。年度汇算清缴时，适用年度应纳税所得额税率表，3%至45%的超额累进税率。

(4)居民个人和非居民个人扣缴方式的区别

非居民个人直接扣缴税款，不汇算清缴，该3项所得和工资薪金所得同样适用于换算后的月度应纳税所得额税率表。居民个人需要先扣缴税款，再汇算清缴，扣缴税款时劳务报酬所得适用三档预扣率，稿酬、特权使用费所得预扣率为20%。

(四)纳税人和扣缴义务人的申报权利和义务

《个人所得税法》第11条、实施条例以及相关规范性文件明确了综合所得纳税人和扣缴义务人在个人所得税申报缴纳中的权利和义务。

1. 纳税人的权利

(1)可以向扣缴义务人提供专项附加扣除有关信息，由扣缴义务人扣缴税款时减除专项附加扣除。

(2)可以委托扣缴义务人或者其他单位和个人办理汇算清缴。

(3)发现扣缴义务人提供或者扣缴申报的个人信息、所得、扣缴税款等与实际情况不符的，有权要求扣缴义务人修改。

(4)汇算清缴后申请退税。

2. 纳税人的义务

(1)未委托扣缴义务人或者其他单位和个人办理汇算清缴的,应自行办理汇算清缴申报。

(2)同时从两处以上取得工资、薪金所得,并由扣缴义务人减除专项附加扣除的,对同一专项附加扣除项目,在一个纳税年度内只能选择从一处取得的所得中减除。

(3)取得劳务报酬所得、稿酬所得、特许权使用费所得,应当在汇算清缴时向税务机关提供有关信息,减除专项附加扣除。

(4)申请退税时,应当提供其在中国境内开设的银行账户,并在汇算清缴地就地办理税款退库。

(5)发现扣缴义务人提供或者扣缴申报的个人信息、所得、扣缴税款等与实际情况不符,扣缴义务人拒绝修改的,纳税人应当报告税务机关。

(6)按照规定保存与专项附加扣除相关的资料。

3. 扣缴义务人的权利

《个人所得税法》第11条及相关实施条例中未提到扣缴义务人的权利。但根据《个人所得税法》第17条的规定,税务机关对扣缴义务人按照所扣缴的税款,付给2%的手续费。

4. 扣缴义务人的义务

(1)按月或者按次预扣预缴税款。

(2)接受委托为纳税人办理汇算清缴。

(3)应当根据纳税人提供的专项附加扣除信息,按照规定予以扣除,不得拒绝。

(4)应当按照纳税人提供的信息计算办理扣缴申报,不得擅自更改纳税人提供的信息。

阅读交流
二维码

(5)按照规定保存与专项附加扣除相关的资料。

明确纳税人和扣缴义务人的责任，有利于维护纳税人合法税收权益，保证税收信息的真实完整。对于有关纳税申报信息与实际情况不符的，按照“谁提供、谁负责，谁修改、谁负责”进行处理。

第十二条 【分类所得申报和缴纳】

第十二条 纳税人取得经营所得，按年计算个人所得税，由纳税人在月度或者季度终了后十五日内向税务机关报送纳税申报表，并预缴税款；在取得所得的次年三月三十一日前办理汇算清缴。

纳税人取得利息、股息、红利所得，财产租赁所得，财产转让所得和偶然所得，按月或者按次计算个人所得税，有扣缴义务人的，由扣缴义务人按月或者按次代扣代缴税款。

关联规定

《个人所得税扣缴申报管理办法（试行）》(2018 年 12 月 21 日 国家税务总局公告 2018 年第 61 号)

(详见《个人所得税法》第十条关联规定部分)

《关于个人所得税自行纳税申报有关问题的公告》(2018 年 12 月 21 日 国家税务总局公告 2018 年第 62 号)

(详见《个人所得税法》第十条关联规定部分)

《广告市场个人所得税征收管理暂行办法》(2018 年 6 月 15 日修正)

第八条 分笔取得一次所得和扣缴人应扣未扣或少扣税款

以及没有扣缴人的纳税人，应当于取得所得的月度终了后七日内，向扣缴人所在地主管税务机关自行申报纳税。

《建筑安装业个人所得税征收管理暂行办法》（2018 年 6 月 15 日修正）

第十一条 本办法第三条第一款、第二款涉及的纳税人和扣缴义务人应按每月工程完工量预缴、预扣个人所得税，按年结算。一项工程跨年度作业的，应按各年所得预缴、预扣和结算个人所得税。难以划分各年所得的，可以按月预缴、预扣税款，并在工程完工后按各年度工程完工量分摊所得并结算税款。

第十二条 扣缴义务人每月所扣的税款，自行申报纳税人每月应纳的税款，应当在次月七日内缴入国库，并向主管税务机关报送扣缴个人所得税报告表或纳税申报表以及税务机关要求报送的其他资料。

法条解读

《个人所得税法》第 12 条对分类所得即综合所得之外的各项所得的申报缴纳作了规定。

（一）经营所得申报缴纳

1. 经营所得的申报主体

“经营所得”个人所得税的申报主体是从事生产经营的个人、个体工商户、个人独资企业投资人、合伙企业的个人合伙人和其他从事生产经营的个人。

2. 经营所得的征管方式

经营所得的征管方式分为查账征收和核定征收。

查账征收是由纳税人依据账簿记载，先自行计算缴纳，事后经税务机关查账核实，如有不符时，可多退少补。

核定征收是由于纳税人的会计账簿不健全，资料残缺难以查账，或者其他原因难以准确确定纳税人应纳税额时，由税务机关采用合理的方法依法核定纳税人应纳税款的一种征收方式。

《个人所得税法实施条例》第 15 条第 3 款对经营所得的核定征收作出规定："从事生产、经营活动，未提供完整、准确的纳税资料，不能正确计算应纳税所得额的，由主管税务机关核定应纳税所得额或者应纳税额。"

目前，核定征收是税务机关对个体工商户和个人独资、合伙企业税收管理中经常使用的征管方式。核定征收的优点是征税简便，征纳成本低，效率高，纳税人的预期稳定。缺点是存在税负不公和税收漏洞。

3. 预缴与汇算清缴相结合申报缴纳

经营所得采取预缴与汇算清缴相结合的方法，由纳税人在月度或季度终了后 15 日内，向经营管理所在地主管税务机关办理预缴纳税申报。在取得所得的次年 3 月 31 日前，向经营管理所在地主管税务机关办理汇算清缴；从两处以上取得经营所得的，选择向其中一处经营管理所在地主管税务机关办理年度汇总申报。

（二）其他分类所得申报缴纳

取得利息、股息、红利所得，财产租赁所得，财产转让所得和偶然所得，属于经营所得之外的分类所得。这些所得计算简便，无须像经营所得一样按年度核算收入、成本、费用然后通过计算得出年应税所得额。因此，在发生时按月或者按次计算个人所得税，有扣缴义务人的，由扣缴义务人按月或者按次代扣代缴税款。年度终了不必进行汇算清缴。

第十三条 【五种情形自行申报期限】

第十三条 纳税人取得应税所得没有扣缴义务人的，应当在取得所得的次月十五日内向税务机关报送纳税申报表，并缴纳税款。

纳税人取得应税所得，扣缴义务人未扣缴税款的，纳税人应当在取得所得的次年六月三十日前，缴纳税款；税务机关通知限期缴纳的，纳税人应当按照期限缴纳税款。

居民个人从中国境外取得所得的，应当在取得所得的次年三月一日至六月三十日内申报纳税。

非居民个人在中国境内从两处以上取得工资、薪金所得的，应当在取得所得的次月十五日内申报纳税。

纳税人因移居境外注销中国户籍的，应当在注销中国户籍前办理税款清算。

关联规定

《关于个人所得税自行纳税申报有关问题的公告》（2018 年 12 月 21 日 国家税务总局公告 2018 年第 62 号）

（详见《个人所得税法》第十条关联规定部分）

《境外所得个人所得税征收管理暂行办法》（2018 年 6 月 15 日修正）

第十条 依本办法第八条规定须自行申报纳税的纳税人，应在年度终了后 30 日内，向中国主管税务机关申报缴纳个人所得税。如所得来源国与中国的纳税年度不一致，年度终了后 30 日内申报纳税有困难的，可报经中国主管税务机关批准，在所得来源国的纳税年度终了、结清税款后 30 日内申报纳税。

纳税人如在税法规定的纳税年度期间结束境外工作任务回国，

应当在回国后的次月 7 日内，向主管税务机关申报缴纳个人所得税。[①]

法条解读

《个人所得税法》第 13 条对五种特殊情形下的自行纳税申报期限作了明确规定。

本条与《个人所得税法》第 10 条、第 11 条、第 12 条是一个有机整体。《个人所得税法》第 10 条列举了七种需要自行纳税申报的情形。与之相对应，《个人所得税法》第 11 条对综合所得、第 12 条对经营所得和其他分类所得的纳税申报作了明确，第 13 条对除兜底条款之外其他五种情形的纳税申报作了规定，内容体系上更为完整。

出于不同的考量，五种特殊情形的申报期限各不相同：

(1)取得应税所得没有扣缴义务人的，为了保证税款的及时入库，降低事后追缴的征管难度，税法规定在次月 15 日内申报缴纳。

(2)纳税人取得应税所得，扣缴义务人未扣缴税款的，需要结合年度内扣缴义务人的扣缴税款情况进行判断。因而，其纳税时间为取得所得的次年 6 月 30 日前，与扣缴义务人办理汇算清缴的最终期限一致。特定情形下，税务机关通知限期缴纳的，纳税人应当按照期限缴纳税款。

(3)居民个人从中国境外取得所得的，可能涉及在境外已缴税款的税收抵免，所以纳税期限为次年 3 月 1 日至 6 月 30 日，与综合所得办理汇算清缴期限一致。

---

① 该文件第 10 条要求的申报缴纳期限与 2018 年修改后的《个人所得税法》规定有冲突，今后可能要修改。

(4)非居民个人在中国境内从两处以上取得工资、薪金所得的,自行申报期限应当与从一处取得工资薪金所得的纳税期限一致,在取得所得的次月 15 日内申报纳税。

(5)纳税人因移居境外注销中国户籍的,其纳税身份发生变化,应当在注销中国户籍前办理税款清算。

由于各类所得的申报规定各有不同,又有关联,作者特意整理了下表:

第 11 条至第 13 条各类所得的申报规定汇总

取得所得类型	申报缴纳办理	申报期限
居民个人取得综合所得	按年计算个人所得税;有扣缴义务人的,由扣缴义务人按月或者按次预扣预缴税款;需要办理汇算清缴的,应当在取得所得的次年 3 月 1 日至 6 月 30 日内办理汇算清缴。	预扣预缴:次月 15 日内 汇算清缴:次年 3 月 1 日至 6 月 30 日内
非居民个人取得工资、薪金所得,劳务报酬所得,稿酬所得和特许权使用费所得	有扣缴义务人的,由扣缴义务人按月或者按次代扣代缴税款,不办理汇算清缴。	次月 15 日内
经营所得	按年计算个人所得税,由纳税人在月度或者季度终了后 15 日内向税务机关报送纳税申报表,并预缴税款;在取得所得的次年 3 月 31 日前办理汇算清缴。	预缴:月度或者季度终了后 15 日内 汇算清缴:次年 3 月 31 日前

续表

取得所得类型	申报缴纳办理	申报期限
利息、股息、红利所得，财产租赁所得，财产转让所得和偶然所得	按月或者按次计算个人所得税，有扣缴义务人的，由扣缴义务人按月或者按次代扣代缴税款。	次月15日内
取得应税所得没有扣缴义务人的	在取得所得的次月15日内向税务机关报送纳税申报表，并缴纳税款。	次月15日内
取得应税所得，扣缴义务人未扣缴税款的	在取得所得的次年6月30日前，缴纳税款；税务机关通知限期缴纳的，纳税人应当按照期限缴纳税款。	次年6月30日前
居民个人从中国境外取得所得的	在取得所得的次年3月1日至6月30日内申报纳税。	次年3月1日至6月30日内
非居民个人在中国境内从两处以上取得工资、薪金所得的	在取得所得的次月15日内申报纳税。	次月15日内
因移居境外注销中国户籍的	在注销中国户籍前办理税款清算。	注销中国户籍前

第十四条 【税款入库与退库】

第十四条　扣缴义务人每月或者每次预扣、代扣的税款，应当在次月十五日内缴入国库，并向税务机关报送扣缴个人所得税申报表。

纳税人办理汇算清缴退税或者扣缴义务人为纳税人办理汇算清缴退税的，税务机关审核后，按照国库管理的有关规定办理退税。

《中华人民共和国个人所得税法实施条例》

第三十一条 纳税人申请退税时提供的汇算清缴信息有错误的,税务机关应当告知其更正;纳税人更正的,税务机关应当及时办理退税。

扣缴义务人未将扣缴的税款解缴入库的,不影响纳税人按照规定申请退税,税务机关应当凭纳税人提供的有关资料办理退税。

法条解读

《个人所得税法》第 14 条对税款的缴纳和退税的办理进行了规定,是税款征收的最后环节和补偿措施。主法条对应的实施条例对纳税人申请退税的具体情况作了明确。

(一)税款缴纳与入库时间

扣缴义务人在发放所得的当月要进行扣缴,并在次月进行申报入库。《税收征收管理法实施细则》第 109 条规定:“税收征管法及本细则所规定期限的最后一日是法定休假日的,以休假日期满的次日为期限的最后一日;在期限内有连续 3 日以上法定休假日的,按休假日天数顺延。”所以,一般情况下是每个月 15 日前要将税款申报缴纳入库,如遇节假日,按《税收征收管理法实施细则》第 109 条规定执行。纳税人也可及时关注税务网站征期调整的通知。

(二)扣缴个人所得税申报表

根据《关于全面实施新个人所得税法若干征管衔接问题的公告》(国家税务总局公告 2018 年第 56 号)文件规定,“扣缴义务人向居民个人支付工资、薪金所得,劳务报酬所得,稿酬所得,特许权使用费所得时,按以下方法预扣预缴个人所得税,并向主管税务机关报送《个人所得税扣缴申报表》”。填写表格时,要注意

“费用”“减除费用”的区别。费用仅限支付劳务报酬、稿酬、特许权使用费3项所得时填写。预扣预缴居民个人上述3项所得个人所得税时，每次收入不超过4000元的，费用填写“800”元；每次收入4000元以上的，费用按收入的20%填写。扣缴非居民个人上述3项所得的个人所得税时，费用按收入的20%填写。减除费用仅限支付工资、薪金所得时填写，具体按《个人所得税法》规定的减除费用标准填写，如2018年10月1日（含）后减除费用标准按照5000元/月执行。

（三）退税办理

2018年修改后的《个人所得税法》规定综合所得按年计税，并实行个人所得汇算清缴制度，年终进行多退少补，在一定程度上扩大了退税的受众。《个人所得税法》第14条第2款规定了办理退税的对象及办理退税的流程。实施条例中也明确了退税对汇算清缴信息准确性的要求，同时也保障了纳税人在扣缴义务人已扣未缴的情况下申请退税的权利。关于退税的时限问题在《税收征收管理法实施细则》第78条第1款明确规定：“税务机关发现纳税人多缴税款的，应当自发现之日起10日内办理退还手续；纳税人发现多缴税款，要求退还的，税务机关应当自接到纳税人退还申请之日起30日内查实并办理退还手续。”个人所得税涉及人员多、情况复杂，且还需考虑纳税成本和纳税服务的问题，这都对税务机关办理个人所得税退税的准确性和及时性提出了更高要求。

第十五条　【综合治税】

第十五条　公安、人民银行、金融监督管理等相关部门应当协助税务机关确认纳税人的身份、金融账户信息。教育、卫生、医疗保障、民政、人力资源社会保障、住房城乡建设、公安、人民银行、金融监督管

理等相关部门应当向税务机关提供纳税人子女教育、继续教育、大病医疗、住房贷款利息、住房租金、赡养老人等专项附加扣除信息。

个人转让不动产的，税务机关应当根据不动产登记等相关信息核验应缴的个人所得税，登记机构办理转移登记时，应当查验与该不动产转让相关的个人所得税的完税凭证。个人转让股权办理变更登记的，市场主体登记机关应当查验与该股权交易相关的个人所得税的完税凭证。

有关部门依法将纳税人、扣缴义务人遵守本法的情况纳入信用信息系统，并实施联合激励或者惩戒。

关联规定

《中华人民共和国税收征收管理法》（2015 年 4 月 24 日修正）

第五条 国务院税务主管部门主管全国税收征收管理工作。各地国家税务局和地方税务局应当按照国务院规定的税收征收管理范围分别进行征收管理。

地方各级人民政府应当依法加强对本行政区域内税收征收管理工作的领导或者协调，支持税务机关依法执行职务，依照法定税率计算税额，依法征收税款。

各有关部门和单位应当支持、协助税务机关依法执行职务。

税务机关依法执行职务，任何单位和个人不得阻挠。

第十七条 从事生产、经营的纳税人应当按照国家有关规定，持税务登记证件，在银行或者其他金融机构开立基本存款账户和其他存款账户，并将其全部账号向税务机关报告。

银行和其他金融机构应当在从事生产、经营的纳税人的账户中登录税务登记证件号码，并在税务登记证件中登录从事生产、经营的纳税人的账户账号。

税务机关依法查询从事生产、经营的纳税人开立账户的情况时，有关银行和其他金融机构应当予以协助。

第五十七条 税务机关依法进行税务检查时，有权向有关单位和个人调查纳税人、扣缴义务人和其他当事人与纳税或者代扣代缴、代收代缴税款有关的情况，有关单位和个人有义务向税务机关如实提供有关资料及证明材料。

法条解读

《个人所得税法》第15条明确了相关部门对税务机关的配合义务，规定重要财产转让需要验证完税证明，并对信用信息系统、联合惩戒等内容进行了说明。

（一）信息共享

《个人所得税法》的修正旨在促进减税和社会公平。纳税人身份信息的确认需要各部门的协作。《个人所得税法》第15条第1款规定的信息共享内容主要分为两部分：一部分是身份、金融账户信息，另一部分是专项附加扣除信息。身份信息是自然人税收管理的基础，而金融账户信息是税务机关掌握纳税人收入信息的重要渠道，也是采取税收检查、税收保全、税收强制执行等措施的基础。这些信息是影响税收征管顺利开展的重要因素。子女教育、继续教育、大病医疗、住房贷款利息、住房租金、赡养老人六项附加扣除更与纳税人的生活息息相关，需要多个部门进行信息的确认和共享。2018年修改后的个人所得税法明确了配合的部门和共享的信息内容，为建立个人所得税的护税协税机制提供了法律保障。这也会大大提高税务系统全面准确掌握自然人涉税信息的能力。

(二)完税证明验证前置

《个人所得税法》第15条第2款是2018年修改新增的内容,规定了办理不动产转让登记、股权变更登记需要进行完税证明前置流程。这种"前置程序要求",有利于密切部门之间的合作,有利于堵住个税因部门职责管理衔接产生的征管漏洞,从而提升征管水平。目前在实务操作中,多地对不动产和股权转让已实现完税验证的前置。本次修正从法律层面上加以明确,依据更加充分,执行更加规范。

(三)纳税信用系统

在专项附加扣除信息申报方面,本着"简便易行"原则、节约纳税成本的目的,纳税人只需据实填写,留存资料备查就可以享受个税改革的红利,这样的制度给予了纳税人充分的信任。同时,也要求纳税人必须诚信享受扣除。如发生故意虚假申报,从而造成偷税漏税,必定会影响纳税人的信用。国务院2016年印发《关于建立完善守信联合激励和失信联合惩戒制度 加快推进社会诚信建设的指导意见》(国发〔2016〕33号),这是我国第一部关于信用联合奖惩的规范性文件。随后,各部门联合签署多个联合惩戒备忘录,对失信人制定了诸如限制设立金融类机构、限制享受优惠政策、限制担任重要职务等方面的惩戒措施。随着我国诚信体系的建立和完善,失信人员将越来越多地受到各方的限制。所以纳税人在填报信息时必须本着诚信的态度,如实进行填写。

第十六条 【计算本位币】

第十六条 各项所得的计算,以人民币为单位。所得为人民币以外的货币的,按照人民币汇率中间价折合成人民币缴纳税款。

《中华人民共和国个人所得税法实施条例》

第三十二条 所得为人民币以外货币的，按照办理纳税申报或者扣缴申报的上一月最后一日人民币汇率中间价，折合成人民币计算应纳税所得额。年度终了后办理汇算清缴的，对已经按月、按季或者按次预缴税款的人民币以外货币所得，不再重新折算；对应当补缴税款的所得部分，按照上一纳税年度最后一日人民币汇率中间价，折合成人民币计算应纳税所得额。

法条解读

《个人所得税法》第16条规定了外币所得的计算和缴纳规则，实施条例第32条进一步说明了主法条中间价折算方法。我国《会计法》中规定，业务收支以人民币以外的货币为主的企业，可以选定其中一种货币作为记账本位币，但是编报的财务报表应当折算为人民币。而税收活动，也与财务会计制度类同，根据《个人所得税法》第16条规定，计算和缴纳都要以人民币为单位，个人所得税的费用扣除额以及应纳税所得额也要通过人民币来计算。

2018年修法，在修正前的《个人所得税法》第10条基础上对文字表述进行了完善，不仅提升了法条的逻辑周延性，而且化解了许多潜在的争议：如港澳台货币属于"人民币以外的货币"，但不属于"外国货币"，修法后将"外国货币"改为"人民币以外的货币"；将其他货币换算为人民币时，适用"外汇牌价"，修法后改为"人民币汇率中间价"，有利于减少纳税人与税务机关在汇率换算问题上发生的争议；针对国际汇率经常大幅波动的特点，汇率折算时间虽然从税法原理上讲，以纳税人取得有关所得时更合理，但考虑到取得所得的精准时间点往往很难判断，实施条例第32

条明确为申报的“上一月最后一日人民币汇率中间价”和汇算清缴补缴的“上一纳税年度最后一日人民币汇率中间价”，避免了征纳双方就汇率折算时间点的争执。

第十七条 【扣缴手续费】

第十七条 对扣缴义务人按照所扣缴的税款，付给百分之二的手续费。

《中华人民共和国个人所得税法实施条例》

第三十三条 税务机关按照个人所得税法第十七条的规定付给扣缴义务人手续费，应当填开退还书；扣缴义务人凭退还书，按照国库管理有关规定办理退库手续。

关联规定

《建筑安装业个人所得税征收管理暂行办法》（2018 年 6 月 15 日修正）

第十三条 对扣缴义务人按照所扣缴的税款，付给 2% 的手续费。

《机动出租车驾驶员个人所得税征收管理暂行办法》（2018 年 6 月 15 日修正）

第十一条 对扣缴义务人按照所扣缴或代收代缴的税款，付给 2% 的手续费。

法条解读

扣缴手续费是激励扣缴义务人积极履行职责的措施，2018 年修法相关内容未作改变。实施条例第 33 条进一步明确了主法条提取手续费的程序。

由于扣缴手续费收入是从税务机关取得的，因而征税概念容易被模糊，其中涉及的税收问题值得大家注意：

（一）是否该交增值税

国家税务总局 12366 平台 2016 年增值税类（含营改增）热点问题汇总中也曾有回复：

“问：企业代扣代缴个人所得税取得的 2% 手续费返还是否缴纳增值税？答：按照目前营改增政策相关规定，纳税人代扣代缴个人所得税取得的手续费收入应属于增值税征税范围，应缴纳增值税。”

（二）是否该交企业所得税

根据《企业所得税法》和《企业所得税法实施条例》的有关规定，企业代扣代缴个人所得税取得手续费收入应缴纳企业所得税。

（三）代扣代缴办税人员是否该交个税

《关于个人所得税若干政策问题的通知》（财税字〔1994〕020 号）规定：“二、下列所得，暂免征收个人所得税：……（五）个人办理代扣代缴税款手续，按规定取得的扣缴手续费。”但有一种观点认为，以上扣缴手续费免征个税政策中的“个人办理”指的是个人扣缴义务人。

单位扣缴义务人将手续费奖励给本单位财务人员或申报人员的，国家税务总局北京市税务局于 2018 年 11 月 13 日发布的个人所得税热点问题（2018 年 10 月）中第 8 个问答表明：

“问：扣缴单位收到主管税务机关返还的手续费，将部分手续费奖励给财务人员或申报人员，是否合并被奖励人员当月工资、薪金所得？答：根据《财政部、国家税务总局、中国人民银行关于进一步加强代扣代收代征税款手续费管理的通知》规定，'三代'单位取得手续费收入应单独核算并计入本单位收入，用于'三代'管理支出，也可以适当奖励相关工作人员。根据《中华人民共和国个人所得税法实施条例》第八条，工资、薪金所得，是指个人因任职或者受雇而取得的工资、薪金、奖金、年终加薪、劳动分红、津贴、补贴以及与任职或者受雇有关的其他所得。财务人员获得来自任职单位的手续费奖励属于取得与任职受雇有关的收入，应合并当月工资、薪金所得申报缴纳个人所得税。”

第十八条 【储蓄存款利息所得】

第十八条　对储蓄存款利息所得开征、减征、停征个人所得税及其具体办法，由国务院规定，并报全国人民代表大会常务委员会备案。

法条解读

《个人所得税法》第 18 条授权国务院对储蓄存款利息所得纳税事项进行明确，与 2018 年修改前《个人所得税法》相比，增加了报全国人大常委会备案的规定，主要是落实税收法定原则。

关于储蓄存款利息是否交税，《关于储蓄存款利息所得有关个人所得税政策的通知》(财税〔2008〕132 号)规定：“为配合国家宏观调控政策需要，经国务院批准，自 2008 年 10 月 9 日起，对储蓄存款利息所得暂免征收个人所得税。”不过，以上的储蓄存款利息所得免税，指的是银行储蓄存款利息。

而个人取得非银行存款的利息收入，仍应缴纳个人所得税。《个人所得税法》第 2 条规定：“下列各项个人所得，应当缴纳个人所得税：……(六)利息、股息、红利所得……”《个人所得税法实施条例》第 6 条进一步明确:“……(六)利息、股息、红利所得,是指个人拥有债权、股权等而取得的利息、股息、红利所得……”

第十九条 【法律责任】

第十九条　纳税人、扣缴义务人和税务机关及其工作人员违反本法规定的,依照《中华人民共和国税收征收管理法》和有关法律法规的规定追究法律责任。

关联规定

《中华人民共和国税收征收管理法》(2015 年 4 月 24 日修正)

第六十条　纳税人有下列行为之一的,由税务机关责令限期改正,可以处二千元以下的罚款;情节严重的,处二千元以上一万元以下的罚款:

(一)未按照规定的期限申报办理税务登记、变更或者注销登记的;

(二)未按照规定设置、保管帐簿或者保管记帐凭证和有关资料的;

(三)未按照规定将财务、会计制度或者财务、会计处理办法和会计核算软件报送税务机关备查的;

(四)未按照规定将其全部银行帐号向税务机关报告的;

(五)未按照规定安装、使用税控装置,或者损毁或者擅自改动税控装置的。

纳税人不办理税务登记的,由税务机关责令限期改正;逾期不改正的,经税务机关提请,由工商行政管理机关吊销其营业执照。

纳税人未按照规定使用税务登记证件，或者转借、涂改、损毁、买卖、伪造税务登记证件的，处二千元以上一万元以下的罚款；情节严重的，处一万元以上五万元以下的罚款。

第六十一条 扣缴义务人未按照规定设置、保管代扣代缴、代收代缴税款帐簿或者保管代扣代缴、代收代缴税款记帐凭证及有关资料的，由税务机关责令限期改正，可以处二千元以下的罚款；情节严重的，处二千元以上五千元以下的罚款。

第六十二条 纳税人未按照规定的期限办理纳税申报和报送纳税资料的，或者扣缴义务人未按照规定的期限向税务机关报送代扣代缴、代收代缴税款报告表和有关资料的，由税务机关责令限期改正，可以处二千元以下的罚款；情节严重的，可以处二千元以上一万元以下的罚款。

第六十三条 纳税人伪造、变造、隐匿、擅自销毁帐簿、记帐凭证，或者在帐簿上多列支出或者不列、少列收入，或者经税务机关通知申报而拒不申报或者进行虚假的纳税申报，不缴或者少缴应纳税款的，是偷税。对纳税人偷税的，由税务机关追缴其不缴或者少缴的税款、滞纳金，并处不缴或者少缴的税款百分之五十以上五倍以下的罚款；构成犯罪的，依法追究刑事责任。

扣缴义务人采取前款所列手段，不缴或者少缴已扣、已收税款，由税务机关追缴其不缴或者少缴的税款、滞纳金，并处不缴或者少缴的税款百分之五十以上五倍以下的罚款；构成犯罪的，依法追究刑事责任。

第六十四条 纳税人、扣缴义务人编造虚假计税依据的，由税务机关责令限期改正，并处五万元以下的罚款。

纳税人不进行纳税申报，不缴或者少缴应纳税款的，由税务机关追缴其不缴或者少缴的税款、滞纳金，并处不缴或者少缴的税款百分之五十以上五倍以下的罚款。

第六十五条 纳税人欠缴应纳税款,采取转移或者隐匿财产的手段,妨碍税务机关追缴欠缴的税款的,由税务机关追缴欠缴的税款、滞纳金,并处欠缴税款百分之五十以上五倍以下的罚款;构成犯罪的,依法追究刑事责任。

第六十六条 以假报出口或者其他欺骗手段,骗取国家出口退税款的,由税务机关追缴其骗取的退税款,并处骗取税款一倍以上五倍以下的罚款;构成犯罪的,依法追究刑事责任。

对骗取国家出口退税款的,税务机关可以在规定期间内停止为其办理出口退税。

第六十七条 以暴力、威胁方法拒不缴纳税款的,是抗税,除由税务机关追缴其拒缴的税款、滞纳金外,依法追究刑事责任。情节轻微,未构成犯罪的,由税务机关追缴其拒缴的税款、滞纳金,并处拒缴税款一倍以上五倍以下的罚款。

第六十八条 纳税人、扣缴义务人在规定期限内不缴或者少缴应纳或者应解缴的税款,经税务机关责令限期缴纳,逾期仍未缴纳的,税务机关除依照本法第四十条的规定采取强制执行措施追缴其不缴或者少缴的税款外,可以处不缴或者少缴的税款百分之五十以上五倍以下的罚款。

第六十九条 扣缴义务人应扣未扣、应收而不收税款的,由税务机关向纳税人追缴税款,对扣缴义务人处应扣未扣、应收未收税款百分之五十以上三倍以下的罚款。

第七十条 纳税人、扣缴义务人逃避、拒绝或者以其他方式阻挠税务机关检查的,由税务机关责令改正,可以处一万元以下的罚款;情节严重的,处一万元以上五万元以下的罚款。

第七十一条 违反本法第二十二条规定,非法印制发票的,由税务机关销毁非法印制的发票,没收违法所得和作案工具,并处一万元以上五万元以下的罚款;构成犯罪的,依法追究刑事责任。

第七十六条 税务机关违反规定擅自改变税收征收管理范围和税款入库预算级次的,责令限期改正,对直接负责的主管人员和其他直接责任人员依法给予降级或者撤职的行政处分。

第七十七条 纳税人、扣缴义务人有本法第六十三条、第六十五条、第六十六条、第六十七条、第七十一条规定的行为涉嫌犯罪的,税务机关应当依法移交司法机关追究刑事责任。

税务人员徇私舞弊,对依法应当移交司法机关追究刑事责任的不移交,情节严重的,依法追究刑事责任。

第七十八条 未经税务机关依法委托征收税款的,责令退还收取的财物,依法给予行政处分或者行政处罚;致使他人合法权益受到损失的,依法承担赔偿责任;构成犯罪的,依法追究刑事责任。

第七十九条 税务机关、税务人员查封、扣押纳税人个人及其所扶养家属维持生活必需的住房和用品的,责令退还,依法给予行政处分;构成犯罪的,依法追究刑事责任。

第八十条 税务人员与纳税人、扣缴义务人勾结,唆使或者协助纳税人、扣缴义务人有本法第六十三条、第六十五条、第六十六条规定的行为,构成犯罪的,依法追究刑事责任;尚不构成犯罪的,依法给予行政处分。

第八十一条 税务人员利用职务上的便利,收受或者索取纳税人、扣缴义务人财物或者谋取其他不正当利益,构成犯罪的,依法追究刑事责任;尚不构成犯罪的,依法给予行政处分。

第八十二条 税务人员徇私舞弊或者玩忽职守,不征或者少征应征税款,致使国家税收遭受重大损失,构成犯罪的,依法追究刑事责任;尚不构成犯罪的,依法给予行政处分。

税务人员滥用职权，故意刁难纳税人、扣缴义务人的，调离税收工作岗位，并依法给予行政处分。

税务人员对控告、检举税收违法违纪行为的纳税人、扣缴义务人以及其他检举人进行打击报复的，依法给予行政处分；构成犯罪的，依法追究刑事责任。

税务人员违反法律、行政法规的规定，故意高估或者低估农业税计税产量，致使多征或者少征税款，侵犯农民合法权益或者损害国家利益，构成犯罪的，依法追究刑事责任；尚不构成犯罪的，依法给予行政处分。

第八十三条 违反法律、行政法规的规定提前征收、延缓征收或者摊派税款的，由其上级机关或者行政监察机关责令改正，对直接负责的主管人员和其他直接责任人员依法给予行政处分。

第八十四条 违反法律、行政法规的规定，擅自作出税收的开征、停征或者减税、免税、退税、补税以及其他同税收法律、行政法规相抵触的决定的，除依照本法规定撤销其擅自作出的决定外，补征应征未征税款，退还不应征收而征收的税款，并由上级机关追究直接负责的主管人员和其他直接责任人员的行政责任；构成犯罪的，依法追究刑事责任。

第八十五条 税务人员在征收税款或者查处税收违法案件时，未按照本法规定进行回避的，对直接负责的主管人员和其他直接责任人员，依法给予行政处分。

第八十七条 未按照本法规定为纳税人、扣缴义务人、检举人保密的，对直接负责的主管人员和其他直接责任人员，由所在单位或者有关单位依法给予行政处分。

《中华人民共和国税收征收管理法实施细则》（2016 年 2 月 6 日国务院令第 666 号修正）

第九十条 纳税人未按照规定办理税务登记证件验证或者

换证手续的,由税务机关责令限期改正,可以处2000元以下的罚款;情节严重的,处2000元以上1万元以下的罚款。

第九十一条 非法印制、转借、倒卖、变造或者伪造完税凭证的,由税务机关责令改正,处2000元以上1万元以下的罚款;情节严重的,处1万元以上5万元以下的罚款;构成犯罪的,依法追究刑事责任。

第九十四条 纳税人拒绝代扣、代收税款的,扣缴义务人应当向税务机关报告,由税务机关直接向纳税人追缴税款、滞纳金;纳税人拒不缴纳的,依照税收征管法第六十八条的规定执行。

第九十六条 纳税人、扣缴义务人有下列情形之一的,依照税收征管法第七十条的规定处罚:

(一)提供虚假资料,不如实反映情况,或者拒绝提供有关资料的;

(二)拒绝或者阻止税务机关记录、录音、录像、照相和复制与案件有关的情况和资料的;

(三)在检查期间,纳税人、扣缴义务人转移、隐匿、销毁有关资料的;

(四)有不依法接受税务检查的其他情形的。

第九十七条 税务人员私分扣押、查封的商品、货物或者其他财产,情节严重,构成犯罪的,依法追究刑事责任;尚不构成犯罪的,依法给予行政处分。

《境外所得个人所得税征收管理暂行办法》(2018年6月15日修正)

第十三条 纳税人和扣缴义务人未按本办法规定申报缴纳、扣缴个人所得税以及未按本办法第九条规定报送资料的,主管税务机关应按征管法及有关法律、行政法规和部分规章的规定予以处罚，涉嫌犯罪的依法移送公安机关处理。

《演出市场个人所得税征收管理暂行办法》(2018 年 6 月 15 日修正)

第十六条 扣缴义务人和纳税义务人违反本办法有关规定，主管税务机关可以依照《中华人民共和国税收征收管理法》及其他有关法律和行政法规的有关规定给以处罚。

第十七条 演职员偷税情节恶劣，或者被第三次查出偷税的，除税务机关对其依法惩处外，文化行政部门可据情节轻重停止其演出活动半年至一年。

《机动出租车驾驶员个人所得税征收管理暂行办法》(2018 年 6 月 15 日修正)

第九条 纳税义务人和扣缴义务人未按规定缴纳、扣缴个人所得税的，主管税务机关应按《征管法》及有关法律、行政法规的规定予以处罚，触犯刑律的移送司法机关处理。

法条解读

个人所得税是直接对个人(自然人)各项所得所征收的一种所得税，2018 年修改后的《个人所得税法》要求纳税人自行纳税申报、享受专项附加扣除、办理汇算清缴，这对绝大多数普通人而言是一项新鲜事物，需要个人及时了解相关办税程序，主动学习和遵从相关规定。纳税人必须有较高的纳税遵从度和税收责任意识，才能适应个人所得税的新要求，及时正确提交专项附加扣除信息，主动要求扣缴义务人提供个人所得和代扣代缴信息，在更换工作时能够协助上下游企业衔接自己当年的综合所得台账信息。

《个人所得税法》第 19 条为 2018 年修改后新增的法条，是对法律责任和有关程序规定的法律渊源的申明，是在散落于一些个人所得税征收管理规章、规范性文件中类似表述的基础上进一步提升。它与《税收征收管理法》、《税收征收管理法实施细则》和《刑法》等法律法规有机结合，通过强调纳税人、扣缴义务人、税务机关及其工作人员违反《个人所得税法》应该承担的法律责任，震慑税收违法行为，保障国家税收利益，同时也有助于规范税务机关及税务人员的公权力行为，维护税务行政相对人的合法权益。

第二十条 【征收管理】

第二十条 个人所得税的征收管理，依照本法和《中华人民共和国税收征收管理法》的规定执行。

《中华人民共和国个人所得税法实施条例》

第三十四条 个人所得税纳税申报表、扣缴个人所得税报告表和个人所得税完税凭证式样，由国务院税务主管部门统一制定。

第三十五条 军队人员个人所得税征收事宜，按照有关规定执行。

关联规定

《个体工商户建账管理暂行办法》（2018年6月15日修正）

第一条 为了规范和加强个体工商户税收征收管理，促进个体工商户加强经济核算，根据《中华人民共和国税收征收管理法》（以下简称税收征管法）及其实施细则和《国务院关于批转国家税务总局加强个体私营经济税收征管强化查账征收工作意见的通知》，制定本办法。

第二条 凡从事生产、经营并有固定生产、经营场所的个体工商户，都应当按照法律、行政法规和本办法的规定设置、使用和保管账簿及凭证，并根据合法、有效凭证记账核算。

税务机关应同时采取有效措施，巩固已有建账成果，积极引导个体工商户建立健全账簿，正确进行核算，如实申报纳税。

第三条 符合下列情形之一的个体工商户，应当设置复式账：

（一）注册资金在20万元以上的。

（二）销售增值税应税劳务的纳税人或营业税纳税人月销售（营业）额在40000元以上；从事货物生产的增值税纳税人月销售额在60000元以上；从事货物批发或零售的增值税纳税人月销售额在80000元以上的。

（三）省税务机关确定应设置复式账的其他情形。

第四条 符合下列情形之一的个体工商户，应当设置简易账，并积极创造条件设置复式账：

（一）注册资金在10万元以上20万元以下的。

（二）销售增值税应税劳务的纳税人或营业税纳税人月销售（营业）额在15000元至40000元；从事货物生产的增值税纳税人月销售额在30000元至60000元；从事货物批发或零售的增值税纳税人月销售额在40000元至80000元的。

（三）省税务机关确定应当设置简易账的其他情形。

第五条 上述所称纳税人月销售额或月营业额，是指个体工商户上一个纳税年度月平均销售额或营业额；新办的个体工商户为业户预估的当年度经营期月平均销售额或营业额。

第六条 达不到上述建账标准的个体工商户，经县以上税务机关批准，可按照税收征管法的规定，建立收支凭证粘贴簿、进货销货登记簿或者使用税控装置。

第七条 达到建账标准的个体工商户,应当根据自身生产、经营情况和本办法规定的设置账簿条件,对照选择设置复式账或简易账,并报主管税务机关备案。账簿方式一经确定,在一个纳税年度内不得进行变更。

第八条 达到建账标准的个体工商户,应当自领取营业执照或者发生纳税义务之日起15日内,按照法律、行政法规和本办法的有关规定设置账簿并办理账务,不得伪造、变造或者擅自损毁账簿、记账凭证、完税凭证和其他有关资料。

第九条 设置复式账的个体工商户应按《个体工商户会计制度(试行)》的规定设置总分类账、明细分类账、日记账等,进行财务会计核算,如实记载财务收支情况。成本、费用列支和其他财务核算规定按照《个体工商户个人所得税计税办法(试行)》执行。

设置简易账的个体工商户应当设置经营收入账、经营费用账、商品(材料)购进账、库存商品(材料)盘点表和利润表,以收支方式记录、反映生产、经营情况并进行简易会计核算。

第十条 复式账簿中现金日记账,银行存款日记账和总分类账必须使用订本式,其他账簿可以根据业务的实际发生情况选用活页账簿。简易账簿均应采用订本式。

账簿和凭证应当按照发生的时间顺序填写,装订或者粘贴。

建账户对各种账簿、记账凭证、报表、完税凭证和其他有关涉税资料应当保存10年。

第十一条 设置复式账的个体工商户在办理纳税申报时,应当按照规定向当地主管税务机关报送财务会计报表和有关纳税资料。月度会计报表应当于月份终了后10日内报出,年度会计报表应当在年度终了后30日内报出。

第十二条 个体工商户可以聘请经批准从事会计代理记账业务的专业机构或者具备资质的财会人员代为建账和办理账务。

第十三条 按照税务机关规定的要求使用税控收款机的个体工商户,其税控收款机输出的完整的书面记录,可以视同经营收入账。

第十四条 税务机关对建账户采用查账征收方式征收税款。建账初期,也可以采用查账征收与定期定额征收相结合的方式征收税款。

第十五条 依照本办法规定应当设置账簿的个体工商户,具有税收征管法第三十五条第一款第二项至第六项情形之一的,税务机关有权根据税收征管法实施细则第四十七条规定的方法核定其应纳税额。

第十六条 依照本办法规定应当设置账簿的个体工商户违反有关法律、行政法规和本办法关于账簿设置、使用和保管规定的,由税务机关按照税收征管法的有关规定进行处理。

第十七条 个体工商户建账工作中所涉及的有关账簿、凭证、表格,按照有关规定办理。

第十八条 本办法所称"以上"均含本数。

第十九条 各省、自治区、直辖市和计划单列市税务局可根据本办法制定具体实施办法,并报国家税务总局备案。

第二十条 本办法自2007年1月1日起施行。1997年6月19日国家税务总局发布的《个体工商户建账管理暂行办法》同时废止。

《境外所得个人所得税征收管理暂行办法》(2018年6月15日修正)

第一条 为维护国家税收权益,加强对来源于中国境外所得的个人所得税征收管理,根据《中华人民共和国个人所得税法》(以下简称税法)及其实施条例、《中华人民共和国税收征收管理法》(以下简称征管法)及其实施细则以及有关行政法规的规定制定本办法。

第十四条 本办法所称主管税务机关是指派出单位所在地的税务机关。无派出单位的,是指纳税人离境前户籍所在地的税务机关;户籍所在地与经常居住地不一致的,是指经常居住地税务机关。

第十五条 本办法未尽事宜,按照有关税收法律、行政法规的规定执行。

第十六条 各省、自治区、直辖市税务局可根据本办法规定的原则,结合本地实际制定具体实施办法,并报国家税务总局备案。

第十七条 本办法由国家税务总局负责解释。

《广告市场个人所得税征收管理暂行办法》(2018 年 6 月 15 日修正)

第一条 为了进一步加强对广告市场个人所得税的征收管理,依据《中华人民共和国个人所得税法》及其实施条例和《中华人民共和国税收征收管理法》及其实施细则,制定本办法。

第二条 凡在广告中提供名义、形象或在广告设计、制作、发布过程中提供劳务并取得所得的个人以及广告主、广告经营者或受托从事广告制作的单位和广告发布者,均应当依照本办法的规定办理个人所得税有关事宜。

本办法所称广告主,是指为推销商品或者提供服务,自行或者委托他人设计、制作、发布广告的法人、其他经济组织或者个人。

本办法所称广告经营者,是指受委托提供广告设计、制作、代理服务的法人、其他经济组织或者个人。

本办法所称受托从事广告制作的单位,是指受广告主或广告经营者委托而从事广告设计、制作的法人、其他经济组织或者个人。

本办法所称广告发布者，是指为广告主、或者广告主委托的广告经营者发布广告的法人及其他经济组织。

第九条 扣缴人和纳税人必须接受税务机关依法进行的税务检查，如实反映情况，提供有关资料，不得拒绝、隐瞒。

第十条 本办法未尽事宜，按照有关税收法律、行政法规的规定执行。

第十一条 各省、自治区、直辖市税务局可以根据本办法规定的原则，结合本地实际，制定具体实施办法，并报国家税务总局备案。

第十二条 本办法由国家税务总局负责解释。

《建筑安装业个人所得税征收管理暂行办法》（2018 年 6 月 15 日修正）

第一条 为了加强对建筑安装业个人所得税的征收管理，根据《中华人民共和国个人所得税法》及其实施条例、《中华人民共和国税收征收管理法》及其实施细则和其他有关法律、行政法规的规定制定本办法。

第四条 从事建筑安装业的单位和个人，应依法办理税务登记。在异地从事建筑安装业的单位和个人，必须自工程开工之日前三日内，持营业执照、外出经营活动税收管理证明、城建部门批准开工的文件和工程承包合同（协议）、开户银行账号以及主管税务机关要求提供的其他资料向主管税务机关办理有关登记手续。

第五条 对未领取营业执照承揽建筑安装业工程作业的单位和个人，主管税务机关可以根据其工程规模，责令其缴纳一定数额的纳税保证金。在规定的期限内结清税款后，退还纳税保证金；逾期未结清税款的，以纳税保证金抵缴应纳税款和滞纳金。

第六条 从事建筑安装业的单位和个人应设置会计账簿，健全财务制度,准确、完整地进行会计核算。对未设立会计账簿,或者不能准确、完整地进行会计核算的单位和个人,主管税务机关可根据其工程规模、工程承包合同(协议)价款和工程完工进度等情况,核定其应纳税所得额或应纳税额,据以征税。具体核定办法由县以上(含县级)税务机关制定。

第七条 从事建筑安装业工程作业的单位和个人应按照主管税务机关的规定,购领、填开和保管建筑安装业专用发票或许可使用的其他发票。

第十四条 建筑安装业单位所在地税务机关和工程作业所在地税务机关双方可以协商有关个人所得税代扣代缴和征收的具体操作办法,都有权对建筑安装业单位和个人依法进行税收检查,并有权依法处理其违反税收规定的行为。但一方已经处理的,另一方不得重复处理。

第十五条 本办法所称主管税务机关,是指建筑安装业工程作业所在地税务局(分局、所)。

第十六条 各省、自治区、直辖市税务局可根据本办法规定的原则,结合本地实际制定具体的征管办法,并报国家税务总局备案。

第十七条 本办法未尽事宜,按照《中华人民共和国个人所得税法》及其实施条例、《中华人民共和国税收征收管理法》及其实施细则以及其他有关的法律、行政法规的规定执行。

《演出市场个人所得税征收管理暂行办法》(2018 年 6 月 15 日修正)

第一条 为加强演出市场个人所得税的征收管理,根据《中华人民共和国个人所得税法》及其实施条例和《国务院办公厅转发文化部关于加强演出市场管理报告的通知》(国办发〔1991〕112 号)的有关规定,制定本办法。

第四条 演出经纪机构领取《演出经营许可证》、《临时营业演出许可证》或变更以上证件内容的,必须在领证后或变更登记后的三十日内到机构所在地主管税务机关办理税务登记或变更税务登记。文化行政部门向演出经纪机构或个人发放《演出经营许可证》和《临时营业演出许可证》时,应将演出经纪机构的名称、住所、法人代表等情况抄送当地主管税务机关备案。

第五条 演出活动主办单位应在每次演出前两日内,将文化行政部门的演出活动批准件和演出合同、演出计划(时间、地点、场次)、报酬分配方案等有关材料报送演出所在地主管税务机关。演出合同和演出计划的内容如有变化,应按规定程序重新向文化行政部门申报审批并向主管税务机关报送新的有关材料。

第九条 税务机关有根据认为从事演出的纳税义务人有逃避纳税义务行为的,可以在规定的纳税期之前,责令其限期缴纳应纳税款;在限期内发现纳税义务人有明显的转移、隐匿演出收入迹象的,税务机关可以责成纳税义务人提供纳税担保。如果纳税义务人不能提供纳税担保,经县以上(含县级)税务局(分局)局长批准,税务机关可以采取税收保全措施。

第十四条 为了强化征收管理,主管税务机关可以根据当地实际情况,自行确定对在歌厅、舞厅、卡拉 OK 厅、夜总会、娱乐城等娱乐场所演出的演职员的个人所得税征收管理方式。

第十八条 各省、自治区、直辖市税务局和文化行政部门可依据本办法规定的原则,制定具体实施细则。

第十九条 本办法由国家税务总局、文化和旅游部共同负责解释。

《机动出租车驾驶员个人所得税征收管理暂行办法》(2018年6月15日修正)

第一条 为了加强对机动出租车驾驶员(包括大、中、小客货运机动出租车驾驶员,下同)个人所得税的征收管理,根据《中华人民共和国个人所得税法》及其实施条例、《中华人民共和国税收征收管理法》(以下简称征管法)及有关行政法规的规定制定本办法。

第五条 出租车驾驶员办理了个体出租车营业执照的,应在领取营业执照后30日内到当地主管税务机关办理税务登记。

第九条 纳税义务人和扣缴义务人未按规定缴纳、扣缴个人所得税的,主管税务机关应按《征管法》及有关法律、行政法规的规定予以处罚,触犯刑律的移送司法机关处理。

第十二条 各省、自治区、直辖市税务局可根据本办法规定的原则,结合当地实际制定有关具体办法,并报国家税务总局备案。

法条解读

《税收征收管理法》第2条明确规定:"凡依法由税务机关征收的各种税收的征收管理,均适用本法。"个人所得税的征收当然要适用《税收征收管理法》,但该法是针对所有税种征管的大法,最近一次大修是在2001年,其中的自然人征收管理多年未变化,已经远远满足不了2018年个人所得税改革后的征管要求。所以,2018年修改后的《个人所得税法》中增加了很多征收管理方面的内容,如汇算清缴退税、反避税、社会综合治税等,并在第20条明确规定个人所得税的征管既要依照《税收征收管理法》,又要依照《个人所得税法》,这样一来,一些新的征管措施就有法可依。

同时,不同群体和行业的个人所得税,又各有特点,需要针对性的征管措施。所以针对个体工商户、境外所得、广告市场、建筑安装业、演出市场、机动出租车驾驶员的不同特点,又有规章、规范性文件层面的征收管理办法,作为《税收征收管理法》和《个人

阅读交流二维码

所得税法》征管措施的细化和补充。

军人虽然在保家卫国，但工资仍然需要缴纳个人所得税，这样也体现了我国税收的公平性。但军人职业有其特殊性，征管需要另行规定，区别对待，所以实施条例第 35 条强调“军队人员个人所得税征收事宜，按照有关规定执行”。

第二十一条 【实施条例制定】

第二十一条　国务院根据本法制定实施条例。

《中华人民共和国个人所得税法实施条例》

第一条　根据《中华人民共和国个人所得税法》（以下简称个人所得税法），制定本条例。

法条解读

《个人所得税法》由全国人民代表大会通过，属于法律；《个人所得税法实施条例》由国务院制定，属于行政法规，它的效力层级低于《个人所得税法》，主要细化《个人所得税法》的相关制度规定和征管措施，确保修改后的《个人所得税法》的顺利实施。

2018 年 12 月国务院对 1994 年 1 月制定的《个人所得税法实施条例》进行了修订，这次修订实施条例主要遵循以下指导思想：一是落实修改后《个人所得税法》的规定，保障综合与分类相结合个人所得税制度顺利实施，明确收入来源地规则、各项应税所得范围等税制基本要素；二是按照既要方便纳税人、又要加强征管的原则，理顺税收征管流程，简便征管措施，细化税额计算、纳税申报、汇算清缴及退税等内容；三是将实践中的成熟做法上升为行政法规，完善反避税措施、信息共享等相关规定。

第二十二条 【施行日期】

第二十二条 本法自公布之日起施行。

《中华人民共和国个人所得税法实施条例》

第三十六条 本条例自2019年1月1日起施行。

法条解读

法律法规的发布日期是指印发下发日期；实施日期也称施行日期，是指法律发生效力的日期，简称生效日期。

《个人所得税法》于1980年9月10日通过，历经七次修正。第七次修改决定于2018年8月31日发布，该决定自2019年1月1日起施行。2018年9月7日，财政部和税务总局发布了《关于2018年第四季度个人所得税减除费用和税率适用问题的通知》（财税〔2018〕98号），本次修法的部分条款（扣除项目及工薪所得和经营所得的税率）于2018年10月1日起先行适用。

《个人所得税法实施条例》于1994年1月28日发布，历经四次修改。修订后《个人所得税法实施条例》的发布日期是2018年12月18日，自2019年1月1日起施行。《个人所得税法实施条例》从颁布到实施有一段“缓冲期”，目的是在此期间有关部门加强宣传，新闻媒体及时刊登报道，使民众知法而守法。

法律法规的修正和修订部分，自修正和修订部分明确规定的施行日期起有效。法律法规的其他部分从原明确规定施行日期起就有效，仍然继续有效。

《个人所得税法》的制定和修正历程

1980 年 9 月 10 日第五届全国人民代表大会第三次会议通过

根据 1993 年 10 月 31 日第八届全国人民代表大会常务委员会第四次会议《关于修改〈中华人民共和国个人所得税法〉的决定》第一次修正

根据 1999 年 8 月 30 日第九届全国人民代表大会常务委员会第十一次会议《关于修改〈中华人民共和国个人所得税法〉的决定》第二次修正

根据 2005 年 10 月 27 日第十届全国人民代表大会常务委员会第十八次会议《关于修改〈中华人民共和国个人所得税法〉的决定》第三次修正

根据 2007 年 6 月 29 日第十届全国人民代表大会常务委员会第二十八次会议《关于修改〈中华人民共和国个人所得税法〉的决定》第四次修正

根据 2007 年 12 月 29 日第十届全国人民代表大会常务委员会第三十一次会议《关于修改〈中华人民共和国个人所得税法〉的决定》第五次修正

根据 2011 年 6 月 30 日第十一届全国人民代表大会常务委员会第二十一次会议《关于修改〈中华人民共和国个人所得税法〉的决定》第六次修正

根据 2018 年 8 月 31 日第十三届全国人民代表大会常务委员会第五次会议《关于修改〈中华人民共和国个人所得税法〉的决定》第七次修正

《个人所得税法实施条例》的制定和修订历程

1994 年 1 月 28 日中华人民共和国国务院令第 142 号发布

根据2005年12月19日《国务院关于修改〈中华人民共和国个人所得税法实施条例〉的决定》第一次修订

根据2008年2月18日《国务院关于修改〈中华人民共和国个人所得税法实施条例〉的决定》第二次修订

根据2011年7月19日《国务院关于修改〈中华人民共和国个人所得税法实施条例〉的决定》第三次修订

2018年12月18日中华人民共和国国务院令第707号第四次修订

附录一：

个人所得税专项附加扣除和过渡期政策常见疑问[①]

一、子 女 教 育

1. 子女教育的扣除主体是谁？

答：子女教育的扣除主体是子女的法定监护人，包括生父母、继父母、养父母，父母之外的其他人担任未成年人的法定监护人的，比照执行。

2. 监护人不是父母可以扣除吗？

答：可以，前提是确实担任未成年人的监护人。

3. 子女的范围包括哪些？

答：子女包括婚生子女、非婚生子女、养子女、继子女。也包括未成年但受到本人监护的非子女。

4. 子女教育的扣除标准是多少？

答：按照每个子女每年 12000 元（每月 1000 元）的标准定额扣除。

5. 子女教育的扣除在父母之间如何分配？

---

① 问答 1－200 来自国家税务总局 12366 纳税服务平台 2019 年 1 月 16 日在《个人所得税改革专栏》发布的《个人所得税专项附加扣除 200 问》，问答 201－212 节选自国家税务总局 12366 纳税服务平台 2019 年 1 月 31 日在《个人所得税改革专栏》发布的《新个人所得税法实施条例及过渡期政策纳税人常见疑问 30 答》。

答:父母可以选择由其中一方按扣除标准的100%扣除,即一人每月1000元扣除,也可以选择由双方分别按扣除标准的50%扣除,即一人每月500元扣除。只有这两种分配方式,纳税人可以根据情况自行选择。

6. 子女教育的扣除分配选定之后可以变更吗?

答:子女教育的扣除分配,可以选择由父母一方扣除或者双方平摊扣除,选定扣除方式后在一个纳税年度内不能变更。

7. 在民办学校接受教育可以享受子女教育扣除吗?

答:可以。无论子女在公办学校或民办学校接受教育,纳税人都可以享受扣除。

8. 在境外学校接受教育可以享受扣除吗?

答:可以。无论子女在境内学校或境外学校接受教育,纳税人都可以享受扣除。

9. 子女教育专项附加扣除的扣除方式是怎样的?

答:子女教育专项附加扣除采取定额扣除方式,符合条件的纳税人可以按照每名子女每月1000元的标准扣除。

10. 纳税人享受子女教育专项附加扣除,需要保存哪些资料?

答:纳税人子女在境内接受教育的,享受子女教育专项扣除不需留存任何资料。纳税人子女在境外接受教育的,应当留存境外学校录取通知书、留学签证等相关教育的证明资料备查。

11. 有多子女的父母,可以对不同的子女选择不同的扣除方式吗?

答:可以。有多子女的父母,可以对不同的子女选择不同的扣除方式,即对子女甲可以选择由一方按照每月1000元的标准扣除,对子女乙可以选择由双方分别按照每月500元的标准扣除。

12. 对于存在离异重组等情况的家庭子女而言,该如何享受政策?

答:具体扣除方法由父母双方协商决定,一个孩子扣除总额不能超过1000元/月,扣除人不能超过2个。

13. 我不是孩子亲生父母,但是承担了他的抚养和教育义务,这种情况下我可以享受子女教育扣除吗?

答:一般情况下,父母负有抚养和教育未成年子女的义务,可依法享受子女教育扣除;对情况特殊、未由父母抚养和教育的未成年子女,相应的义务会转移到其法定监护人身上。因此,假如您是孩子的法定监护人,对其负有抚养和教育的义务,您就可以依法申报享受子女教育扣除。

14. 前两年在中国读书,后两年在国外读书,现在填写信息选择中国还是境外?证书由境外发放,没有学籍号,怎样填写信息,是否可以扣除?

答:目前,子女教育允许扣除境内外教育支出,继续教育专项附加扣除仅限于境内教育,不包括境外教育。如符合子女教育扣除的相关条件,子女前两年在国内读书,父母作为纳税人请按照规定填写子女接受教育的相关信息;后两年在境外接受教育,无学籍的,可以按照接受境外教育相关规定填报信息,没有学籍号可以不填写,但纳税人应当按规定留存相关证书、子女接受境内外合作办学的招生简章、出入境记录等。

15. 残障儿童接受的特殊教育,父母是否可以扣除子女教育?

答:特殊教育属于九年一贯制义务教育,同时拥有学籍,因此可以按照子女教育扣除。

16. 本科毕业之后,准备考研究生的期间,父母是否可以扣除子女教育?

答:不可以,该生已经本科毕业,未实际参与全日制学历教育,尚未取得研究生学籍,不符合《暂行办法》相关规定。研究生考试通过入学后,可以享受高等教育阶段子女教育。

17. 子女6月高中毕业,9月上大学,7-8月能不能享受子女教育扣除?

答:可以扣除。对于连续性的学历(学位)教育,升学衔接期间属于子女教育期间,可以申报扣除子女教育专项附加扣除。

18. 大学期间参军,学校保留学籍,是否可以按子女教育扣除?

答:服兵役是公民的义务,大学期间参军是积极响应国家的号召,休学保留学籍期间,属于高等教育阶段,可以申报扣除子女教育专项附加扣除。

19. 参加"跨校联合培养"需要到国外读书几年,是否可以按照子女教育扣除?

答:一般情况下,参加跨校联合培养的学生,原学校保留学生学籍,父母可以享受子女教育附加扣除。

二、继续教育

20. 继续教育专项附加扣除的扣除范围是怎么规定的?

答:纳税人在中国境内接受学历(学位)继续教育的支出,在学历(学位)教育期间按照每月400元定额扣除。同一学历继续教育的扣除期限不能超过48个月。纳税人接受技能人员职业资格继续教育、专业技术人员职业资格继续教育支出,在取得相关证书的当年,按照3600元定额扣除。

21. 继续教育专项附加扣除的扣除标准是怎么规定的?

答:继续教育专项附加扣除的扣除标准是:

(1)纳税人在中国境内接受学历(学位)继续教育的支出,在学历(学位)教育期间按照每月400元定额扣除。

(2)纳税人接受技能人员职业资格继续教育、专业技术人员职业资格继续教育支出,在取得相关证书的当年,按照3600元定额扣除。

22. 继续教育专项附加扣除该如何申报?

答:对技能人员职业资格和专业技术人员职业资格继续教育,采取凭证书信息定额扣除方式。纳税人在取得证书后向扣缴义务人提供姓名、纳税识别号、证书编号等信息,由扣缴义务人在预扣预缴环节扣除。也可以在年终向税务机关提供资料,通过汇算清缴享受扣除。

对学历继续教育,采取凭学籍、考籍信息定额扣除方式。纳税人向扣缴义务人提供姓名、纳税识别号、学籍、考籍等信息,由扣缴义务人在预扣预缴环节扣除,也可以在年终向税务机关提供资料,通过汇算清缴享受扣除。

23. 学历(学位)继续教育支出,可在多长期限内扣除?

答:在中国境内接受学历(学位)继续教育入学的当月至学历(学位)继续教育结束的当月,但同一学历(学位)继续教育的扣除期限最长不得超过48个月。

24. 纳税人因病、因故等原因休学且学籍继续保留的休学期间,以及施教机构按规定组织实施的寒暑假是否连续计算?

答:学历(学位)继续教育的扣除期限最长不得超过48个月。48个月包括纳税人因病、因故等原因休学且学籍继续保留的休学期间,以及施教机构按规定组织实施的寒暑假期连续计算。

25. 纳税人享受继续教育专项附加扣除需保存哪些资料?

答:纳税接受学历继续教育,不需保存相关资料。纳税人接受技能人员职业资格继续教育、专业技术人员职业资格继续教育的,应当留存相关证书等资料备查。

26. 没有证书的兴趣培训费用可扣除吗?

答:目前,继续教育专项附加扣除的范围限定学历继续教育、技能人员职业资格继续教育和专业技术人员职业资格继续教育的支出,上述培训之外的花艺等兴趣培训不在扣除范围内。

27. 纳税人终止继续教育是否需要报告?

答:纳税人终止学历继续教育的,应当将相关变化信息告知扣缴义务人或税务机关。

28. 如果纳税人在接受学历继续教育的同时取得技能人员职业资格证书或者专业技术人员职业资格证书的,如何享受继续教育扣除?

答:根据《个人所得税专项附加扣除暂行办法》,纳税人接受学历继续教育,可以按照每月 400 元的标准扣除,全年共计 4800 元;在同年又取得技能人员职业资格证书或者专业技术人员职业资格证书的,且符合扣除条件的,可按照 3600 元的标准定额扣除。但是,只能同时享受一个学历(学位)继续教育和一个职业资格继续教育。因此,对同时符合此类情形的纳税人,该年度可叠加享受两个扣除,当年其继续教育共计可扣除 8400 元(4800 + 3600)。

29. 继续教育专项附加扣除的扣除主体是谁?

答:继续教育的扣除主体以纳税人本人为主。大学本科及以下的学历继续教育可以由接受教育的本人扣除,暂可以由其父母按照子女教育扣除,但对于同一教育事项,不得重复扣除。

30. 如果在国外进行的学历继续教育,或者是拿到了国外颁发的技能证书,能否享受每月 400 元或每年 3600 元的扣除?

答:根据《暂行办法》规定,纳税人在中国境内接受的学历(学位)继续教育支出,以及接受技能人员职业资格继续教育、专业技术人员职业资格继续教育支出可以扣除。由于您在国外接受的学历继续教育和国外颁发的技能证书,不符合“中国境内”的规定,不能享受专项附加扣除政策。

31. 我现在处于本硕博连读的博士阶段，父母已经申报享受了子女教育。我博士读书时取得律师资格证书，可以申报扣除继续教育吗？

答：如您有综合所得（比如稿酬或劳务报酬等），一个纳税年度内，在取得证书的当年，可以享受职业资格继续教育扣除（3600元/年）。

32. 我参加了学历（学位）教育，最后没有取得学历（学位）证书，是否可以享受继续教育扣除？

答：参加学历（学位）继续教育，按照实际受教育时间，享受每月400元的扣除。不考察最终是否取得证书，最多扣除48个月。

33. 参加自学考试，纳税人应当如何享受扣除？

答：按照《高等教育自学考试暂行条例》的有关规定，高等教育自学考试应考者取得一门课程的单科合格证书后，省考委即应为其建立考籍管理档案。具有考籍管理档案的考生，可以按照《暂行办法》的规定，享受继续教育专项附加扣除。

34. 纳税人参加夜大、函授、现代远程教育、广播电视大学等学习，是否可以按照继续教育扣除？

答：纳税人参加夜大、函授、现代远程教育、广播电视大学等教育，所读学校为其建立学籍档案的，可以享受学历（学位）继续教育扣除。

35. 同时接受多个学历继续教育或者取得多个专业技术人员职业资格证书，是否均需要填写？

答：对同时接受多个学历继续教育，或者同时取得多个职业资格证书的，只需填报其中一个即可。但如果同时存在学历继续教育、职业资格继续教育两类继续教育情形，则每一类都要填写。

三、大病医疗

36. 大病医疗专项附加扣除的扣除方式是怎样的？

答:在一个纳税年度内,纳税人发生的与基本医保相关的医药费用支出,扣除医保报销后个人负担(指医保目录范围内的自付部分)累计超过 15000 元的部分,由纳税人在办理年度汇算清缴时,在 80000 元限额内据实扣除。

37. 大病医疗专项附加扣除何时扣除?

答:在次年 3 月 1 日至 6 月 30 日汇算清缴时扣除。

38. 纳税人配偶、子女的大病医疗支出是否可以在纳税人税前扣除?

答:纳税人发生的医药费用支出可以选择由本人或其配偶一方扣除;未成年子女发生的医药费用支出可以选择由其父母一方扣除。

纳税人及其配偶、未成年子女发生的医药费用支出,可按规定分别计算扣除额。

39. 纳税人父母的大病医疗支出,是否可以在纳税人税前扣除?

答:目前未将纳税人父母纳入大病医疗扣除范围。

40. 享受大病医疗专项附加扣除时,纳税人需要注意什么?

答:纳税人日常看病时,应当留存医药服务收费及医保报销相关票据原件(或者复印件)等资料备查,同时,可以通过医疗保障部门的医疗保障管理信息系统查询本人上一年度医药费用情况。纳税人在年度汇算清缴时填报相关信息申请退税。

41. 夫妻同时有大病医疗支出,想全部都在男方扣除,扣除限额是 16 万吗?

答:夫妻两人同时有符合条件的大病医疗支出,可以选择都在男方扣除,扣除限额分别计算,每人最高扣除限额为 8 万元,合计最高扣除限额为 16 万元。

42. 大病医疗支出中,纳税人年末住院,第二年年初出院,这种跨年度的医疗费用，如何计算扣除额？是分两个年度分别扣除吗？

答：纳税人年末住院，第二年年初出院，一般是在出院时才进行医疗费用的结算。纳税人申报享受大病医疗扣除，以医疗费用结算单上的结算时间为准，因此该医疗支出属于是第二年的医疗费用，到2019年结束时，如果达到大病医疗扣除的“起付线”，可以在2020年汇算清缴时享受扣除。

43. 在私立医院就诊是否可以享受大病医疗扣除？

答：对于纳入医疗保障结算系统的私立医院，只要纳税人看病的支出在医保系统可以体现和归集，则纳税人发生的与基本医保相关的支出，可以按照规定享受大病医疗扣除。

44. 如何理解大病医疗专项附加扣除的“起付线”和扣除限额的关系？

答：根据《暂行办法》规定，纳税人发生的与基本医保相关的医药费用支出，扣除医保报销后个人负担（指医保目录范围内的自付部分）累计超过1.5万元的部分，在8万元限额内据实扣除。上述所称的1.5万元是“起付线”，8万元是限额。

四、住房贷款利息

45. 住房贷款利息专项附加扣除的扣除范围是什么？

答：纳税人本人或其配偶单独或共同使用商业银行或住房公积金个人住房贷款为本人或其配偶购买中国境内住房，发生的首套住房贷款利息支出。

46. 住房贷款利息专项附加扣除的标准是怎么规定的？

答：在实际发生贷款利息的年度，按照每月1000元标准定额扣除，扣除期限最长不超过240个月。纳税人只能享受一次首套住房贷款的利息扣除。

47. 住房贷款利息专项附加扣除的扣除主体是谁?

答:经夫妻双方约定,可以选择由其中一方扣除,具体扣除方式在一个纳税年度内不能变更。

48. 住房贷款利息专项附加扣除的扣除方式是怎样的?

答:住房贷款利息专项附加扣除采取定额扣除方式。

49. 住房贷款利息专项附加扣除享受的时间范围?

答:纳税人的住房贷款利息扣除期限最长不能超过 240 个月,240 个月后不能享受附加扣除。对于 2019 年之后还处在还款期,只要符合条件,就可以扣除。

50. 夫妻双方婚前都有住房贷款,婚后怎么享受住房贷款利息专项附加扣除?

答:夫妻双方婚前分别购买住房发生的首套住房贷款,其贷款利息支出,婚后可以选择其中一套购买的住房,由购买方按扣除标准的 100% 扣除,也可以由夫妻双方对各自购买的住房分别按扣除标准的 50%,具体扣除方式在一个年度内不得变更。

51. 住房贷款利息和住房租金扣除可以同时享受吗?

答:不可以。纳税人及其配偶在一个纳税年度内不能同时分别享受住房贷款利息和住房租金专项附加扣除。

52. 首套房的贷款还清后,贷款购买第二套房屋时,银行仍旧按照首套房贷款利率发放贷款,首套房没有享受过扣除,第二套房屋是否可以享受住房贷款利息扣除?

答:根据《暂行办法》相关规定,如纳税人此前未享受过住房贷款利息扣除,那么其按照首套住房贷款利率贷款购买的第二套住房,可以享受住房贷款利息扣除。

53. 我有一套住房,是公积金和商贷的组合贷款,公积金中心按首套贷款利率发放,商业银行贷款按普通商业银行贷款利率发放,是否可以享受住房贷款利率扣除?

答:一套采用组合贷款方式购买的住房,如公积金中心或者商业银行其中之一,是按照首套房屋贷款利率发放的贷款,则可以享受住房贷款利息扣除。

54. 父母和子女共同购房,房屋产权证明、贷款合同均登记为父母和子女,住房贷款利息专项附加扣除如何享受?

答:父母和子女共同购买一套房子,不能既由父母扣除,又由子女扣除,应该由主贷款人扣除。如主贷款人为子女的,由子女享受贷款利息专项附加扣除;主贷款人为父母中一方的,由父母任一方享受贷款利息扣除。

55. 父母为子女买房,房屋产权证明登记为子女,贷款合同的贷款人为父母,住房贷款利息支出的扣除如何享受?

答:从实际看,房屋产权证明登记主体与贷款合同主体完全没有交叉的情况很少发生。如确有此类情况,按照《暂行办法》规定,只有纳税人本人或者配偶使用住房贷款为本人或者其配偶购买中国境内住房,发生的首套住房贷款利息支出可以扣除。本例中,父母所购房屋是为子女购买的,不符合上述规定,父母和子女均不可以享受住房贷款利息扣除。

56. 丈夫婚前购买的首套住房,婚后由丈夫还贷,首套住房利息是否只能由丈夫扣除?妻子是否可以扣除?

答:按照《暂行办法》规定,经夫妻双方约定,可以选择由夫妻中一方扣除,具体扣除方式在一个纳税年度内不能变更。

57. 如何理解纳税人只能享受一次住房贷款利息扣除?

答:只要纳税人申报扣除过一套住房贷款利息,在个人所得税专项附加扣除的信息系统里存有扣除住房贷款利息的记录,无论扣除时间长短、也无论该住房的产权归属情况,纳税人就不得再就其他房屋享受住房贷款利息扣除。

58. 享受住房贷款利息专项附加扣除,房屋证书号码是房屋所有权证/不动产权证上哪一个号码?

答:为房屋所有权证或不动产权证上载明的号码。如,京(2018)朝阳不动产权第0000000号,或者苏房地(宁)字(2017)第000000号。如果还没取得房屋所有权证或者不动产权证,但有房屋买卖合同、房屋预售合同的,填写合同上的编号。

59. 个人填报住房贷款相关信息时,“是否婚前各自首套贷款,且婚后分别扣除50%”是什么意思?我该如何填写该栏?

答:如夫妻双方婚前各自有一套符合条件的住房贷款利息的,填写本栏。无此情形的,无须填写。

如夫妻婚后选择其中一套住房,由购买者按扣除标准100%扣除的,则购买者需填写本栏并选择“否”。另一方应当在同一月份变更相关信息、停止申报扣除。

如夫妻婚后选择对各自购买的住房分别按扣除标准的50%扣除的,则夫妻双方均需填写本栏并选择“是”。

60. 我刚办的房贷期限是30年,我现在扣完子女教育和赡养老人就不用缴税了,我可以选择过两年再开始办理房贷扣除吗?

答:住房贷款利息支出扣除实际可扣除时间为,贷款合同约定开始还款的当月至贷款全部归还或贷款合同终止的当月,扣除期限最长不得超过240个月。因此,在不超过240个月以内,您可以根据个人情况办理符合条件的住房贷款利息扣除。

五、住房租金

61. 住房租金专项附加扣除的扣除范围是怎么规定的?

答:纳税人及配偶在主要工作城市没有自有住房而发生的住房租金支出,可以按照规定进行扣除。

62. 住房租金专项附加扣除中的主要工作城市是如何定义的?

答:主要工作城市是指纳税人任职受雇的直辖市、计划单列市、副省级城市、地级市(地区、州、盟)全部行政区域范围。无任职受雇单位的,为综合所得汇算清缴地的税务机关所在城市。

63. 住房租金专项附加扣除的扣除标准是怎么规定的?

答:住房租金专项附加扣除按照以下标准定额扣除:

(一)直辖市、省会(首府)城市、计划单列市以及国务院确定的其他城市,扣除标准为每月 1500 元;

(二)除上述所列城市以外,市辖区户籍人口超过 100 万的城市,扣除标准为每月 1100 元;市辖区人口不超过 100 万(含)的城市,扣除标准为每月 800 元。纳税人的配偶在纳税人的主要工作城市有自有住房的,视同纳税人在主要工作城市有自有住房。市辖区户籍人口,以国家统计局公布的数据为准。

64. 住房租金专项附加扣除的扣除主体是谁?

答:住房租金支出由签订租赁住房合同的承租人扣除。夫妻双方主要工作城市相同的,只能由一方(即承租人)扣除住房租金支出。夫妻双方主要工作城市不相同的,且各自在其主要工作城市都没有住房的,可以分别扣除住房租金支出。夫妻双方不得同时分别享受住房贷款利息扣除和住房租金扣除。

65. 纳税人享受住房租金专项附加扣除应该留存哪些资料?

答:纳税人应当留存住房租赁合同、协议等有关资料备查。

66. 夫妻双方无住房,两人主要工作城市不同,各自租房,如何扣除?

答:夫妻双方主要工作城市不同,且都无住房,可以分别扣除。

67. 住房贷款利息和住房租金扣除可以同时享受吗?

答:不可以。住房贷款利息和住房租金只能二选一。如果对于住房贷款利息进行了抵扣,就不能再对住房租金进行抵扣。反之亦然。

68. 纳税人首次享受住房租金扣除的时间是什么时候?

答:纳税人首次享受住房租赁扣除的起始时间为租赁合同约定起租的当月,截止日期是租约结束或者在主要工作城市已有住房。

69. 合租住房可以分别扣除住房租金支出吗?

答:住房租金支出由签订租赁合同的承租人扣除。因此,合租租房的个人(非夫妻关系),若都与出租方签署了规范租房合同,可根据租金定额标准各自扣除。

70. 员工宿舍可以扣除租金支出吗?

答:如果个人不付租金,不得扣除。如果本人支付租金,可以扣除。

71. 某些行业员工流动性比较大,一年换几个城市租赁住房,或者当年度一直外派并在当地租房子,如何申报住房租金专项附加扣除?

答:对于为外派员工解决住宿问题的,不应扣除住房租金。对于外派员工自行解决租房问题的,对于一年内多次变换工作地点的,个人应及时向扣缴义务人或者税务机关更新专项附加扣除相关信息,允许一年内按照更换工作地点的情况分别进行扣除。

72. 个人的工作城市与实际租赁房屋地不一致,是否符合条件扣除住房租赁支出?

答:纳税人在主要工作城市没有自有住房而实际租房发生的住房租金支出,可以按照实际工作地城市的标准定额扣除住房租金。

73. 我是铁路职工,主要工作地在上海和杭州,上海公司提供住宿,杭州自己租房且无自有住房,杭州的房租是否可以专项附加扣除?

答:根据《暂行办法》规定,纳税人及其配偶在纳税人主要工作城市没有自有住房的,纳税人发生的住房租金支出可以扣除。如果您和您配偶均在杭州没有自有住房,而杭州又是您主要工作城市的,杭州的房租可以扣除。

74. 公租房是公司与保障房公司签的协议,但员工是需要付房租的,这种情况下员工是否可以享受专项附加扣除,这种需要保留什么资料留存备查呢?

答:纳税人在主要工作城市没有自有住房而发生的住房租金支出,可以按照标准定额扣除。员工租用公司与保障房公司签订的保障房,并支付租金的,可以申报扣除住房租金专项附加扣除。纳税人应当留存与公司签订的公租房合同或协议等相关资料备查。

75. 纳税人公司所在地为保定,被派往分公司北京工作,纳税人及其配偶在北京都没有住房,由于工作原因在北京租房,纳税人是否可以享受住房租金扣除项目,按照哪个城市的标准扣除?

答:符合条件的纳税人在主要工作地租房的支出可以享受住房租金扣除。主要工作地指的是纳税人的任职受雇所在地,如果任职受雇所在地与实际工作地不符的,以实际工作地为主要工作城市。按照纳税人陈述的情形,纳税人当前的实际工作地(主要工作地)是北京市,应当按照北京市的标准享受住房租金扣除。

76. 主要工作地在北京,在燕郊租房居住,应当按北京还是燕郊的标准享受住房租金扣除?

答:如北京是纳税人当前的主要工作地,应当按北京的标准享受住房租金扣除。

77. 我年度中间换租造成中间有重叠租赁月份的情况,如何填写相关信息?

答:纳税人年度中间月份更换租赁住房、存在租赁期有交叉情形的，纳税人在填写租赁日期时应当避免日期有交叉。

如果此前已经填报过住房租赁信息的，只能填写新增租赁信息，且必须晚于上次已填报的住房租赁期止所属月份。确需修改已填报信息的，需联系扣缴义务人在扣缴客户端修改。

六、赡养老人

78. 赡养老人专项附加扣除的扣除范围是怎么规定的？

答：纳税人赡养年满 60 岁父母以及子女均已去世的年满 60 岁祖父母、外祖父母的赡养支出，可以税前扣除。

79. 赡养老人专项附加扣除的扣除标准是怎么规定的？

答：纳税人为独生子女的，按照每月 2000 元的标准定额扣除。纳税人为非独生子女的，应当与其兄弟姐妹分摊每月 2000 元的扣除额度，分摊的扣除额最高不得超过每月 1000 元。

80. 赡养老人专项附加扣除的分摊方式有哪几种？

答：赡养老人专项附加扣除的分摊方式包括由赡养人均摊或约定分摊，也可以由被赡养人指定分摊。采取指定分摊或者约定分摊方式的，每一纳税人分摊的扣除额最高不得超过每月 1000 元，并签订书面分摊协议。指定分摊与约定分摊不一致的，以指定分摊为准。

81. 赡养老人专项附加扣除的扣除方式是怎样的？

答：赡养老人专项附加扣除采取定额标准扣除方式。

82. 赡养老人专项附加扣除的扣除主体是谁？

答：赡养老人专项附加扣除的扣除主体包括：一是负有赡养义务的所有子女。《婚姻法》规定：婚生子女、非婚生子女、养子女、继子女有赡养扶助父母的义务。二是祖父母、外祖父母的子女均已经去世，负有赡养义务的孙子女、外孙子女。

83. 纳税人父母年龄均超过 60 周岁，在进行赡养老人扣除时,是否可以按照两倍标准扣除?

答:不能。扣除标准是按照每个纳税人有两位赡养老人测算的。只要父母其中一位达到60岁就可以享受扣除,不按照老人人数计算。

84. 由于纳税人的叔叔伯伯无子女,纳税人实际承担对叔叔伯伯的赡养义务,是否可以扣除赡养老人支出?

答:不可以。被赡养人是指年满60岁的父母,以及子女均已去世的年满60岁的祖父母、外祖父母。

85. 赡养老人的分摊扣除,是否需要向税务机关报送协议?

答:纳税人之间赡养老人支出采用分摊扣除的,如果是均摊,兄弟姐妹之间不需要再签订书面协议,也无须向税务机关报送。如果采取约定分摊或者老人指定分摊的方式,需要签订书面协议,书面协议不需要向税务机关或者扣缴义务人报送,自行留存备查。

86. 赡养岳父岳母或公婆的费用是否可以享受个人所得税附加扣除?

答:不可以。被赡养人是指年满60岁的父母,以及子女均已去世的年满60岁的祖父母、外祖父母。

87. 父母均要满60岁,还是只要一位满60岁即可?

答:父母中有一位年满60周岁的,纳税人可以按照规定标准扣除。

88. 独生子女家庭,父母离异后再婚的,如何享受赡养老人专项附加扣除?

答:对于独生子女家庭,父母离异后重新组建家庭,在新组建的两个家庭中,只要父母中一方没有纳税人以外的其他子女进行赡养,则纳税人可以按照独生子女标准享受每月2000元赡养老人专项附加扣除。除上述情形外,不能按照独生子女享受扣除。

在填写专项附加扣除信息表时,纳税人需注明与被赡养人的关系。

89. 双胞胎是否可以按照独生子女享受赡养老人扣除?

答:双胞胎不可以按照独生子女享受赡养老人扣除。双胞胎兄弟姐妹需要共同赡养父母,双胞胎中任何一方都不是父母的唯一赡养人,因此每个子女不能独自2000元的扣除额度。

90. 生父母有两个子女,将其中一个过继给养父母,养父母家没有其他子女,被过继的子女属于独生子女吗? 留在原家庭的孩子,属于独生子女吗?

答:被过继的子女,在新家庭中属于独生子女。留在原家庭的孩子,如没有兄弟姐妹与其一起承担赡养生父母的义务,也可以按照独生子女标准享受扣除。

91. 非独生子女的兄弟姐妹都已去世,是否可以按独生子女赡养老人扣除2000元/月?

答:一个纳税年度内,如纳税人的其他兄弟姐妹均已去世,其可在第二年按照独生子女赡养老人标准2000元/月扣除。如纳税人的兄弟姐妹在2019年1月1日以前均已去世,则选择按"独生子女"身份享受赡养老人扣除标准;如纳税人已按"非独生子女"身份填报,可修改已申报信息,1月按非独生子女身份扣除少享受的部分,可以在下月领工资时补扣除。

92. 子女均已去世的年满60岁的祖父母、外祖父母,孙子女、外孙子女能否按照独生子女扣除,如何判断?

答:只要祖父母、外祖父母中的任何一方,没有纳税人以外的其他孙子女、外孙子女共同赡养,则纳税人可以按照独生子女扣除。如果还有其他的孙子女、外孙子女与纳税人共同赡养祖父母、外祖父母,则纳税人不能按照独生子女扣除。

93. 两个子女中的一个无赡养父母的能力,是否可以由余下那名子女享受2000元扣除标准?

答:不可以。按照《暂行办法》规定,纳税人为非独生子女的,在兄弟姐妹之间分摊2000元/月的扣除额度,每人分摊的额度不能超过每月1000元,不能由其中一人单独享受全部扣除。

94. 非独生子女,父母指定或兄弟协商,是否可以最高某一个子女可以扣2000元?

答:根据《个人所得税专项附加扣除暂行办法》规定,纳税人为非独生子女的,由其与兄弟姐妹分摊每月2000元的扣除额度,每人分摊的额度不能超过每月1000元。因此,非独生子女是不能通过父母指定或兄弟协商享受2000元扣除标准的。

95. 赡养老人扣除应当填报和报送什么资料?

答:享受赡养老人扣除,只需填报相关信息即可,无需报送资料。填报的信息包括:是否为独生子女、月扣除金额、被赡养人姓名及身份证件类型和号码、与纳税人关系;此外,有共同赡养人的,还要填报分摊方式、共同赡养人姓名及身份证件类型和号码等信息。

七、通　用　类

96. 我们一家人都在农村务农,是不是不能享受专项附加扣除?我能够享受哪些方面的税收优惠?

答:根据修改后的税法规定,纳税人取得工资薪金、劳务报酬、稿酬、特许权使用费等综合所得,可以减除专项附加扣除。如果纳税人从事个体经营,同时没有这些综合所得的,也可以享受专项附加扣除。现在很多人进城打工,也有工资收入,可以享受专项附加扣除。

纳税人在农村务农,没有综合所得,如果从事种植业、养殖业、饲养业和捕捞业取得的所得,国家是予以免征个人所得税的。

97. 符合扣除条件的纳税人,什么时候可以办理专项附加扣除?

答:除大病医疗外,其他 5 项专项附加扣除,只要纳税人在纳税年度内符合其中的一项或多项扣除条件时,就可以向工资薪金的扣缴单位填报相关信息,享受专项附加扣除。大病医疗,或者纳税人年度内未享受或未足额享受的,可在次年 3 月 1 日至 6 月 30 日办理综合所得汇算清缴时向税务机关填报相关专项附加扣除信息、享受扣除优惠。

98. 2019 年 1 月 1 日起就可以享受专项附加扣除信息,可是还有一些填报事项不明确或其他原因,来不及报送专项附加扣除信息怎么办?

答:对部分专项附加扣除事项不确定,或是其他原因,未能在 2019 年 1 月份,或符合专项附加扣除条件的当月报送专项附加扣除信息的,可以在相关事项确定后,再填报相关扣除信息;对之前符合条件应当享受而未享受的,可以在该纳税年度剩余月份补充享受。也可以在次年 3 月 1 日至 6 月 30 日内,通过向税务机关办理综合所得汇算清缴申报时办理扣除。

99. 纳税人填报专项附加扣除信息有哪些注意事项?

答:一是要根据专项附加扣除办法规定的条件,判断自己是否有符合相关条件的专项附加扣除项目;

二是根据自己的实际情况,在电子税务局网页、手机 APP、电子模板、纸质报表四种方式中,选择一种专项附加扣除信息的提交方式;

三是根据自己符合条件的专项附加扣除项目,如实填报相应的专项附加扣除信息;

四是姓名、身份证号、手机号码等信息务必填写准确,以保障您的合法权益,避免漏掉重要的税收提醒服务;选填项尽可能填

写完整,以便更好地为您提供税收服务;

五是通过电子模板、纸质报表等方式填报专项附加扣除信息的,应留存好本人和扣缴义务人或者税务机关签字盖章纸质信息表备查;

六是纳税人应于每年12月份对次年享受专项附加扣除的内容进行确认。如未及时确认的,次年1月起暂停扣除,待确认后再享受。

100. 通过手机APP填报的专项附加扣除信息,是否也需要打印出来交给单位盖章保存?

答:不需要。纳税人通过远程办税端(手机APP、网页)填报专项附加扣除信息并选择扣缴单位办理扣除的,无需将相关信息打印出来交单位盖章保存。

八、信息系统操作类

101. 自然人税收管理系统扣缴客户端在哪可以下载安装?

答:自然人税收管理系统扣缴客户端适用于扣缴义务人代扣代缴个人所得税。扣缴义务人可通过所在省税务局的官方网站下载自然人税收管理系统扣缴客户端。

双击安装包程序,点击【立即安装】,即可安装扣缴客户端到本地电脑。

102. 扣缴客户端如何进行注册?

答:系统安装完成后,需要进行注册。注册的过程大致为通过纳税人识别号从税务系统获取相应的企业信息,保存到本地扣缴客户端的过程,具体为:

点击安装完成界面上的【立即体验】(或点击桌面“自然人税收管理系统扣缴客户端”快捷方式),即进入注册流程。注册共有五步:第一步:录入单位信息;第二步:获取办税信息;第三步:备案办税人员信息;第四步:设置登录密码;第五步:设置数据自动备份。

103. 在扣缴客户端导入专项附加扣除信息提示导入成功 15 个,但是扣除界面只有 13 条信息。

答:扣缴客户端在任何一个专项附加扣除界面都可以导入全部人员的各项专项附加扣除信息。导入完成后,在该专项附加扣除页面只会显示本项专项附加扣除的人员信息,无此项扣除的人员不在此显示,可在其他专项附加扣除页面查看相应的专项附加扣除信息。

104. 扣缴客户端采集完专项附加扣除信息后,再导入工资薪金数据,没有自动生成专项附加扣除金额。

答:正常工资薪金表中专项附加扣除金额可以自行手工填写,也可以选择需要预填的人员范围,然后点击【预填专项附加扣除】按钮,系统会自动按照已采集的专项附加扣除信息计算出可扣除金额。

105. 单位发 2019 年 1 月的工资,怎么在软件里面按新税制计算出应缴纳多少税款?

答:步骤一:打开扣缴客户端,录入并报送员工信息(对已经录入的,可忽略);

步骤二:可通过标准模版表采集员工专项附加扣除信息,导入扣缴客户端;也可以由员工自己通过“个人所得税”APP 或自然人办税服务平台网页报送专项附加扣除信息(每项的申报方式要选定为“通过扣缴义务人申报”并选定给指定的单位),三天后单位再点击【下载更新】按钮下载员工的专项附加扣除信息;

步骤三:导入当月收入正常工资薪金表,并点击【预填专项附加扣除】按钮,扣缴客户端会根据已有的专项附加扣除信息自动进行预填;

步骤四:点击【税款计算】步骤,系统会自动计算当月应纳税额,最后导出计算结果即可。

106. 单位员工如果在 2019 年 1 月份没有采集专项附加扣除项目,3 月份才开始采集,会存在多缴税的情况吗?

答:综合所得采用累计预扣法计税:

本期应预扣预缴税额 =(累计预扣预缴应纳税所得额 × 税率 - 速算扣除数)- 已预扣预缴税额

累计预扣预缴应纳税所得额 = 累计收入 - 累计免税收入 - 累计基本减除费用 - 累计专项扣除 - 累计专项附加扣除 - 累计依法确定的其他扣除

这种情况对于员工个人来说,在专项附加扣除采集前可能会多预缴税款,但在采集后每次申报时会累计扣除前几个月的总和,如果税款为负值的,暂不退税,一直往后留抵,在次年 3 -6 月进行个人年度汇算清缴申报时多退少补。

107. 扣缴客户端软件,导入员工提交上来的专项附加扣除电子表格时,无法选择到具体的电子表格?

答:扣缴客户端中专项附加扣除信息批量导入,只能通过文件夹批量导入,系统会把该文件夹里面所有的专项附加扣除电子表格全部导入。

108. 若纳税人选择由扣缴义务人方式扣除个人的专项附加扣除信息,是否需要每月都向扣缴义务人提交专项附加扣除电子表格?

答:对于个人专项附加扣除信息未发生变化的,每个扣除年度只需要向扣缴义务人提供一次专项附加扣除信息即可,无需按月提供。

109. 2019 年新个人所得税法全面实施后,原来正在使用的扣缴客户端怎么升级?需要卸载吗?

答:对原来正在使用扣缴客户端的,直接打开运行后就可以自动升级。若升级失败,建议先备份数据,然后安装新版扣缴客户端软件。安装好后,在“2018 年”版本模式下恢复原备份数据,再切换到“2019 年”版本模式下,这时系统会把当前正常状态的人员信息全部迁移到新界面里面,无需重新导入人员信息。

110. 扣缴客户端软件升级后,怎么查询所属 2018 年及以前的申报数据?如果涉及补报所属 2018 年及以前年度税款的,该怎么操作?

答:扣缴客户端升级后有两种版本模式:“2018 年”和“2019 年”。“2018 年”的版本模式可用于查询历史数据,以及进行税款所属期 2018 年及以前的申报(含更正申报);“2019 年”的版本模式适用于税款所属期 2019 年以后的申报(含更正申报)。

111. 扣缴义务人应该通过哪个功能菜单来采集专项附加扣除信息?

答:在扣缴客户端中,进入到“2019 年”版本模式,通过【专项附加扣除信息采集】菜单,选择单个“添加”或者“导入”方式采集。如果当前版本模式是“2018 年”,则通过系统右上角的【版本切换】按钮,切换到新版模式下操作。

112. 扣缴客户端批量导入专项附加扣除信息后,提示部分导入成功。未导入的信息该如何处理呢?

答:在导入失败情况下,扣缴客户端会在导入文件夹里面生成一张导入失败的错误信息表。请查看具体错误原因,修改完善好对应内容后重新导入即可。

113. 专项附加扣除信息表导入时提示“个人信息在系统中不存在,无法导入”。怎么办?

答:请先在扣缴客户端中导入或录入相关人员信息,并进行人员信息报送。

114. 扣缴客户端中,身份验证状态有哪些? 有什么含义?

答:【待验证】:表示人员信息初次添加或修改时的默认状态;

【验证中】:表示尚未获取到公安机关的居民身份登记信息,系统会自动获取到验证结果,无需再进行另外的操作;

【验证通过】:表示采集的人员信息与公安系统的信息是一致的;

【验证失败】:表示该自然人身份信息与公安机关的居民身份登记信息不一致,可以核实后将信息修改正确,如果确认无问题的,可暂时忽略该验证结果,正常进行申报;

【暂不验证】:表示该自然人身份证件类型为非居民身份证(如来华工作许可证、外国护照等),目前尚无法进行验证,可以忽略该结果,正常进行后续操作。

115. 扣缴客户端中,对已有申报记录的人员信息如何删除?

答:已经在扣缴客户端中申报过的人员,为了保证数据的完整性,不能删除,可以在"人员信息采集"中将"人员状态"修改为"非正常"。若希望在人员信息采集页面中不再显示该人员,点击【人员信息采集】→【更多操作】→【隐藏非正常人员】即可。

116. 扣缴客户端中,如何隐藏非正常状态人员?

答:点击【人员信息采集】→【更多操作】→【隐藏非正常人员】,即可隐藏全部非正常人员。

117. 扣缴客户端中,如何显示隐藏的非正常人员?

答:点击【人员信息采集】→【更多操作】→【显示非正常人员】,即可显示全部非正常人员。

118. 扣缴客户端中,对人员状态被修改为非正常的人员,是否需要报送人员信息?

答:人员信息发生修改,都需要点击【报送】按钮将相关信息报送给税务机关。

非正常表示员工从该单位离职,离职后员工在“个人所得税”APP 的任职受雇单位中,将不显示该企业信息。

119. 员工没能及时将专项附加扣除信息提交给扣缴义务人,可不可以下个月补报?

答:扣缴义务人根据员工提交的专项附加扣除信息,按月计算应预扣预缴的税款,向税务机关办理全员全额纳税申报。如果员工未能及时报送,也可在以后月份补报,由扣缴义务人在当年剩余月份发放工资时补扣,不影响员工享受专项附加扣除。如员工 A 在 2019 年 3 月份向单位首次报送其正在上幼儿园的 4 岁女儿相关信息,则 3 月份该员工可在本单位发工资时累计可扣除子女教育支出为 3000 元(1000 元/月 ×3 个月)。到 4 月份该员工可在本单位发工资时累计可扣除子女教育支出为 4000 元(1000 元/月 ×4 个月)。

120. 如果员工一年内都没将专项附加扣除信息提交给扣缴义务人怎么办?

答:在一个纳税年度内,员工如果没有及时将专项附加扣除信息报送给扣缴义务人,以致在扣缴义务人预扣预缴工资、薪金所得税时未享受扣除的,员工可以在次年 3 月 1 日至 6 月 30 日内,向汇缴地主管税务机关进行汇算清缴申报时办理扣除。

121. 对选择由扣缴义务人申报专项附加扣除的纳税人,若专项附加扣除信息发生变化,应如何处理?

答:若纳税人的专项附加扣除信息发生变化,纳税人可通过“个人所得税”APP、“自然人办税服务平台”网页自行更新,通知扣缴义务人在扣缴客户端中点击【下载更新】,下载最新的专项附加扣除信息;或填写《个人所得税专项附加扣除信息表》提交给扣缴义务人。扣缴义务人在扣缴客户端中点击【修改】,更新填报信息。

122. 一个月同时租住两处住房或者年度中间换租造成中间有重叠租赁月份的情况,该如何处理?

答:一个月同时租住两处住房的,只能填写一处;年度中间月份更换租赁住房的,不能填写两处租赁日期有交叉的住房租金信息。若有重叠租赁月份的,则将上次已填报的住房租金的有效期止提前终止,或者新增住房租金信息租赁期起必须晚于上次已填报的住房租赁期止所属月份。

123. 扣缴客户端中,人员的联系方式如何批量修改?

答:步骤一:请点击扣缴客户端上方【代扣代缴】,进入"代缴代缴"模块;

步骤二:请点击软件左侧【人员信息采集】→【导出】→【全部人员】;

步骤三:请在导出的 EXCEL 人员信息表中对"联系电话"列进行补充或修改;

步骤四:修改保存成功后,再次打开扣缴客户端,点击软件左侧【人员信息采集】→【导入】→【导入文件】→点击【选择】,选择对应的人员信息 EXCEL 表格→【打开】,导入成功即可。

124. 扣缴客户端登录界面的登录密码忘记了,该如何处理?

答:点击扣缴客户端登录界面的【忘记密码】,填写人员身份信息后再选择一种可用验证方式,验证通过后,然后在"重置密码"页面完成新密码的设置即可。

125. 扣缴客户端中,如何操作人员信息的批量修改非正常?

答:步骤一:打开扣缴客户端中"人员信息采集",选中所有人员,点击【更多操作】→【批量修改】,【待修改属性】选择【人员状态】,人员状态选择【非正常】,点击【修改】即可;

步骤二:在扣缴客户端标准人员信息模板中输入本月在职员工的信息,点击【人员信息采集】→【导入】→【导入文件】,将做好的模板重新导入即可。

126. 扣缴客户端中,人员信息采集为什么新增【报送】功能?

答:因为扣缴客户端的人员信息采集中员工信息要和公安部进行比对,可增加员工真实性校验,并且也为税改后的汇算清缴申报做准备,只有员工是真实的才能进行汇算清缴。所以采集好人员信息需要点击【报送】。

注:如果该人员状态为“非正常”(即离退人员),则无需进行报送。

127. 扣缴客户端中,点击【申报表报送】提示:以下【×】位人员未完成报送登记,请及时完成报送并获取反馈:姓名:【××】证照号码:【×××】,该如何处理?

答:提示的人员没有在扣缴客户端中进行人员信息的报送登记,自2018年8月1日起,人员信息必须先完成报送登记,才可进行申报表报送。

点击左侧【人员信息采集】,将提示中的人员勾选上点击【报送】,再点击【获取反馈】获取身份验证结果,身份验证通过后就可以正常申报。

128. 如何在扣缴客户端中下载人员信息导入模板?

答:请点击扣缴客户端中【人员信息采集】→【导入】→【模板下载】,选择需要保存的路径,点击保存即可。

129. 扣缴客户端中,人员信息如何导出?

答:在“人员信息采集”模块,点击【展开查询条件】,输入查询条件后,勾选需要导出的人员信息,点击【导出】即可。

130. 扣缴客户端中,人员信息如何打印出来?

答:在“人员信息采集”模块,点击【展开查询条件】,输入查询条件后,勾选需要导出的人员信息,点击【导出】保存后,即可选择人员信息进行打印。

131. 扣缴客户端中，人员信息显示的顺序与导入电子表格文件中不一致，该如何处理？

答：情况一：在“人员信息采集”中采集了工号信息，点击【工号】列中出现的三角图标，即可按工号进行排序；

情况二：在“人员信息采集”中没有采集工号信息，可以点击【姓名】列或其他列进行排序，也可以采集工号信息后再进行排序。

132. 纳税人在公安系统中改姓名了，扣缴客户端如何修改？

答：点击【获取反馈】获取的身份验证状态如果显示“待验证”“验证中”或“验证不通过”的情况，可直接在人员信息采集模块中进行修改；如果显示“验证通过”的情况，则纳税人需持有效身份证件前往税务大厅进行自然人关键信息变更，更正后通知扣缴义务人在扣缴客户端进行特殊情形处理，下载更新信息。

133. 扣缴客户端中，证件号码录入错误如何修改？

答：对于未申报过的人员，在“人员信息采集”中修改更正证件号码信息，点击【保存】即可。

对于已申报过的人员，在“人员信息采集”中将“人员状态”修改为“非正常”，点击【保存】。随后重新录入正确的人员信息后，再申报当月数据。申报成功后需携带有效身份证件至办税服务厅办理自然人多证同用并档管理。

134. 扣缴客户端中，非正常人员如何修改为正常？

答：在“人员信息采集”模块，勾选非正常状态的人员信息，双击打开页面后将右上方的“非正常”状态改选为“正常”状态，点击【保存】即可。如需批量进行修改，勾选非正常状态的人员信息，点击【更多操作】→【批量修改】，“待修改属性”中选择“人员状态”，将人员状态信息修改为正常，点击【保存】即可。

135. 扣缴客户端中，在人员信息采集界面点击【获取反馈】按钮后,需要多长时间才能获取反馈成功?

答:身份验证具有延时性,但不会影响下一步申报操作。只要报送状态为“报送成功”,均可正常申报。

136. 扣缴客户端中,在人员信息采集界面添加并录入完境内或境外人员信息后,点击【保存】按钮时,为什么系统没有反应?

答:采集人员信息时,带星(*)号的项目是必填项,请注意检查必填项是否已正确录入。保存后,注意检查界面上是否存在标注成红框的项目,若存在则将标注红框的项目填写正确后再点击【保存】。

137. 扣缴客户端中,人员信息采集时错将姓名录成了繁体字,报送状态显示“报送成功”且身份证验证状态显示“验证成功”,但身份证上是简体字,这种情况应如何修改?

答:无需修改,后台可实现简繁体自动转换。

138. 重装扣缴客户端后,人员信息采集信息为空,应如何处理?

答:情况1:若扣缴客户端重装前备份了数据,可进行数据恢复操作。

情况2:若系统重装前没有备份过数据,可通过人员信息采集界面的【添加】按钮或【导入】功能采集人员信息。

139. 扣缴客户端中,人员信息采集时提示“15位身份证不允许保存,请升级为18位身份证”。该如何处理?

答:扣缴客户端要求新增人员的身份证信息必须使用18位身份证号,纳税人身份证号为15位的需升为18位后方可正常申报。

140. 扣缴客户端中,在人员信息导入时提示:已有申报记录,由境内人员证件类型、证件号码、姓名确定唯一的纳税人识别号。该如何处理?

答:出现该提示有两种情况:1. 扣缴客户端和正导入的文件中都有所提示的证件号码,但是这个证件号码在扣缴客户端和正导入的文件中对应的姓名不一样。在人员信息中检查一下,如果姓名不正确,可以直接在扣缴客户端中修改;2. 正导入的文件中有重复的证件号码,去掉重复人员后再次导入即可。

141. 如何修改扣缴客户端的申报密码?

答:点击扣缴客户端软件左侧菜单【系统设置】→【申报管理】→【申报安全设置】→输入"原申报密码"→再输入"新申报密码"和"确认新申报密码",即可完成申报密码的修改。

142. 扣缴客户端如何更新办税信息?

答:点击扣缴客户端软件左侧【系统设置】→【申报管理】→【办税信息更新】→【下载】按钮,提示信息获取成功即可。

143. 扣缴客户端中,导入模板时提示:如下系统必导项尚未关联您选择文件的表格列,请问如何处理?

答:出现该提示是因为导入的模板里没有所提示的这一列。请先下载标准模板,然后将刚才导入的表格中的信息复制到标准模板对应列中,再重新导入即可。提醒注意:下载模板时建议重命名,避免覆盖原来的文件。

144. 扣缴客户端中,发送申报表时提示:姓名中间不允许有空格,请修改。请问如何处理?

答:出现该提示是由于人员姓名中存在空格导致。

请点击软件左侧【人员信息采集】,找到提示中的报错人员并双击,再修改姓名并报送,然后点击申报表报送即可。

145. 扣缴客户端中,税延养老保险附表中的年度保费该如何填写?

答:税延养老保险附表中的年度保费是取得个体工商户的生产经营所得、对企事业单位的承包承租经营所得的个人及特定行业取得工资薪金的个人填写,据实填写《个人税收递延型商业养老保险扣除凭证》载明的年度保费金额即可。

146. 扣缴客户端中,税延养老保险附表中的月度保费如何填写?

答:税延养老保险附表中的月度保费是取得工资薪金所得、连续性劳务报酬所得(特定行业除外)的个人填写,填写《个人税收递延型商业养老保险扣除凭证》载明的月度保费金额,一次性缴费的保单填写月平均保费金额。

147. 纳税人通过电子模版方式报送给扣缴义务人的《个人所得税专项附加扣除信息表》,扣缴义务人是否需要打印下来让纳税人签字?

答:需要打印签字。根据《国家税务总局关于发布〈个人所得税专项附加扣除操作办法(试行)〉的公告》(国家税务总局公告2018 年第 60 号)第四章第二十条第二点的相关规定,纳税人通过填写电子或者纸质《扣除信息表》直接报送扣缴义务人的,扣缴义务人将相关信息导入或者录入扣缴端软件,并在次月办理扣缴申报时提交给主管税务机关。《扣除信息表》应当一式两份,纳税人和扣缴义务人签字(章)后分别留存备查。

148. 扣缴客户端中,专项附加扣除信息导入模版是什么格式的 Excel 表? 单位采集的电子表格格式不一致,该如何处理?

答:扣缴客户端中,专项附加扣除信息采集表的文件格式支持 xls 和 xlsx 两种,建议使用 xls 格式以获取更高的导入效率。

若员工提交的专项附加扣除信息采集表不是以上两种格式,请用办公软件打开该表另存为以上两种格式,再进行导入即可。

149. 扣缴客户端“人员信息采集”的“境外人员”中,录入证照号码时系统提示“港澳居民来往内地通行证的号码只能是 9 位数字和字母混合”,但该人员的通行证号码为 10 位数,无法保存。

答:港澳居民来往内地通行证号码格式如下:第1位为字母(香港居民为H,澳门居民为M),第2-9位为数字(为持证人的终身号),第10-11位为换证次数。如H0139133901,录入证照号码时只需录入H01391339即可,换证次数无需录入。

150. 扣缴单位使用的扣缴客户端登录后显示“2018年”和“2019年”两个蓝色按钮,有何不同?

答:为支持新个人所得税法的实施,扣缴客户端进行了较大升级(对原来正在使用扣缴客户端的,直接打开运行后会自动升级)。扣缴客户端升级后有“2018年”和“2019年”两种版本模式:“2018年”的版本模式可用于查询2018年及之前的数据,以及进行税款所属期2018年及以前的申报(含更正申报);“2019年”的版本模式适用于税款所属期2019年以后的申报(含更正申报)。可通过系统右上角的“版本切换”按钮,切换到另一版本模式下操作。新个人所得税法中的专项附加扣除报送等功能在“2019年”版本模式中。

151. 自然人申请个人所得税WEB端(APP端)的注册码,如何发放?

答:(1)操作人员点击菜单列表的【发放注册码】,检查证明资料是否准确齐全,如无问题点击【下一步】;

(2)在新弹出的界面选择好身份证类型,依次输入身份证件号码、姓名和国籍后,点击【下一步】,系统弹出“注册码打印单”界面,点击【打印】即可。

152. 自然人申请注册码成功后,不慎遗失或忘记,怎么办?

答:未注册成功的自然人可以重复申请注册码,同一纳税人再次申请注册码时,原注册码失效。

153. 个人所得税WEB端(APP端)的登录密码如何重置?

答:(1)操作员点击【个人业务办理】,选择办理事项“重置密码”,可以通过“身份证阅读器”获取身份信息,或者输入“纳税人识别号”(或根据身份证件类型和证件号码),点击回车键,显示“自然人信息”;

(2)检查自然人提交的资料是否准确完整,如准确完整则点击【下一步】,系统提示“重置成功”,点击【确认】;

(3)系统跳转至纳税人重置密码确认单打印界面,点击【打印】。

154. 自然人信息采集主界面的户籍所在地、经常居住地以及境内无住所信息附表的联系地址三者的填写关系?

答:三者之间的填写规则:如采集选择的是居民身份证或中国护照,则户籍所在地必填,经常居住地选填;如采集选择的是非居民身份证或中国护照,户籍所在地非必录,经常居住地和联系地址必录其一。

155. 自然人选择为残孤烈时,为什么残疾人号是必填项,烈属证号是选填项?

答:考虑到烈属证历史遗留问题,如证件遗失走补发流程比较麻烦,故目前暂未要求必填。

156. 自然人变更登记模块中的姓名、身份证件类型、身份证件号码是灰色的,修改不了,如何操作?

答:姓名、身份证件类型、身份证件号码是唯一性信息,唯一性信息修改需要在“自然人关键信息变更”中进行变更操作,并且目前关键信息只支持姓名的变更;其他关键信息错误需修改时,用正确的自然人信息重新建档,建档后对新旧档案并档处理,并选择新档案为主档案。

157. 需要在投资方分配比例维护菜单维护分配比例的企业类型有哪些?

答:私营合伙企业、内资合伙、港澳台合伙、外资合伙、民办非企业单位(合伙)。

158. 自然人登记的时候把名字登记错了,怎么修改?

答:在“自然人关键信息变更”中进行变更即可。

159. 个税投资方分配比例维护主要维护哪些信息?

答:个税投资方信息维护功能仅可对分配比例数据项进行修改,纳税人若需新增、删除投资方信息或对投资方信息中的其他数据项进行修改,需在金三核心系统的“变更税务登记”功能中进行变更。

160. 电子资料采集可以采集哪些资料?

答:目前版本可以采集残疾证件、烈属证件两类证件。

161. 根据《关于科技人员取得职务科技成果转化现金奖励有关个人所得税政策的通知》(财税〔2018〕58 号),非营利性科研机构和高校向科技人员发放职务科技成果转化现金奖励时可以享受税收优惠,符合政策要求的纳税人享受优惠前是否要先进行备案?

答:根据《国家税务总局关于科技人员取得职务科技成果转化现金奖励有关个人所得税征管问题的公告》(国家税务总局公告 2018 年第 30 号),非营利性科研机构和高校向科技人员发放职务科技成果转化现金奖励,应于发放之日的次月 15 日内,向主管税务机关报送《科技人员取得职务科技成果转化现金奖励个人所得税备案表》。

162. 根据《关于科技人员取得职务科技成果转化现金奖励有关个人所得税政策的通知》(财税〔2018〕58 号),从职务科技成果转化收入中给予科技人员的现金奖励,可减按 50% 计入科技人员当月“工资、薪金所得”,依法缴纳个人所得税。针对该种场景如何进行个人所得税的申报?

答:符合政策要求的非营利性研究开发机构和高等学校,从职务科技成果转化收入中给予纳税人的现金奖励作为工资、薪金所得,在申报当月工资、薪金所得时,将现金奖励并入当期工资、薪金中,并将现金奖励的50%作为免税所得,填入免税所得数据项中,并在减免附表中填列相应的减免事项。

163.【税收优惠日常管理】功能进行管理启动后,后续如何查询受理审批结果?

答:税务人员进行【税收优惠日常管理】功能启动后,可通过【税收优惠日常管理清册】功能查询受理审批结果信息,或出于管理需要查询税收优惠日常管理业务的相关统计信息。

164. 办税人员打印文书出现分页现象,如何处理?

答:(1)请清空IE缓存,重新打印。

(2)下载打印组件,运行,卸载;卸载完,重新安装,清除缓存,重新打印。

(3)若上述方法无效,则将电脑C:\jdlssoft\iitms目录下的文件夹print备份;拷贝能够正常打印的电脑的对应目录下的print文件夹,替换,清除缓存,重新打印。

165. 个人所得税定率核定的通知书后期可以在哪进行打印?

答:在个人税收管理系统—大厅发放。

166. 如何把查账征收变更为核定征收?

答:在个人税收管理系统—征收—个人所得税核定申请模块进行操作即可。

167. 中国税收居民身份证明适用的业务场景?

答:根据《国家税务总局关于开具〈中国税收居民身份证明〉有关事项的公告》(国家税务总局公告2016年第40号)政策规定,个人为享受中国政府对外签署的税收协定待遇,可向其主管所得税的税务机关申请开具《中国税收居民身份证明》。

168. 个人税收管理系统中【非居民纳税人享受税收协定待遇

情况报告表(退抵税专用)】菜单点击时提示“登记序号为空;流程实例 ID 为空”。该如何处理?

答:《非居民纳税人享受税收协定待遇情况报告表(退抵税专用)》功能适用于录入退抵税费信息中针对享受非居民待遇退抵税的功能跳转,若需要直接采集非居民税收协定信息可通过《非居民纳税人享受税收协定待遇情况报告表》功能进行采集。

169. 一般征收开票(ITS)缴款方式中为何没有税库联网缴税?

答:在一般征收开票(ITS)模块中,点击【获取最新三方协议信息】,下载成功后在缴款方式中就可以看到了。

170. 扣缴个人所得税报告表(2018)选择 2019 年 1 月所属期,为何申报时系统报错?

答:2019 年以后的预扣预缴申报需要通过“综合所得个人所得税预扣预缴申报表(ITS)”模块进行操作申报。

171. 个人独资企业在注销环节需要申报 2019 年 1 季度经营所得个税,在使用“经营所得个人所得税月(季)度申报(ITS)”时,系统无法选择所属期为 2019 年 1 月至 2019 年 3 月,无法正常受理申报。

答:将所属期改成 2019 年 1 月 –2019 年 1 月申报。

172. 自然人 APP 端自动出现任职受雇单位,而自己又完全不知情,存在信息冒用嫌疑,该怎么办?

答:只要该公司给您做过雇员个人信息报送,且未填报离职日期的,该公司就会出现在您“个人所得税”APP 的任职受雇信息中。解决办法如下:

(1)如果是您曾经任职的单位,您可在“个人所得税”APP 个人中心的任职受雇信息中点开该公司,然后在右上角点击“申诉”,选择“曾经任职”方式。税务机关会将信息反馈给该公司,由

该公司在扣缴客户端软件中把人员信息修改成离职状态即可;

(2)如果是您从未任职的单位冒用的,您可在"个人所得税"APP 个人中心的任职受雇信息中点开该公司,然后在右上角点击"申诉",选择"从未任职"方式,把情况反馈给该公司的主管税务机关,由税务机关展开调查。

您点击申诉后,"个人所得税"APP 相关任职信息将不再显示。后续处理结果会通过"个人所得税"APP 主页的消息提醒反馈给您,敬请留意。

173. 纳税人在 APP/WEB 端采集好专项附加扣除信息并指定扣缴义务人后,扣缴义务人那边下载不了纳税人的专项附加扣除信息。

答:远程端(APP/WEB 端)采集完毕后,扣缴客户端需要过三天才能下载到该纳税人的专项附加扣除信息。

174. "个人所得税"APP 为什么要实名注册?

答:实名注册的目的是:

(1)为了验证绑定的账户是否属于本人;

(2)对纳税人信息的真实性进行验证审核;

(3)保障纳税人的合法权益和涉税数据安全;

(4)建立完善可靠的互联网信用基础。

175. 居民个人有哪些渠道可以填报专项附加扣除信息?

答:四个渠道:

(1)自行在"个人所得税"APP 填报;

(2)自行在自然人办税服务平台网页报送;

(3)自行到办税服务厅报送给税务机关;

(4)提交给扣缴单位在自然人税收管理系统扣缴客户端软件或到办税服务厅报送。

176. "个人所得税"APP 和"自然人办税服务平台"注册用户

最后一步提示"登录名被占用",请问怎么处理?

答:登录名具有唯一性,可按照规则自定义,如果所填写的登录名被别人占用了,请修改重新自定义其他登录名,直至提交保存成功即可。

177. "个人所得税"APP 从哪里下载?

答:对于安卓手机系统,可以登录所在省税务局"自然人办税服务平台"网页,首页"个人所得税 APP 扫码登录"二维码下方有一个【手机端下载】,点击后,通过手机扫码下载"个人所得税"APP 安装即可。也可以通过各大手机应用商城,搜索"个人所得税"下载 APP 应用。

对于苹果手机系统,请在苹果应用商场 App Store 搜索"个人所得税"下载 APP 应用。

178. "个人所得税"APP 的注册方式有哪些?

答:目前"个人所得税"APP 有两种注册方式:

(1)人脸识别注册(仅适用于居民身份证注册)

通过人脸识别手段对用户进行实人验证,该方式是通过对实时采集的人脸与公安留存的照片进行比对验证,验证通过后即可完成实名注册。

(2)注册码认证注册(适用于所有证件类型注册)

纳税人先行持有效身份证件及其他证明材料到就近的办税服务厅进行实名认证登记后申请发放注册码,然后采用此注册码在"个人所得税"APP 中注册账号,以后凭此账号即可远程登录"个人所得税"APP 进行办税。

179. 什么是注册码? 怎么获取?

答:注册码是指自然人为了开通自然人办税服务平台用户账号进行办税的一种认证方式。先行在办税服务厅进行实名认证后获得注册码,然后使用此注册码在自然人办税服务平台或"个人所得税”APP 中开通账号,以后凭此账号即可远程登录自然人办税服务平台或“个人所得税”APP 进行办税。

自然人可以携带本人有效身份证原件去就近的办税服务大厅申请获取注册码。注册码为 6 位数字和字母。注册码有效期为七天,申请后请及时注册使用。若不慎遗失,可再次申请。

180. “个人所得税”APP 登录账号有哪些?

答:有三种,分别为:登录名、手机号码、证件号码(外国护照除外)。

181. “个人所得税”APP 如何通过人脸识别认证注册?

答:具体操作如下:

(1)打开“个人所得税”APP;

(2)点击【注册】,选择人脸识别认证注册,如实填写身份相关信息,包括:姓名、证照号码,点击“开始人脸识别”按钮后进行拍摄,与后台公安接口比对成功后会跳转到登录设置界面;

(3)设置自己的登录名、密码、手机号(需短信校验)完成注册。

注意事项:

(1)登录名长度是 8 - 16 位字符,只能包括大小写字母、数字、中文(中文占 2 个字符)与下划线;

(2)登录名不支持纯数字;

(3)密码应为 8 到 15 位,至少包含字母(大小写)、数字与符号中的两种,不能含空格。

182. “个人所得税”APP 如何通过注册码注册?

答:具体操作如下:

(1)自然人须先到就近的办税服务厅申请获取注册码;

(2)打开“个人所得税”APP,点击【注册】,选择注册码认证注册方式,如实填写身份信息,包括:姓名、证照类型、证照号码等,

填写的个人信息与公安系统数据进行比对,不可虚假录入;

(3)设置自己的登录名、密码、手机号(短信校验)完成注册,系统对登录名和密码有规则校验,设置完成后即可通过登录名、手机号或身份证号码登录系统,并进行相关业务操作。

注意事项:

(1)登录名长度是8-16位字符,只能包括大小写字母、数字、中文(中文占2个字符)与下划线;

(2)登录名不支持纯数字;

(3)密码应为8到15位,至少包含字母(大小写)、数字与符号中的两种,不能含空格。

183. 假如更换了手机号码,如何修改手机号?

答:打开"个人所得税"APP,登录后可通过【个人中心】—【安全中心】—【修改手机号码】修改自然人已绑定的手机号码。有两种验证方式,一是通过原绑定的手机号码收取验证码后重新录入新手机号码,二是通过本人银行卡及银行预留手机经过验证后重新录入新手机号码。

184. 如何修改"个人所得税"APP的登录密码?

答:打开"个人所得税"APP,登录后通过【个人中心】—【安全中心】—【修改密码】,在该界面分别录入原密码和新密码保存成功即可。

185. 忘记"个人所得税"APP登录密码怎么办?

答:忘记密码时,可在"个人所得税"APP登录界面点击【找回密码】重新设置密码。首先需要填写身份信息,再选择一种可用验证方式,验证通过后,然后在重置密码页面完成新密码的设置。

186. "个人所得税"APP登录密码输错多次后账号被冻结了怎么办?

答:密码输错3次,会让其输入图片验证码,密码输错超过5

次会锁定该自然人账号，24 小时后会自动解锁；您也可以通过首页【忘记密码】功能解锁账号。

187. 个人信息需要填写哪些信息项？需要全部填写完整吗？

答：（1）用户基础信息：系统自动带出，使用居民身份证外的其他证照号码注册，需要填写出生年月、性别。

（2）户籍所在地/现居住地址：需选择省市地区，乡/镇/街道为选填项，手动填写详细地址（如街道、小区、楼栋、单元室等）。

（3）学历和民族：选填项，建议完善。

（4）其他：电子邮箱和境外任职受雇国家默认无，可根据实际情况选填。

（5）税收优惠信息：分为残疾、烈属、孤老三种情形，根据实际情况勾选并上传证件的电子资料。

188. 经常居住地经常变更要怎么办？

答：建议实时在系统更新经常居住地地址。

189. 残疾证号忘记了不能保存怎么办？

答：残疾证号为必填项。登陆中国残疾人联合会官网：http://www.cdpf.org.cn/2dzcx/输入姓名、身份证号码，即可查询残疾证编号。

190. 残疾、烈属证填写有什么规定？

答：残疾证号为必填项，并上传证件的电子图片资料，最多不能超过 5 张。

烈属证号可填可不填，并上传证件的电子图片资料，最多不能超过 5 张。

191. 银行卡可以添加几张？可以添加其他人员的银行卡吗？

答：目前不限制张数。填写的银行卡必须是本人有效身份证件开户，需要输入银行预留手机号进行验证，添加后的银行卡可以进行解绑和设为默认卡的操作。

192. “个人所得税”APP 的帮助中心在哪里查看？

答:点击【个人中心】—【帮助】,即可查看 APP 相关模块内容。

193. “个人所得税”APP 和自然人办税服务平台网页的数据会同步吗？

答:两个系统的数据是一致的。

194. “个人所得税”APP 卸载后,数据还在吗？

答:“个人所得税”APP 采集的数据都存储在税务机关的服务器上,属于云存储,卸载手机 APP 后,手机上的数据会清除,但税务机关服务器上的数据依然都会保留。同一手机再次安装或换了其他手机另行安装“个人所得税”APP,登录依然可以看到登录身份人员原来填报的数据。

195. 如何查看“个人所得税”APP 版本,如何升级？

答:点击“个人所得税”APP【个人中心】—【关于】查看版本号,APP 是自动升级的。

196. 自然人办税服务平台网页如何切换账号？

答:登录自然人办税服务平台网页后,点击右上角头像,选择【退出登录】即可切换其他账号进行登录操作。

197. 法人和财务负责人在“个人所得税”APP 或自然人办税服务平台网页是否可以解除授权？

答:法人和财务负责人是从各省金税三期系统同步过来的,如果当前自然人的身份是某个公司的法人或者财务负责人,若从原公司离职了,那需要去金三税务登记变更功能里面去变更法人或者财务负责人。这样,离职的法人或者财务负责人在任职受雇信息中才会看不到这家公司。

198. 如果在“个人所得税”APP 的任职受雇信息中发现自己当前任职的单位并不在列表中,该如何处理？

答:"个人所得税"APP 和自然人办税服务平台网页版中"个人中心"里自动带出的任职受雇信息是根据全国各地各扣缴单位报送的自然人基础信息 A 表形成,只要扣缴单位当前的税务登记状态不为注销或者非正常,而且扣缴单位报送信息中将您标记为在职雇员,就会将该单位显示出来。

如果显示不出来,有可能是您的任职受雇单位没有将您的任职受雇信息报送给主管税务机关或所报送的信息有误,也有可能是您的任职受雇单位在税务机关的登记状态为注销或非正常,或者没有将您的个人信息选择为雇员,或者填写了离职日期。请联系您当前的任职受雇单位财务人员通过扣缴客户端处理。

199. 手机打开"个人所得税"APP 后提示"未连接到网络或未获取网络权限,请检查",但手机网络正常,能打开网页,该如何解决?

答:可以尝试如下方式解决:

(1)请检查您手机设置中是否对"个人所得税"APP 进行了网络限制。常规操作路径如下:先关闭"个人所得税"APP,对苹果 IOS 系统手机,点击"设置→蜂窝移动网络→个人所得税→勾选 WLAN 与蜂窝移动网";对安卓系统手机,常规操作路径如下:先关闭"个人所得税"APP,点击"设置→无线和网络→流量管理→应用联网→个人应用中的个人所得税→勾选移动网络和 WIFI"。然后,重新打开"个人所得税"APP。

(2)如果确认网络设置没有问题,可能是网络不稳定所致,请切换到 WIFI 网络环境或稍等片刻再次尝试。

(3)可以在"个人所得税"APP 的"个人中心"中,将"工作地或常住地"临时切换到其他省市,等业务办理完成后再切回到实际工作地或常住地。

200. 是否个人通过"个人所得税"APP 填报专项附加扣除信

息就不用再报给扣缴单位?

答:目前,居民个人可以通过以下四个渠道填报专项附加扣除信息:

(1)自行在“个人所得税”APP填报;

(2)自行在自然人办税服务平台网页填报;

(3)自行到税务局办税服务厅填报;

(4)提交给扣缴单位在扣缴客户端软件填报。

通过前三个任一渠道成功填报的专项附加扣除信息,若填报时指定由某扣缴单位申报的,该扣缴单位可在您提交的第三天后通过扣缴客户端的“下载更新”功能下载到您所填报的信息。您无须再向扣缴单位另行填报。

九、过渡期政策

201. 2019年以后发放的全年一次性奖金,如何计算缴纳个人所得税?

答:为确保新税法顺利平稳实施,稳定社会预期,让纳税人享受税改红利,财政部、税务总局制发了《关于个人所得税法修改后有关优惠政策衔接问题的通知》(财税〔2018〕164号,以下简称《通知》),对纳税人在2019年1月1日至2021年12月31日期间取得的全年一次性奖金,可以不并入当年综合所得,以奖金全额除以12个月的数额,按照综合所得月度税率表,确定适用税率和速算扣除数,单独计算纳税,以避免部分纳税人因全年一次性奖金并入综合所得后提高适用税率。

对部分中低收入者而言,如将全年一次性奖金并入当年工资薪金所得,扣除基本减除费用、专项扣除、专项附加扣除等后,可能根本无须缴税或者缴纳很少税款。在此情况下,如果将全年一次性奖金采取单独计税方式,反而会产生应纳税款或者增加税负。同时,如单独适用全年一次性奖金政策,可能在税率换档时出现税负突然增加的"临界点"现象。因此,《通知》专门规定,居民个人取得全年一次性奖金的,可以自行选择计税方式,请纳税人自行判断是否将全年一次性奖金并入综合所得计税。也请扣缴单位在发放奖金时注意把握,以便于纳税人享受减税红利。

202. 过渡期内,个人取得全年一次性奖金怎么计税?

答:在 2019 年 1 月 1 日至 2021 年 12 月 31 日期间,个人取得全年一次性奖金,可以选择不并入当年综合所得,单独计税。

计算税款时,第一步,按照全年一次性奖金除以 12 的商数,对照综合所得的月度税率表,查找适用税率(月税率)和速算扣除数;

第二步,全年一次性奖金的收入全额,乘以查找的适用税率,减去对应的一个速算扣除数,即为应纳税额。

个人也可以选择不享受全年一次性奖金政策,将取得的全年一次性奖金并入综合所得征税。

203. 个人取得全年一次性奖金,当月正常工资收入低于 5000 元,怎么计税?

答:2019 年 1 月 1 日起,个人取得全年一次性奖金计算税款时,不再考虑当月正常工资收入是否低于 5000 元。主要原因是:高收入者往往选择全年一次性奖金政策,低收入者往往放弃享受全年一次性奖金政策,将全年一次性奖金直接并入综合所得征税,理论上,不再存在减除当月工资低于 5000 元差额的问题。

当月工资收入低于 5000 元的,其低于 5000 元的差额,计算全年一次性奖金的应纳税额时,不再从全年一次性奖金中减除。

204. 为什么允许个人放弃享受全年一次性奖金政策?

答:全年一次性奖金政策的优势是单独计税,不与当年综合所得合并算税,从而"分拆"收入降低适用税率。但对于低收入者而言，适用全年一次性奖金政策反而有可能增加其税负。例如，某人每月工资收入3000元，年终有2万元的年终奖金，全年收入低于6万元。如其适用全年一次性奖金政策，需要缴纳600元个人所得税，放弃享受全年一次性奖金政策（即将全年一次性奖金并入综合所得征税），则全年无须纳税。

综上，对于低收入者而言，放弃此项政策反而更加有利。

205. 个人取得上市公司股权激励所得，怎么计税？

答：上市公司股权激励对象主要是公司高管和核心技术人员，通过股权激励方式，将个人利益与公司发展业绩"绑在一起"，让个人分享公司发展成果，增强对高管和核心技术人员的"向心力"。个人取得的上市公司股权激励所得，是个人任职受雇的一种报酬方式，属于工资薪金所得。

2005年以来，财政部、税务总局先后印发多份政策文件，明确了个人取得上市公司股权激励所得的个人所得税政策。总体思路是将股权激励所得在不超过12个月（最多为12个月）的期限内分摊计税。

2019年实施新税制后，为保证税收政策延续性，对股权激励所得的计税方法给予三年过渡期，在过渡期内，对上市公司股权激励所得的税收政策暂维持不变。

由于改革后综合所得的税率表为年度税率表，股权激励所得直接适用年度税率表，客观上相当于原来按12个月分摊计税的政策效果。因此，在过渡期内，个人取得上市公司股权激励所得，不并入当年综合所得，全额单独适用综合所得税率表，计算纳税。计算公式为：

应纳税额＝股权激励收入×适用税率－速算扣除数

公式中的上述股权激励收入，为减除行权成本后的收入余额。

206. 个人在一个纳税年度内取得两次或者两项以上股权激励所得,如何算税?

答:上市公司股权激励形式较多,包括股票期权、股票增值权、限制性股票和股票奖励等多种形式。个人在一个纳税年度内取得两次(项)以上股权激励,其取得第一次或者第一项股权激励所得时,按照以下公式计税:

应纳税额 = 股权激励收入 × 适用税率 - 速算扣除数

其取得两次(项)以上股权激励所得时,将纳税年度内各次(项)股权激励所得合并,按照上述公式计算应纳税额,减去本年度此前股权激励所得已纳税额的差额,为本次(项)股权激励所得的应纳税额。

207. 个人取得非上市企业股权激励所得,怎么计税?

答:个人取得符合规定条件的非上市公司股权激励,经向税务机关备案,可以实行递延纳税,即员工在取得股权激励时暂不纳税,递延至转让该股权时纳税;股权转让时,按照股权转让收入减除股权取得成本以及合理税费后的差额,适用"财产转让所得"项目,按照 20% 的税率计算缴纳个人所得税。根据《财政部、国家税务总局关于完善股权激励和技术入股有关所得税政策的通知》(财税〔2016〕101 号)规定,享受递延纳税政策的,非上市公司股权激励须同时满足以下条件:

(1)属于境内居民企业的股权激励计划;

(2)股权激励计划经公司董事会、股东(大)会审议通过,未设股东(大)会的国有单位,经上级主管部门审核批准;

(3)激励标的应为境内居民企业的本公司股权,其中股权奖励的标的可以是技术成果投资入股到其他境内居民企业所取得的股权;

(4)激励对象应为公司董事会或股东(大)会决定的技术骨干

和高级管理人员,激励对象人数累计不得超过本公司最近 6 个月在职职工平均人数的 30%;

(5)股票(权)期权自授予日起应持有满 3 年,且自行权日起持有满 1 年。限制性股票自授予日起应持有满 3 年,且解禁后持有满 1 年。股权奖励自获得奖励之日起应持有满 3 年;

(6)股票(权)期权自授予日至行权日的时间不得超过 10 年;

(7)实施股权奖励的公司及其奖励股权标的公司所属行业均不属于《股权奖励税收优惠政策限制性行业目录》范围。

凡不符合上述递延纳税条件的,个人应在取得非上市公司股权激励时,参照上市公司股权激励政策执行。

208. 保险营销员、证券经纪人取得佣金收入怎么计税?

答:保险营销员、证券经纪人取得的佣金收入,由展业成本和劳务报酬两部分构成。考虑到保险营销员、证券经纪人在开展业务时,承担一定的展业成本,对其佣金收入全额计税,不尽合理。税制改革前,为支持保险、证券行业健康发展,适当减轻保险营销员、证券经纪人的税负,经商原保监会、证监会同意,将保险营销员、证券经纪人佣金收入的 40% 视为展业成本不予征税。税制改革后,保险营销员、证券经纪人的佣金收入应当依法纳入综合所得,新增加每年 6 万元的减除费用、“三险一金”、专项附加扣除、其他扣除等扣除项目,应纳税所得额的计算发生一定变化,为此,调整了保险营销员、证券经纪人的计税方法,保持税收政策连续稳定。

计税时,保险营销员、证券经纪人取得的佣金收入,以不含增值税的收入减除 20% 的费用后的余额,再减去展业成本以及附加税费后,并入当年综合所得,计算个人所得税。其中,展业成本按照不含增值税的佣金收入减除 20% 费用后余额的 25% 计算。

日常预扣预缴时,综合考虑新旧税制衔接,为最大程度减轻保险营销员、证券经纪人税收负担,依照税法规定,对其取得的佣金收入,按照累计预扣法计算预缴税款。具体计算时,以该纳税人截至当期在单位从业月份的累计收入减除累计减除费用、累计其他扣除后的余额,比照工资、薪金所得预扣率表计算当期应预扣预缴税额。专项扣除和专项附加扣除,在预扣预缴环节暂不扣除,待年度终了后汇算清缴申报时办理。主要考虑是,一方面,依据个人所得税法和实施条例规定,个人取得的劳务报酬,应当在汇算清缴时办理专项附加扣除;另一方面,保险营销员、证券经纪人多为自己缴付"三险一金",支付佣金单位较难掌握这些情况并为其办理扣除;同时,部分保险营销员、证券经纪人还有任职受雇单位,由支付佣金单位办理可能出现重复扣除。

209.个人和单位缴存企业年金、职业年金的税收政策有没有变化?

答:税制改革后,单位和个人缴存企业年金、职业年金的税收政策没有变化,仍然按照《财政部、人力资源社会保障部、国家税务总局关于企业年金职业年金个人所得税有关问题的通知》(财税〔2013〕103 号)的规定执行。

具体规定如下:

(1)企业和事业单位根据国家有关政策规定的办法和标准,为在本单位任职或者受雇的全体职工缴付的企业年金或职业年金单位缴费部分,在计入个人账户时,个人暂不缴纳个人所得税。

(2)个人根据国家有关政策规定缴付的年金个人缴费部分,在不超过本人缴费工资计税基数的 4% 标准内的部分,暂从个人当期的应纳税所得额中扣除。

(3)超过上述第(1)项和第(2)项规定的标准缴付的年金单位缴费和个人缴费部分,应并入个人当期的工资、薪金所得,依法计征个人所得税。税款由建立年金的单位代扣代缴。

210. 个人领取企业年金、职业年金待遇，如何计税？

答：个人达到国家规定的退休年龄，按规定领取的企业年金、职业年金，属于“工资薪金所得”。实施新税制后，个人领取的企业年金、职业年金待遇依法应当并入综合所得按年计税。为避免离退休人员办理汇算清缴带来的税收遵从负担，原则上平移原有计税方法，即对个人领取的企业年金、职业年金待遇由扣缴义务人扣缴税款，单独计算纳税，不计入综合所得，无须办理汇算清缴。实践中，对以下情况，分别处理：

(1)按月领取的，适用月度税率表计算纳税；

(2)按季领取的，平均分摊计入各月，按每月领取额适用月度税率表计算纳税；

(3)按年领取的，适用综合所得税率表计算纳税；

(4)个人因出境定居而一次性领取的年金，或者个人死亡后，其指定的受益人或法定继承人一次性领取的年金，适用综合所得税率表计算纳税。对个人除上述特殊原因外一次性领取年金个人账户资金或余额的，适用月度税率表计算纳税。

211. 个人因与用人单位解除劳动关系取得的一次性补偿收入，如何计税？

答：为维护社会稳定，妥善安置有关人员，对于个人因与用人单位解除劳动关系取得的一次性补偿收入，平移原计税方法，即在当地上年职工平均工资 3 倍数额以内的部分，免征个人所得税；超过 3 倍数额的部分，不并入当年综合所得，单独适用综合所得税率表，计算纳税。

计算公式如下：

应纳税额 = 超过 3 倍以上数额的一次性补偿金 × 适用税率 − 速算扣除数

212. 外籍个人的住房补贴、子女教育费、语言训练费等津补贴,是否继续给予免税优惠?

答:税制改革前,用人单位为外籍个人实报实销或以非现金方式支付的住房补贴、伙食补贴、洗衣费、搬迁费、出差补贴、探亲费,以及外籍个人发生的语言训练费、子女教育费等津补贴免予征收个人所得税。税制改革后,新增的子女教育、住房租金、住房贷款利息等专项附加扣除在内容上与上述相关补贴性质类似。为公平税负、规范税制、统一内外人员待遇,对上述外籍个人的8项补贴设置3年过渡期。即2019年1月1日至2021年12月31日期间,外籍个人符合居民个人条件的,可以选择享受个人所得税专项附加扣除,也可以按照《财政部 国家税务总局关于个人所得税若干政策问题的通知》(财税〔1994〕20号)、《国家税务总局关于外籍个人取得有关补贴征免个人所得税执行问题的通知》(国税发〔1997〕54号)和《财政部、国家税务总局关于外籍个人取得港澳地区住房等补贴征免个人所得税的通知》(财税〔2004〕29号)规定,选择享受住房补贴、语言训练费、子女教育费等津补贴免税优惠政策,但上述两类政策不得同时享受。在一个纳税年度内一经选择,不得变更。

自2022年1月1日起,外籍个人不再享受住房补贴、语言训练费、子女教育费等3项津补贴免税政策。

附录二：

本书涉及的主要法律法规及关联规定索引

一、主要法律法规

中华人民共和国税收征收管理法

（1992年9月4日第七届全国人民代表大会常务委员会第二十七次会议通过　根据1995年2月28日第八届全国人民代表大会常务委员会第十二次会议《关于修改〈中华人民共和国税收征收管理法〉的决定》第一次修正　2001年4月28日第九届全国人民代表大会常务委员会第二十一次会议修订　根据2013年6月29日第十二届全国人民代表大会常务委员会第三次会议《关于修改〈中华人民共和国文物保护法〉等十二部法律的决定》第二次修正　根据2015年4月24日第十二届全国人民代表大会常务委员会第十四次会议《关于修改〈中华人民共和国港口法〉等七部法律的决定》第三次修正）

目　录

第一章　总　　则

第一条　为了加强税收征收管理,规范税收征收和缴纳行为,保障国家税收收入,保护纳税人的合法权益,促进经济和社会发展,制定本法。

第二条　凡依法由税务机关征收的各种税收的征收管理,均适用本法。

第三条　税收的开征、停征以及减税、免税、退税、补税,依照法律的规定执行;法律授权国务院规定的,依照国务院制定的行政法规的规定执行。

任何机关、单位和个人不得违反法律、行政法规的规定,擅自作出税收开征、停征以及减税、免税、退税、补税和其他同税收法律、行政法规相抵触的决定。

第四条　法律、行政法规规定负有纳税义务的单位和个人为纳税人。

法律、行政法规规定负有代扣代缴、代收代缴税款义务的单位和个人为扣缴义务人。

纳税人、扣缴义务人必须依照法律、行政法规的规定缴纳税款、代扣代缴、代收代缴税款。

第五条　国务院税务主管部门主管全国税收征收管理工作。

各地国家税务局和地方税务局应当按照国务院规定的税收征收管理范围分别进行征收管理。

地方各级人民政府应当依法加强对本行政区域内税收征收管理工作的领导或者协调，支持税务机关依法执行职务，依照法定税率计算税额，依法征收税款。

各有关部门和单位应当支持、协助税务机关依法执行职务。

税务机关依法执行职务，任何单位和个人不得阻挠。

第六条 国家有计划地用现代信息技术装备各级税务机关，加强税收征收管理信息系统的现代化建设，建立、健全税务机关与政府其他管理机关的信息共享制度。

纳税人、扣缴义务人和其他有关单位应当按照国家有关规定如实向税务机关提供与纳税和代扣代缴、代收代缴税款有关的信息。

第七条 税务机关应当广泛宣传税收法律、行政法规，普及纳税知识，无偿地为纳税人提供纳税咨询服务。

第八条 纳税人、扣缴义务人有权向税务机关了解国家税收法律、行政法规的规定以及与纳税程序有关的情况。

纳税人、扣缴义务人有权要求税务机关为纳税人、扣缴义务人的情况保密。税务机关应当依法为纳税人、扣缴义务人的情况保密。

纳税人依法享有申请减税、免税、退税的权利。

纳税人、扣缴义务人对税务机关所作出的决定，享有陈述权、申辩权；依法享有申请行政复议、提起行政诉讼、请求国家赔偿等权利。

纳税人、扣缴义务人有权控告和检举税务机关、税务人员的违法违纪行为。

第九条 税务机关应当加强队伍建设，提高税务人员的政治业务素质。

税务机关、税务人员必须秉公执法，忠于职守，清正廉洁，礼貌待人，文明服务，尊重和保护纳税人、扣缴义务人的权利，依法接受监督。

税务人员不得索贿受贿、徇私舞弊、玩忽职守、不征或者少征应征税款；不得滥用职权多征税款或者故意刁难纳税人和扣缴义务人。

第十条 各级税务机关应当建立、健全内部制约和监督管理制度。

上级税务机关应当对下级税务机关的执法活动依法进行监督。

各级税务机关应当对其工作人员执行法律、行政法规和廉洁自律准则的情况进行监督检查。

第十一条 税务机关负责征收、管理、稽查、行政复议的人员的职责应当明确，并相互分离、相互制约。

第十二条 税务人员征收税款和查处税收违法案件，与纳税人、扣缴义务人或者税收违法案件有利害关系的，应当回避。

第十三条 任何单位和个人都有权检举违反税收法律、行政法规的行为。收到检举的机关和负责查处的机关应当为检举人保密。税务机关应当按照规定对检举人给予奖励。

第十四条 本法所称税务机关是指各级税务局、税务分局、税务所和按照国务院规定设立的并向社会公告的税务机构。

第二章 税务管理

第一节 税务登记

第十五条 企业，企业在外地设立的分支机构和从事生产、经营的场所，个体工商户和从事生产、经营的事业单位（以下统称从事生产、经营的纳税人）自领取营业执照之日起三十日内，持有关证件，向税务机关申报办理税务登记。税务机关应当于收到申报的当日办理登记并发给税务登记证件。

工商行政管理机关应当将办理登记注册、核发营业执照的情况，定期向税务机关通报。

本条第一款规定以外的纳税人办理税务登记和扣缴义务人办理扣缴税款登记的范围和办法，由国务院规定。

第十六条 从事生产、经营的纳税人，税务登记内容发生变化的，自工商行政管理机关办理变更登记之日起三十日内或者在向工商行政管理机关申请办理注销登记之前，持有关证件向税务机关申报办理变更或者注销税务登记。

第十七条 从事生产、经营的纳税人应当按照国家有关规定，持税务登记证件，在银行或者其他金融机构开立基本存款帐户和其他存款帐户，并将其全部帐号向税务机关报告。

银行和其他金融机构应当在从事生产、经营的纳税人的帐户中登录税务登记证件号码，并在税务登记证件中登录从事生产、经营的纳税人的帐户帐号。

税务机关依法查询从事生产、经营的纳税人开立帐户的情况时，有关银行和其他金融机构应当予以协助。

第十八条 纳税人按照国务院税务主管部门的规定使用税务登记证件。税务登记证件不得转借、涂改、损毁、买卖或者伪造。

第二节 帐簿、凭证管理

第十九条 纳税人、扣缴义务人按照有关法律、行政法规和国务院财政、税务主管部门的规定设置帐簿，根据合法、有效凭证记帐，进行核算。

第二十条 从事生产、经营的纳税人的财务、会计制度或者财务、会计处理办法和会计核算软件,应当报送税务机关备案。

纳税人、扣缴义务人的财务、会计制度或者财务、会计处理办法与国务院或者国务院财政、税务主管部门有关税收的规定抵触的,依照国务院或者国务院财政、税务主管部门有关税收的规定计算应纳税款、代扣代缴和代收代缴税款。

第二十一条 税务机关是发票的主管机关,负责发票印制、领购、开具、取得、保管、缴销的管理和监督。

单位、个人在购销商品、提供或者接受经营服务以及从事其他经营活动中,应当按照规定开具、使用、取得发票。

发票的管理办法由国务院规定。

第二十二条 增值税专用发票由国务院税务主管部门指定的企业印制;其他发票,按照国务院税务主管部门的规定,分别由省、自治区、直辖市国家税务局、地方税务局指定企业印制。

未经前款规定的税务机关指定,不得印制发票。

第二十三条 国家根据税收征收管理的需要,积极推广使用税控装置。纳税人应当按照规定安装、使用税控装置,不得损毁或者擅自改动税控装置。

第二十四条 从事生产、经营的纳税人、扣缴义务人必须按照国务院财政、税务主管部门规定的保管期限保管帐簿、记帐凭证、完税凭证及其他有关资料。

帐簿、记帐凭证、完税凭证及其他有关资料不得伪造、变造或者擅自损毁。

第三节 纳税申报

第二十五条 纳税人必须依照法律、行政法规规定或者税务机关依照法律、行政法规的规定确定的申报期限、申报内容如实办理纳税申报，报送纳税申报表、财务会计报表以及税务机关根据实际需要要求纳税人报送的其他纳税资料。

扣缴义务人必须依照法律、行政法规规定或者税务机关依照法律、行政法规的规定确定的申报期限、申报内容如实报送代扣代缴、代收代缴税款报告表以及税务机关根据实际需要要求扣缴义务人报送的其他有关资料。

第二十六条 纳税人、扣缴义务人可以直接到税务机关办理纳税申报或者报送代扣代缴、代收代缴税款报告表，也可以按照规定采取邮寄、数据电文或者其他方式办理上述申报、报送事项。

第二十七条 纳税人、扣缴义务人不能按期办理纳税申报或者报送代扣代缴、代收代缴税款报告表的，经税务机关核准，可以延期申报。

经核准延期办理前款规定的申报、报送事项的，应当在纳税期内按照上期实际缴纳的税额或者税务机关核定的税额预缴税款，并在核准的延期内办理税款结算。

第三章 税款征收

第二十八条 税务机关依照法律、行政法规的规定征收税款，不得违反法律、行政法规的规定开征、停征、多征、少征、提前征收、延缓征收或者摊派税款。

农业税应纳税额按照法律、行政法规的规定核定。

第二十九条 除税务机关、税务人员以及经税务机关依照法律、行政法规委托的单位和人员外，任何单位和个人不得进行税款征收活动。

第三十条 扣缴义务人依照法律、行政法规的规定履行代扣、代收税款的义务。对法律、行政法规没有规定负有代扣、代收税款义务的单位和个人，税务机关不得要求其履行代扣、代收税款义务。

扣缴义务人依法履行代扣、代收税款义务时,纳税人不得拒绝。纳税人拒绝的,扣缴义务人应当及时报告税务机关处理。

税务机关按照规定付给扣缴义务人代扣、代收手续费。

第三十一条 纳税人、扣缴义务人按照法律、行政法规规定或者税务机关依照法律、行政法规的规定确定的期限,缴纳或者解缴税款。

纳税人因有特殊困难,不能按期缴纳税款的,经省、自治区、直辖市国家税务局、地方税务局批准,可以延期缴纳税款,但是最长不得超过三个月。

第三十二条 纳税人未按照规定期限缴纳税款的,扣缴义务人未按照规定期限解缴税款的,税务机关除责令限期缴纳外,从滞纳税款之日起,按日加收滞纳税款万分之五的滞纳金。

第三十三条 纳税人依照法律、行政法规的规定办理减税、免税。

地方各级人民政府、各级人民政府主管部门、单位和个人违反法律、行政法规规定,擅自作出的减税、免税决定无效,税务机关不得执行,并向上级税务机关报告。

第三十四条 税务机关征收税款时,必须给纳税人开具完税凭证。扣缴义务人代扣、代收税款时,纳税人要求扣缴义务人开具代扣、代收税款凭证的,扣缴义务人应当开具。

第三十五条 纳税人有下列情形之一的,税务机关有权核定其应纳税额:

(一)依照法律、行政法规的规定可以不设置帐簿的;

(二)依照法律、行政法规的规定应当设置帐簿但未设置的;

(三)擅自销毁帐簿或者拒不提供纳税资料的;

(四)虽设置帐簿,但帐目混乱或者成本资料、收入凭证、费用

凭证残缺不全,难以查帐的;

(五)发生纳税义务,未按照规定的期限办理纳税申报,经税务机关责令限期申报,逾期仍不申报的;

(六)纳税人申报的计税依据明显偏低,又无正当理由的。

税务机关核定应纳税额的具体程序和方法由国务院税务主管部门规定。

第三十六条 企业或者外国企业在中国境内设立的从事生产、经营的机构、场所与其关联企业之间的业务往来,应当按照独立企业之间的业务往来收取或者支付价款、费用;不按照独立企业之间的业务往来收取或者支付价款、费用,而减少其应纳税的收入或者所得额的,税务机关有权进行合理调整。

第三十七条 对未按照规定办理税务登记的从事生产、经营的纳税人以及临时从事经营的纳税人,由税务机关核定其应纳税额,责令缴纳;不缴纳的,税务机关可以扣押其价值相当于应纳税款的商品、货物。扣押后缴纳应纳税款的,税务机关必须立即解除扣押,并归还所扣押的商品、货物;扣押后仍不缴纳应纳税款的,经县以上税务局(分局)局长批准,依法拍卖或者变卖所扣押的商品、货物,以拍卖或者变卖所得抵缴税款。

第三十八条 税务机关有根据认为从事生产、经营的纳税人有逃避纳税义务行为的,可以在规定的纳税期之前,责令限期缴纳应纳税款;在限期内发现纳税人有明显的转移、隐匿其应纳税的商品、货物以及其他财产或者应纳税的收入的迹象的,税务机关可以责成纳税人提供纳税担保。如果纳税人不能提供纳税担保,经县以上税务局(分局)局长批准,税务机关可以采取下列税收保全措施:

(一)书面通知纳税人开户银行或者其他金融机构冻结纳税人的金额相当于应纳税款的存款;

(二)扣押、查封纳税人的价值相当于应纳税款的商品、货物或者其他财产。

纳税人在前款规定的限期内缴纳税款的,税务机关必须立即解除税收保全措施;限期期满仍未缴纳税款的,经县以上税务局(分局)局长批准,税务机关可以书面通知纳税人开户银行或者其他金融机构从其冻结的存款中扣缴税款,或者依法拍卖或者变卖所扣押、查封的商品、货物或者其他财产,以拍卖或者变卖所得抵缴税款。

个人及其所扶养家属维持生活必需的住房和用品,不在税收保全措施的范围之内。

第三十九条 纳税人在限期内已缴纳税款,税务机关未立即解除税收保全措施,使纳税人的合法利益遭受损失的,税务机关应当承担赔偿责任。

第四十条 从事生产、经营的纳税人、扣缴义务人未按照规定的期限缴纳或者解缴税款,纳税担保人未按照规定的期限缴纳所担保的税款,由税务机关责令限期缴纳,逾期仍未缴纳的,经县以上税务局(分局)局长批准,税务机关可以采取下列强制执行措施:

(一)书面通知其开户银行或者其他金融机构从其存款中扣缴税款;

(二)扣押、查封、依法拍卖或者变卖其价值相当于应纳税款的商品、货物或者其他财产,以拍卖或者变卖所得抵缴税款。

税务机关采取强制执行措施时,对前款所列纳税人、扣缴义务人、纳税担保人未缴纳的滞纳金同时强制执行。

个人及其所扶养家属维持生活必需的住房和用品,不在强制执行措施的范围之内。

第四十一条 本法第三十七条、第三十八条、第四十条规定的采取税收保全措施、强制执行措施的权力，不得由法定的税务机关以外的单位和个人行使。

第四十二条 税务机关采取税收保全措施和强制执行措施必须依照法定权限和法定程序，不得查封、扣押纳税人个人及其所扶养家属维持生活必需的住房和用品。

第四十三条 税务机关滥用职权违法采取税收保全措施、强制执行措施，或者采取税收保全措施、强制执行措施不当，使纳税人、扣缴义务人或者纳税担保人的合法权益遭受损失的，应当依法承担赔偿责任。

第四十四条 欠缴税款的纳税人或者他的法定代表人需要出境的，应当在出境前向税务机关结清应纳税款、滞纳金或者提供担保。未结清税款、滞纳金，又不提供担保的，税务机关可以通知出境管理机关阻止其出境。

第四十五条 税务机关征收税款，税收优先于无担保债权，法律另有规定的除外；纳税人欠缴的税款发生在纳税人以其财产设定抵押、质押或者纳税人的财产被留置之前的，税收应当先于抵押权、质权、留置权执行。

纳税人欠缴税款，同时又被行政机关决定处以罚款、没收违法所得的，税收优先于罚款、没收违法所得。

税务机关应当对纳税人欠缴税款的情况定期予以公告。

第四十六条 纳税人有欠税情形而以其财产设定抵押、质押的，应当向抵押权人、质权人说明其欠税情况。抵押权人、质权人可以请求税务机关提供有关的欠税情况。

第四十七条 税务机关扣押商品、货物或者其他财产时，必须开付收据；查封商品、货物或者其他财产时，必须开付清单。

第四十八条 纳税人有合并、分立情形的，应当向税务机关报告，并依法缴清税款。纳税人合并时未缴清税款的，应当由合并后的纳税人继续履行未履行的纳税义务;纳税人分立时未缴清税款的,分立后的纳税人对未履行的纳税义务应当承担连带责任。

第四十九条 欠缴税款数额较大的纳税人在处分其不动产或者大额资产之前,应当向税务机关报告。

第五十条 欠缴税款的纳税人因怠于行使到期债权,或者放弃到期债权,或者无偿转让财产,或者以明显不合理的低价转让财产而受让人知道该情形,对国家税收造成损害的,税务机关可以依照合同法第七十三条、第七十四条的规定行使代位权、撤销权。

税务机关依照前款规定行使代位权、撤销权的,不免除欠缴税款的纳税人尚未履行的纳税义务和应承担的法律责任。

第五十一条 纳税人超过应纳税额缴纳的税款,税务机关发现后应当立即退还;纳税人自结算缴纳税款之日起三年内发现的,可以向税务机关要求退还多缴的税款并加算银行同期存款利息,税务机关及时查实后应当立即退还;涉及从国库中退库的,依照法律、行政法规有关国库管理的规定退还。

第五十二条 因税务机关的责任,致使纳税人、扣缴义务人未缴或者少缴税款的,税务机关在三年内可以要求纳税人、扣缴义务人补缴税款,但是不得加收滞纳金。

因纳税人、扣缴义务人计算错误等失误,未缴或者少缴税款的,税务机关在三年内可以追征税款、滞纳金;有特殊情况的,追征期可以延长到五年。

对偷税、抗税、骗税的,税务机关追征其未缴或者少缴的税款、滞纳金或者所骗取的税款,不受前款规定期限的限制。

第五十三条 国家税务局和地方税务局应当按照国家规定的税收征收管理范围和税款入库预算级次,将征收的税款缴入国库。

对审计机关、财政机关依法查出的税收违法行为，税务机关应当根据有关机关的决定、意见书，依法将应收的税款、滞纳金按照税款入库预算级次缴入国库，并将结果及时回复有关机关。

第四章 税务检查

第五十四条 税务机关有权进行下列税务检查：

（一）检查纳税人的帐簿、记帐凭证、报表和有关资料，检查扣缴义务人代扣代缴、代收代缴税款帐簿、记帐凭证和有关资料；

（二）到纳税人的生产、经营场所和货物存放地检查纳税人应纳税的商品、货物或者其他财产，检查扣缴义务人与代扣代缴、代收代缴税款有关的经营情况；

（三）责成纳税人、扣缴义务人提供与纳税或者代扣代缴、代收代缴税款有关的文件、证明材料和有关资料；

（四）询问纳税人、扣缴义务人与纳税或者代扣代缴、代收代缴税款有关的问题和情况；

（五）到车站、码头、机场、邮政企业及其分支机构检查纳税人托运、邮寄应纳税商品、货物或者其他财产的有关单据、凭证和有关资料；

（六）经县以上税务局（分局）局长批准，凭全国统一格式的检查存款帐户许可证明，查询从事生产、经营的纳税人、扣缴义务人在银行或者其他金融机构的存款帐户。税务机关在调查税收违法案件时，经设区的市、自治州以上税务局（分局）局长批准，可以查询案件涉嫌人员的储蓄存款。税务机关查询所获得的资料，不得用于税收以外的用途。

第五十五条 税务机关对从事生产、经营的纳税人以前纳税期的纳税情况依法进行税务检查时，发现纳税人有逃避纳税义务行为,并有明显的转移、隐匿其应纳税的商品、货物以及其他财产或者应纳税的收入的迹象的,可以按照本法规定的批准权限采取税收保全措施或者强制执行措施。

第五十六条 纳税人、扣缴义务人必须接受税务机关依法进行的税务检查,如实反映情况,提供有关资料,不得拒绝、隐瞒。

第五十七条 税务机关依法进行税务检查时,有权向有关单位和个人调查纳税人、扣缴义务人和其他当事人与纳税或者代扣代缴、代收代缴税款有关的情况,有关单位和个人有义务向税务机关如实提供有关资料及证明材料。

第五十八条 税务机关调查税务违法案件时,对与案件有关的情况和资料,可以记录、录音、录像、照相和复制。

第五十九条 税务机关派出的人员进行税务检查时,应当出示税务检查证和税务检查通知书,并有责任为被检查人保守秘密;未出示税务检查证和税务检查通知书的,被检查人有权拒绝检查。

第五章 法律责任

第六十条 纳税人有下列行为之一的,由税务机关责令限期改正,可以处二千元以下的罚款;情节严重的,处二千元以上一万元以下的罚款:

(一)未按照规定的期限申报办理税务登记、变更或者注销登记的;

(二)未按照规定设置、保管帐簿或者保管记帐凭证和有关资料的;

(三)未按照规定将财务、会计制度或者财务、会计处理办法和会计核算软件报送税务机关备查的;

(四)未按照规定将其全部银行帐号向税务机关报告的;

（五）未按照规定安装、使用税控装置，或者损毁或者擅自改动税控装置的。

纳税人不办理税务登记的，由税务机关责令限期改正；逾期不改正的，经税务机关提请，由工商行政管理机关吊销其营业执照。

纳税人未按照规定使用税务登记证件，或者转借、涂改、损毁、买卖、伪造税务登记证件的，处二千元以上一万元以下的罚款；情节严重的，处一万元以上五万元以下的罚款。

第六十一条 扣缴义务人未按照规定设置、保管代扣代缴、代收代缴税款帐簿或者保管代扣代缴、代收代缴税款记帐凭证及有关资料的，由税务机关责令限期改正，可以处二千元以下的罚款；情节严重的，处二千元以上五千元以下的罚款。

第六十二条 纳税人未按照规定的期限办理纳税申报和报送纳税资料的，或者扣缴义务人未按照规定的期限向税务机关报送代扣代缴、代收代缴税款报告表和有关资料的，由税务机关责令限期改正，可以处二千元以下的罚款；情节严重的，可以处二千元以上一万元以下的罚款。

第六十三条 纳税人伪造、变造、隐匿、擅自销毁帐簿、记帐凭证，或者在帐簿上多列支出或者不列、少列收入，或者经税务机关通知申报而拒不申报或者进行虚假的纳税申报，不缴或者少缴应纳税款的，是偷税。对纳税人偷税的，由税务机关追缴其不缴或者少缴的税款、滞纳金，并处不缴或者少缴的税款百分之五十以上五倍以下的罚款；构成犯罪的，依法追究刑事责任。

扣缴义务人采取前款所列手段，不缴或者少缴已扣、已收税款，由税务机关追缴其不缴或者少缴的税款、滞纳金，并处不缴或者少缴的税款百分之五十以上五倍以下的罚款；构成犯罪的，依法追究刑事责任。

第六十四条 纳税人、扣缴义务人编造虚假计税依据的,由税务机关责令限期改正,并处五万元以下的罚款。

纳税人不进行纳税申报,不缴或者少缴应纳税款的,由税务机关追缴其不缴或者少缴的税款、滞纳金,并处不缴或者少缴的税款百分之五十以上五倍以下的罚款。

第六十五条 纳税人欠缴应纳税款,采取转移或者隐匿财产的手段,妨碍税务机关追缴欠缴的税款的,由税务机关追缴欠缴的税款、滞纳金,并处欠缴税款百分之五十以上五倍以下的罚款;构成犯罪的,依法追究刑事责任。

第六十六条 以假报出口或者其他欺骗手段,骗取国家出口退税款的,由税务机关追缴其骗取的退税款,并处骗取税款一倍以上五倍以下的罚款;构成犯罪的,依法追究刑事责任。

对骗取国家出口退税款的,税务机关可以在规定期间内停止为其办理出口退税。

第六十七条 以暴力、威胁方法拒不缴纳税款的,是抗税,除由税务机关追缴其拒缴的税款、滞纳金外,依法追究刑事责任。情节轻微,未构成犯罪的,由税务机关追缴其拒缴的税款、滞纳金,并处拒缴税款一倍以上五倍以下的罚款。

第六十八条 纳税人、扣缴义务人在规定期限内不缴或者少缴应纳或者应解缴的税款,经税务机关责令限期缴纳,逾期仍未缴纳的,税务机关除依照本法第四十条的规定采取强制执行措施追缴其不缴或者少缴的税款外,可以处不缴或者少缴的税款百分之五十以上五倍以下的罚款。

第六十九条 扣缴义务人应扣未扣、应收而不收税款的,由税务机关向纳税人追缴税款,对扣缴义务人处应扣未扣、应收未收税款百分之五十以上三倍以下的罚款。

第七十条 纳税人、扣缴义务人逃避、拒绝或者以其他方式阻挠税务机关检查的,由税务机关责令改正,可以处一万元以下的罚款;情节严重的,处一万元以上五万元以下的罚款。

第七十一条 违反本法第二十二条规定,非法印制发票的,由税务机关销毁非法印制的发票,没收违法所得和作案工具,并处一万元以上五万元以下的罚款;构成犯罪的,依法追究刑事责任。

第七十二条 从事生产、经营的纳税人、扣缴义务人有本法规定的税收违法行为,拒不接受税务机关处理的,税务机关可以收缴其发票或者停止向其发售发票。

第七十三条 纳税人、扣缴义务人的开户银行或者其他金融机构拒绝接受税务机关依法检查纳税人、扣缴义务人存款帐户,或者拒绝执行税务机关作出的冻结存款或者扣缴税款的决定,或者在接到税务机关的书面通知后帮助纳税人、扣缴义务人转移存款,造成税款流失的,由税务机关处十万元以上五十万元以下的罚款,对直接负责的主管人员和其他直接责任人员处一千元以上一万元以下的罚款。

第七十四条 本法规定的行政处罚,罚款额在二千元以下的,可以由税务所决定。

第七十五条 税务机关和司法机关的涉税罚没收入,应当按照税款入库预算级次上缴国库。

第七十六条 税务机关违反规定擅自改变税收征收管理范围和税款入库预算级次的,责令限期改正,对直接负责的主管人员和其他直接责任人员依法给予降级或者撤职的行政处分。

第七十七条 纳税人、扣缴义务人有本法第六十三条、第六十五条、第六十六条、第六十七条、第七十一条规定的行为涉嫌犯罪的,税务机关应当依法移交司法机关追究刑事责任。

税务人员徇私舞弊,对依法应当移交司法机关追究刑事责任的不移交，情节严重的，依法追究刑事责任。

第七十八条 未经税务机关依法委托征收税款的，责令退还收取的财物，依法给予行政处分或者行政处罚；致使他人合法权益受到损失的，依法承担赔偿责任；构成犯罪的，依法追究刑事责任。

第七十九条 税务机关、税务人员查封、扣押纳税人个人及其所扶养家属维持生活必需的住房和用品的，责令退还，依法给予行政处分；构成犯罪的，依法追究刑事责任。

第八十条 税务人员与纳税人、扣缴义务人勾结，唆使或者协助纳税人、扣缴义务人有本法第六十三条、第六十五条、第六十六条规定的行为，构成犯罪的，依法追究刑事责任；尚不构成犯罪的，依法给予行政处分。

第八十一条 税务人员利用职务上的便利，收受或者索取纳税人、扣缴义务人财物或者谋取其他不正当利益，构成犯罪的，依法追究刑事责任；尚不构成犯罪的，依法给予行政处分。

第八十二条 税务人员徇私舞弊或者玩忽职守，不征或者少征应征税款，致使国家税收遭受重大损失，构成犯罪的，依法追究刑事责任；尚不构成犯罪的，依法给予行政处分。

税务人员滥用职权，故意刁难纳税人、扣缴义务人的，调离税收工作岗位，并依法给予行政处分。

税务人员对控告、检举税收违法违纪行为的纳税人、扣缴义务人以及其他检举人进行打击报复的，依法给予行政处分；构成犯罪的，依法追究刑事责任。

税务人员违反法律、行政法规的规定，故意高估或者低估农业税计税产量，致使多征或者少征税款，侵犯农民合法权益或者损害国家利益，构成犯罪的，依法追究刑事责任；尚不构成犯罪的，依法给予行政处分。

第八十三条 违反法律、行政法规的规定提前征收、延缓征收或者摊派税款的，由其上级机关或者行政监察机关责令改正，对直接负责的主管人员和其他直接责任人员依法给予行政处分。

第八十四条 违反法律、行政法规的规定，擅自作出税收的开征、停征或者减税、免税、退税、补税以及其他同税收法律、行政法规相抵触的决定的，除依照本法规定撤销其擅自作出的决定外，补征应征未征税款，退还不应征收而征收的税款，并由上级机关追究直接负责的主管人员和其他直接责任人员的行政责任；构成犯罪的，依法追究刑事责任。

第八十五条 税务人员在征收税款或者查处税收违法案件时，未按照本法规定进行回避的，对直接负责的主管人员和其他直接责任人员，依法给予行政处分。

第八十六条 违反税收法律、行政法规应当给予行政处罚的行为，在五年内未被发现的，不再给予行政处罚。

第八十七条 未按照本法规定为纳税人、扣缴义务人、检举人保密的，对直接负责的主管人员和其他直接责任人员，由所在单位或者有关单位依法给予行政处分。

第八十八条 纳税人、扣缴义务人、纳税担保人同税务机关在纳税上发生争议时，必须先依照税务机关的纳税决定缴纳或者解缴税款及滞纳金或者提供相应的担保，然后可以依法申请行政复议；对行政复议决定不服的，可以依法向人民法院起诉。

当事人对税务机关的处罚决定、强制执行措施或者税收保全措施不服的，可以依法申请行政复议，也可以依法向人民法院起诉。

当事人对税务机关的处罚决定逾期不申请行政复议也不向人民法院起诉、又不履行的，作出处罚决定的税务机关可以采取本法第四十条规定的强制执行措施，或者申请人民法院强制执行。

第六章　附　　则

第八十九条　纳税人、扣缴义务人可以委托税务代理人代为办理税务事宜。

第九十条　耕地占用税、契税、农业税、牧业税征收管理的具体办法,由国务院另行制定。

关税及海关代征税收的征收管理,依照法律、行政法规的有关规定执行。

第九十一条　中华人民共和国同外国缔结的有关税收的条约、协定同本法有不同规定的,依照条约、协定的规定办理。

第九十二条　本法施行前颁布的税收法律与本法有不同规定的,适用本法规定。

第九十三条　国务院根据本法制定实施细则。

第九十四条　本法自 2001 年 5 月 1 日起施行。

中华人民共和国个人所得税法

（1980年9月10日第五届全国人民代表大会第三次会议通过　根据1993年10月31日第八届全国人民代表大会常务委员会第四次会议《关于修改〈中华人民共和国个人所得税法〉的决定》第一次修正　根据1999年8月30日第九届全国人民代表大会常务委员会第十一次会议《关于修改〈中华人民共和国个人所得税法〉的决定》第二次修正　根据2005年10月27日第十届全国人民代表大会常务委员会第十八次会议《关于修改〈中华人民共和国个人所得税法〉的决定》第三次修正　根据2007年6月29日第十届全国人民代表大会常务委员会第二十八次会议《关于修改〈中华人民共和国个人所得税法〉的决定》第四次修正　根据2007年12月29日第十届全国人民代表大会常务委员会第三十一次会议《关于修改〈中华人民共和国个人所得税法〉的决定》第五次修正　根据2011年6月30日第十一届全国人民代表大会常务委员会第二十一次会议《关于修改〈中华人民共和国个人所得税法〉的决定》第六次修正　根据2018年8月31日第十三届全国人民代表大会常务委员会第五次会议《关于修改〈中华人民共和国个人所得税法〉的决定》第七次修正）

第一条　在中国境内有住所，或者无住所而一个纳税年度内在中国境内居住累计满一百八十三天的个人，为居民个人。居民个人从中国境内和境外取得的所得，依照本法规定缴纳个人所得税。

在中国境内无住所又不居住，或者无住所而一个纳税年度内在中国境内居住累计不满一百八十三天的个人，为非居民个人。非居民个人从中国境内取得的所得，依照本法规定缴纳个人所得税。

纳税年度，自公历一月一日起至十二月三十一日止。

第二条 下列各项个人所得，应当缴纳个人所得税：

（一）工资、薪金所得；

（二）劳务报酬所得；

（三）稿酬所得；

（四）特许权使用费所得；

（五）经营所得；

（六）利息、股息、红利所得；

（七）财产租赁所得；

（八）财产转让所得；

（九）偶然所得。

居民个人取得前款第一项至第四项所得（以下称综合所得），按纳税年度合并计算个人所得税；非居民个人取得前款第一项至第四项所得，按月或者按次分项计算个人所得税。纳税人取得前款第五项至第九项所得，依照本法规定分别计算个人所得税。

第三条 个人所得税的税率：

（一）综合所得，适用百分之三至百分之四十五的超额累进税率（税率表附后）；

（二）经营所得，适用百分之五至百分之三十五的超额累进税率（税率表附后）；

（三）利息、股息、红利所得，财产租赁所得，财产转让所得和偶然所得，适用比例税率，税率为百分之二十。

第四条 下列各项个人所得，免征个人所得税：

（一）省级人民政府、国务院部委和中国人民解放军军以上单位，以及外国组织、国际组织颁发的科学、教育、技术、文化、卫生、体育、环境保护等方面的奖金；

（二）国债和国家发行的金融债券利息；

（三）按照国家统一规定发给的补贴、津贴；

（四）福利费、抚恤金、救济金；

（五）保险赔款；

（六）军人的转业费、复员费、退役金；

（七）按照国家统一规定发给干部、职工的安家费、退职费、基本养老金或者退休费、离休费、离休生活补助费；

（八）依照有关法律规定应予免税的各国驻华使馆、领事馆的外交代表、领事官员和其他人员的所得；

（九）中国政府参加的国际公约、签订的协议中规定免税的所得；

（十）国务院规定的其他免税所得。

前款第十项免税规定，由国务院报全国人民代表大会常务委员会备案。

第五条　有下列情形之一的，可以减征个人所得税，具体幅度和期限，由省、自治区、直辖市人民政府规定，并报同级人民代表大会常务委员会备案：

（一）残疾、孤老人员和烈属的所得；

（二）因自然灾害遭受重大损失的。

国务院可以规定其他减税情形，报全国人民代表大会常务委员会备案。

第六条　应纳税所得额的计算：

（一）居民个人的综合所得，以每一纳税年度的收入额减除费用六万元以及专项扣除、专项附加扣除和依法确定的其他扣除后的余额，为应纳税所得额。

（二）非居民个人的工资、薪金所得，以每月收入额减除费用五千元后的余额为应纳税所得额；劳务报酬所得、稿酬所得、特许权使用费所得，以每次收入额为应纳税所得额。

（三）经营所得，以每一纳税年度的收入总额减除成本、费用以及损失后的余额，为应纳税所得额。

（四）财产租赁所得，每次收入不超过四千元的，减除费用八百元；四千元以上的，减除百分之二十的费用，其余额为应纳税所得额。

（五）财产转让所得，以转让财产的收入额减除财产原值和合理费用后的余额，为应纳税所得额。

（六）利息、股息、红利所得和偶然所得，以每次收入额为应纳税所得额。

劳务报酬所得、稿酬所得、特许权使用费所得以收入减除百分之二十的费用后的余额为收入额。稿酬所得的收入额减按百分之七十计算。

个人将其所得对教育、扶贫、济困等公益慈善事业进行捐赠，捐赠额未超过纳税人申报的应纳税所得额百分之三十的部分，可以从其应纳税所得额中扣除；国务院规定对公益慈善事业捐赠实行全额税前扣除的，从其规定。

本条第一款第一项规定的专项扣除，包括居民个人按照国家规定的范围和标准缴纳的基本养老保险、基本医疗保险、失业保险等社会保险费和住房公积金等；专项附加扣除，包括子女教育、继续教育、大病医疗、住房贷款利息或者住房租金、赡养老人等支出，具体范围、标准和实施步骤由国务院确定，并报全国人民代表大会常务委员会备案。

第七条　居民个人从中国境外取得的所得，可以从其应纳税额中抵免已在境外缴纳的个人所得税税额,但抵免额不得超过该纳税人境外所得依照本法规定计算的应纳税额。

第八条 有下列情形之一的,税务机关有权按照合理方法进行纳税调整:

(一)个人与其关联方之间的业务往来不符合独立交易原则而减少本人或者其关联方应纳税额,且无正当理由;

(二)居民个人控制的,或者居民个人和居民企业共同控制的设立在实际税负明显偏低的国家(地区)的企业,无合理经营需要,对应当归属于居民个人的利润不作分配或者减少分配;

(三)个人实施其他不具有合理商业目的的安排而获取不当税收利益。

税务机关依照前款规定作出纳税调整,需要补征税款的,应当补征税款,并依法加收利息。

第九条 个人所得税以所得人为纳税人,以支付所得的单位或者个人为扣缴义务人。

纳税人有中国公民身份号码的,以中国公民身份号码为纳税人识别号;纳税人没有中国公民身份号码的,由税务机关赋予其纳税人识别号。扣缴义务人扣缴税款时,纳税人应当向扣缴义务人提供纳税人识别号。

第十条 有下列情形之一的,纳税人应当依法办理纳税申报:

(一)取得综合所得需要办理汇算清缴;

(二)取得应税所得没有扣缴义务人;

(三)取得应税所得,扣缴义务人未扣缴税款;

(四)取得境外所得;

(五)因移居境外注销中国户籍;

(六)非居民个人在中国境内从两处以上取得工资、薪金

所得;

(七)国务院规定的其他情形。

扣缴义务人应当按照国家规定办理全员全额扣缴申报,并向纳税人提供其个人所得和已扣缴税款等信息。

第十一条 居民个人取得综合所得,按年计算个人所得税;有扣缴义务人的,由扣缴义务人按月或者按次预扣预缴税款;需要办理汇算清缴的,应当在取得所得的次年三月一日至六月三十日内办理汇算清缴。预扣预缴办法由国务院税务主管部门制定。

居民个人向扣缴义务人提供专项附加扣除信息的,扣缴义务人按月预扣预缴税款时应当按照规定予以扣除,不得拒绝。

非居民个人取得工资、薪金所得,劳务报酬所得,稿酬所得和特许权使用费所得,有扣缴义务人的,由扣缴义务人按月或者按次代扣代缴税款,不办理汇算清缴。

第十二条 纳税人取得经营所得,按年计算个人所得税,由纳税人在月度或者季度终了后十五日内向税务机关报送纳税申报表,并预缴税款;在取得所得的次年三月三十一日前办理汇算清缴。

纳税人取得利息、股息、红利所得,财产租赁所得,财产转让所得和偶然所得,按月或者按次计算个人所得税,有扣缴义务人的,由扣缴义务人按月或者按次代扣代缴税款。

第十三条 纳税人取得应税所得没有扣缴义务人的,应当在取得所得的次月十五日内向税务机关报送纳税申报表,并缴纳税款。

纳税人取得应税所得,扣缴义务人未扣缴税款的,纳税人应当在取得所得的次年六月三十日前,缴纳税款;税务机关通知限期缴纳的,纳税人应当按照期限缴纳税款。

居民个人从中国境外取得所得的,应当在取得所得的次年三月一日至六月三十日内申报纳税。

非居民个人在中国境内从两处以上取得工资、薪金所得的，应当在取得所得的次月十五日内申报纳税。

纳税人因移居境外注销中国户籍的，应当在注销中国户籍前办理税款清算。

第十四条 扣缴义务人每月或者每次预扣、代扣的税款，应当在次月十五日内缴入国库，并向税务机关报送扣缴个人所得税申报表。

纳税人办理汇算清缴退税或者扣缴义务人为纳税人办理汇算清缴退税的，税务机关审核后，按照国库管理的有关规定办理退税。

第十五条 公安、人民银行、金融监督管理等相关部门应当协助税务机关确认纳税人的身份、金融账户信息。教育、卫生、医疗保障、民政、人力资源社会保障、住房城乡建设、公安、人民银行、金融监督管理等相关部门应当向税务机关提供纳税人子女教育、继续教育、大病医疗、住房贷款利息、住房租金、赡养老人等专项附加扣除信息。

个人转让不动产的，税务机关应当根据不动产登记等相关信息核验应缴的个人所得税，登记机构办理转移登记时，应当查验与该不动产转让相关的个人所得税的完税凭证。个人转让股权办理变更登记的，市场主体登记机关应当查验与该股权交易相关的个人所得税的完税凭证。

有关部门依法将纳税人、扣缴义务人遵守本法的情况纳入信用信息系统，并实施联合激励或者惩戒。

第十六条 各项所得的计算，以人民币为单位。所得为人民币以外的货币的，按照人民币汇率中间价折合成人民币缴纳税款。

第十七条 对扣缴义务人按照所扣缴的税款,付给百分之二的手续费。

第十八条 对储蓄存款利息所得开征、减征、停征个人所得税及其具体办法,由国务院规定,并报全国人民代表大会常务委员会备案。

第十九条 纳税人、扣缴义务人和税务机关及其工作人员违反本法规定的,依照《中华人民共和国税收征收管理法》和有关法律法规的规定追究法律责任。

第二十条 个人所得税的征收管理,依照本法和《中华人民共和国税收征收管理法》的规定执行。

第二十一条 国务院根据本法制定实施条例。

第二十二条 本法自公布之日起施行。

个人所得税税率表一(综合所得适用)

级数	全年应纳税所得额	税率(%)
1	不超过 36000 元的	3
2	超过 36000 元至 144000 元的部分	10
3	超过 144000 元至 300000 元的部分	20
4	超过 300000 元至 420000 元的部分	25
5	超过 420000 元至 660000 元的部分	30
6	超过 660000 元至 960000 元的部分	35
7	超过 960000 元的部分	45

(注 1:本表所称全年应纳税所得额是指依照本法第六条的规定,居民个人取得综合所得以每一纳税年度收入额减除费用六万元以及专项扣除、专项附加扣除和依法确定的其他扣除后的余额。

注 2:非居民个人取得工资、薪金所得,劳务报酬所得,稿酬所得和特许权使用费所得,依照本表按月换算后计算应纳税额。)

个人所得税税率表二(经营所得适用)

级数	全年应纳税所得额	税率(%)
1	不超过30000元的	5
2	超过30000元至90000元的部分	10
3	超过90000元至300000元的部分	20
4	超过300000元至500000元的部分	30
5	超过500000元的部分	35

(注:本表所称全年应纳税所得额是指依照本法第六条的规定,以每一纳税年度的收入总额减除成本、费用以及损失后的余额。)

中华人民共和国个人所得税法实施条例

(1994年1月28日中华人民共和国国务院令第142号发布 根据2005年12月19日《国务院关于修改〈中华人民共和国个人所得税法实施条例〉的决定》第一次修订 根据2008年2月18日《国务院关于修改〈中华人民共和国个人所得税法实施条例〉的决定》第二次修订 根据2011年7月19日《国务院关于修改〈中华人民共和国个人所得税法实施条例〉的决定》第三次修订 2018年12月18日中华人民共和国国务院令第707号第四次修订)

第一条 根据《中华人民共和国个人所得税法》(以下简称个人所得税法),制定本条例。

第二条 个人所得税法所称在中国境内有住所,是指因户籍、家庭、经济利益关系而在中国境内习惯性居住;所称从中国境内和境外取得的所得,分别是指来源于中国境内的所得和来源于中国境外的所得。

第三条 除国务院财政、税务主管部门另有规定外,下列所得,不论支付地点是否在中国境内,均为来源于中国境内的所得:

(一)因任职、受雇、履约等在中国境内提供劳务取得的所得;

(二)将财产出租给承租人在中国境内使用而取得的所得;

(三)许可各种特许权在中国境内使用而取得的所得;

(四)转让中国境内的不动产等财产或者在中国境内转让其他财产取得的所得;

(五)从中国境内企业、事业单位、其他组织以及居民个人取得的利息、股息、红利所得。

第四条 在中国境内无住所的个人,在中国境内居住累计满183 天的年度连续不满六年的,经向主管税务机关备案,其来源于中国境外且由境外单位或者个人支付的所得,免予缴纳个人所得税;在中国境内居住累计满 183 天的任一年度中有一次离境超过30 天的,其在中国境内居住累计满 183 天的年度的连续年限重新起算。

第五条 在中国境内无住所的个人,在一个纳税年度内在中国境内居住累计不超过 90 天的,其来源于中国境内的所得,由境外雇主支付并且不由该雇主在中国境内的机构、场所负担的部分,免予缴纳个人所得税。

第六条 个人所得税法规定的各项个人所得的范围:

(一)工资、薪金所得,是指个人因任职或者受雇取得的工资、薪金、奖金、年终加薪、劳动分红、津贴、补贴以及与任职或者受雇有关的其他所得。

(二)劳务报酬所得,是指个人从事劳务取得的所得,包括从事设计、装潢、安装、制图、化验、测试、医疗、法律、会计、咨询、讲学、翻译、审稿、书画、雕刻、影视、录音、录像、演出、表演、广告、展览、技术服务、介绍服务、经纪服务、代办服务以及其他劳务取得的所得。

（三）稿酬所得，是指个人因其作品以图书、报刊等形式出版、发表而取得的所得。

（四）特许权使用费所得，是指个人提供专利权、商标权、著作权、非专利技术以及其他特许权的使用权取得的所得；提供著作权的使用权取得的所得，不包括稿酬所得。

（五）经营所得，是指：

1. 个体工商户从事生产、经营活动取得的所得，个人独资企业投资人、合伙企业的个人合伙人来源于境内注册的个人独资企业、合伙企业生产、经营的所得；

2. 个人依法从事办学、医疗、咨询以及其他有偿服务活动取得的所得；

3. 个人对企业、事业单位承包经营、承租经营以及转包、转租取得的所得；

4. 个人从事其他生产、经营活动取得的所得。

（六）利息、股息、红利所得，是指个人拥有债权、股权等而取得的利息、股息、红利所得。

（七）财产租赁所得，是指个人出租不动产、机器设备、车船以及其他财产取得的所得。

（八）财产转让所得，是指个人转让有价证券、股权、合伙企业中的财产份额、不动产、机器设备、车船以及其他财产取得的所得。

（九）偶然所得，是指个人得奖、中奖、中彩以及其他偶然性质的所得。

个人取得的所得，难以界定应纳税所得项目的，由国务院税务主管部门确定。

第七条 对股票转让所得征收个人所得税的办法,由国务院另行规定,并报全国人民代表大会常务委员会备案。

第八条 个人所得的形式,包括现金、实物、有价证券和其他形式的经济利益;所得为实物的,应当按照取得的凭证上所注明的价格计算应纳税所得额,无凭证的实物或者凭证上所注明的价格明显偏低的,参照市场价格核定应纳税所得额;所得为有价证券的,根据票面价格和市场价格核定应纳税所得额;所得为其他形式的经济利益的,参照市场价格核定应纳税所得额。

第九条 个人所得税法第四条第一款第二项所称国债利息,是指个人持有中华人民共和国财政部发行的债券而取得的利息;所称国家发行的金融债券利息,是指个人持有经国务院批准发行的金融债券而取得的利息。

第十条 个人所得税法第四条第一款第三项所称按照国家统一规定发给的补贴、津贴,是指按照国务院规定发给的政府特殊津贴、院士津贴,以及国务院规定免予缴纳个人所得税的其他补贴、津贴。

第十一条 个人所得税法第四条第一款第四项所称福利费,是指根据国家有关规定,从企业、事业单位、国家机关、社会组织提留的福利费或者工会经费中支付给个人的生活补助费;所称救济金,是指各级人民政府民政部门支付给个人的生活困难补助费。

第十二条 个人所得税法第四条第一款第八项所称依照有关法律规定应予免税的各国驻华使馆、领事馆的外交代表、领事官员和其他人员的所得,是指依照《中华人民共和国外交特权与豁免条例》和《中华人民共和国领事特权与豁免条例》规定免税的所得。

第十三条 个人所得税法第六条第一款第一项所称依法确

定的其他扣除,包括个人缴付符合国家规定的企业年金、职业年金,个人购买符合国家规定的商业健康保险、税收递延型商业养老保险的支出,以及国务院规定可以扣除的其他项目。

专项扣除、专项附加扣除和依法确定的其他扣除,以居民个人一个纳税年度的应纳税所得额为限额;一个纳税年度扣除不完的,不结转以后年度扣除。

第十四条 个人所得税法第六条第一款第二项、第四项、第六项所称每次,分别按照下列方法确定:

(一)劳务报酬所得、稿酬所得、特许权使用费所得,属于一次性收入的,以取得该项收入为一次;属于同一项目连续性收入的,以一个月内取得的收入为一次。

(二)财产租赁所得,以一个月内取得的收入为一次。

(三)利息、股息、红利所得,以支付利息、股息、红利时取得的收入为一次。

(四)偶然所得,以每次取得该项收入为一次。

第十五条 个人所得税法第六条第一款第三项所称成本、费用,是指生产、经营活动中发生的各项直接支出和分配计入成本的间接费用以及销售费用、管理费用、财务费用;所称损失,是指生产、经营活动中发生的固定资产和存货的盘亏、毁损、报废损失,转让财产损失,坏账损失,自然灾害等不可抗力因素造成的损失以及其他损失。

取得经营所得的个人,没有综合所得的,计算其每一纳税年度的应纳税所得额时,应当减除费用6万元、专项扣除、专项附加扣除以及依法确定的其他扣除。专项附加扣除在办理汇算清缴时减除。

从事生产、经营活动,未提供完整、准确的纳税资料,不能正确计算应纳税所得额的,由主管税务机关核定应纳税所得额或者应纳税额。

第十六条 个人所得税法第六条第一款第五项规定的财产原值,按照下列方法确定:

(一)有价证券,为买入价以及买入时按照规定交纳的有关费用;

(二)建筑物,为建造费或者购进价格以及其他有关费用;

(三)土地使用权,为取得土地使用权所支付的金额、开发土地的费用以及其他有关费用;

(四)机器设备、车船,为购进价格、运输费、安装费以及其他有关费用。

其他财产,参照前款规定的方法确定财产原值。

纳税人未提供完整、准确的财产原值凭证,不能按照本条第一款规定的方法确定财产原值的,由主管税务机关核定财产原值。

个人所得税法第六条第一款第五项所称合理费用,是指卖出财产时按照规定支付的有关税费。

第十七条 财产转让所得,按照一次转让财产的收入额减除财产原值和合理费用后的余额计算纳税。

第十八条 两个以上的个人共同取得同一项目收入的,应当对每个人取得的收入分别按照个人所得税法的规定计算纳税。

第十九条 个人所得税法第六条第三款所称个人将其所得对教育、扶贫、济困等公益慈善事业进行捐赠,是指个人将其所得通过中国境内的公益性社会组织、国家机关向教育、扶贫、济困等公益慈善事业的捐赠;所称应纳税所得额,是指计算扣除捐赠额之前的应纳税所得额。

第二十条 居民个人从中国境内和境外取得的综合所得、经营所得,应当分别合并计算应纳税额;从中国境内和境外取得的其他所得,应当分别单独计算应纳税额。

第二十一条 个人所得税法第七条所称已在境外缴纳的个人所得税税额,是指居民个人来源于中国境外的所得,依照该所得来源国家(地区)的法律应当缴纳并且实际已经缴纳的所得税税额。

个人所得税法第七条所称纳税人境外所得依照本法规定计算的应纳税额,是居民个人抵免已在境外缴纳的综合所得、经营所得以及其他所得的所得税税额的限额(以下简称抵免限额)。除国务院财政、税务主管部门另有规定外,来源于中国境外一个国家(地区)的综合所得抵免限额、经营所得抵免限额以及其他所得抵免限额之和,为来源于该国家(地区)所得的抵免限额。

居民个人在中国境外一个国家(地区)实际已经缴纳的个人所得税税额,低于依照前款规定计算出的来源于该国家(地区)所得的抵免限额的,应当在中国缴纳差额部分的税款;超过来源于该国家(地区)所得的抵免限额的,其超过部分不得在本纳税年度的应纳税额中抵免,但是可以在以后纳税年度来源于该国家(地区)所得的抵免限额的余额中补扣。补扣期限最长不得超过五年。

第二十二条 居民个人申请抵免已在境外缴纳的个人所得税税额,应当提供境外税务机关出具的税款所属年度的有关纳税凭证。

第二十三条 个人所得税法第八条第二款规定的利息,应当按照税款所属纳税申报期最后一日中国人民银行公布的与补税期间同期的人民币贷款基准利率计算,自税款纳税申报期满次日起至补缴税款期限届满之日止按日加收。纳税人在补缴税款期限届满前补缴税款的,利息加收至补缴税款之日。

第二十四条 扣缴义务人向个人支付应税款项时,应当依照个人所得税法规定预扣或者代扣税款，按时缴库，并专项记载备查。

前款所称支付，包括现金支付、汇拨支付、转账支付和以有价证券、实物以及其他形式的支付。

第二十五条 取得综合所得需要办理汇算清缴的情形包括：

（一）从两处以上取得综合所得，且综合所得年收入额减除专项扣除的余额超过6万元；

（二）取得劳务报酬所得、稿酬所得、特许权使用费所得中一项或者多项所得，且综合所得年收入额减除专项扣除的余额超过6万元；

（三）纳税年度内预缴税额低于应纳税额；

（四）纳税人申请退税。

纳税人申请退税，应当提供其在中国境内开设的银行账户，并在汇算清缴地就地办理税款退库。

汇算清缴的具体办法由国务院税务主管部门制定。

第二十六条 个人所得税法第十条第二款所称全员全额扣缴申报，是指扣缴义务人在代扣税款的次月十五日内，向主管税务机关报送其支付所得的所有个人的有关信息、支付所得数额、扣除事项和数额、扣缴税款的具体数额和总额以及其他相关涉税信息资料。

第二十七条 纳税人办理纳税申报的地点以及其他有关事项的具体办法，由国务院税务主管部门制定。

第二十八条 居民个人取得工资、薪金所得时，可以向扣缴义务人提供专项附加扣除有关信息，由扣缴义务人扣缴税款时减除专项附加扣除。纳税人同时从两处以上取得工资、薪金所得，并由扣缴义务人减除专项附加扣除的，对同一专项附加扣除项目,在一个纳税年度内只能选择从一处取得的所得中减除。

居民个人取得劳务报酬所得、稿酬所得、特许权使用费所得,应当在汇算清缴时向税务机关提供有关信息,减除专项附加扣除。

第二十九条 纳税人可以委托扣缴义务人或者其他单位和个人办理汇算清缴。

第三十条 扣缴义务人应当按照纳税人提供的信息计算办理扣缴申报,不得擅自更改纳税人提供的信息。

纳税人发现扣缴义务人提供或者扣缴申报的个人信息、所得、扣缴税款等与实际情况不符的,有权要求扣缴义务人修改。扣缴义务人拒绝修改的,纳税人应当报告税务机关,税务机关应当及时处理。

纳税人、扣缴义务人应当按照规定保存与专项附加扣除相关的资料。税务机关可以对纳税人提供的专项附加扣除信息进行抽查,具体办法由国务院税务主管部门另行规定。税务机关发现纳税人提供虚假信息的,应当责令改正并通知扣缴义务人;情节严重的,有关部门应当依法予以处理,纳入信用信息系统并实施联合惩戒。

第三十一条 纳税人申请退税时提供的汇算清缴信息有错误的,税务机关应当告知其更正;纳税人更正的,税务机关应当及时办理退税。

扣缴义务人未将扣缴的税款解缴入库的,不影响纳税人按照规定申请退税,税务机关应当凭纳税人提供的有关资料办理退税。

第三十二条 所得为人民币以外货币的,按照办理纳税申报或者扣缴申报的上一月最后一日人民币汇率中间价,折合成人民币计算应纳税所得额。年度终了后办理汇算清缴的,对已经按月、按季或者按次预缴税款的人民币以外货币所得,不再重新折算;对应当补缴税款的所得部分,按照上一纳税年度最后一日人民币汇率中间价,折合成人民币计算应纳税所得额。

第三十三条 税务机关按照个人所得税法第十七条的规定付给扣缴义务人手续费,应当填开退还书;扣缴义务人凭退还书,按照国库管理有关规定办理退库手续。

第三十四条 个人所得税纳税申报表、扣缴个人所得税报告表和个人所得税完税凭证式样,由国务院税务主管部门统一制定。

第三十五条 军队人员个人所得税征收事宜,按照有关规定执行。

第三十六条 本条例自2019年1月1日起施行。

二、关联规定索引

关于继续有效的个人所得税优惠政策目录的公告(财政部、税务总局公告2018年第177号)

(本文件内容详见第23~32页,第四条【免税项目】)

关于个人所得税法修改后有关优惠政策衔接问题的通知(2018年12月27日　财税〔2018〕164号)

(本文件内容详见第58~63页,第六条【应纳税所得额】)

个人所得税专项附加扣除暂行办法(2018年12月13日　国发〔2018〕41号)

(本文件内容详见第64~69页,第六条【应纳税所得额】)

关于2018年第四季度个人所得税减除费用和税率适用问题的通知(2018年9月7日　财税〔2018〕98号)

(本文件内容详见第70~71页,第六条【应纳税所得额】)

关于全面实施新个人所得税法若干征管衔接问题的公告(2018年12月19日　国家税务总局公告2018年第56号)

(本文件内容详见第125~127页,第十一条【综合所得申报和缴纳】)

国家税务总局关于自然人纳税人识别号有关事项的公告(2018年12月17日　国家税务总局公告2018年第59号)

(本文件内容详见第102~103页,第九条【纳税人、扣缴义务人】)

个人所得税专项附加扣除操作办法(试行)(2018年12月21日　国家税务总局公告2018年第60号)

(本文件内容详见第127~134页,第十一条【综合所得申报和缴纳】)

个人所得税扣缴申报管理办法(试行)(2018年12月21日　国家税务总局公告2018年第61号)

(本文件内容详见第109~114页,第十条【自行纳税申报、全员全额扣缴申报】)

关于个人所得税自行纳税申报有关问题的公告(2018年12月21日　国家税务总局公告2018年第62号)

(本文件内容详见第114~118页,第十条【自行纳税申报、全员全额扣缴申报】)

个体工商户个人所得税计税办法(2018年6月15日修正)

(本文件内容详见第71~78页,第六条【应纳税所得额】)

个体工商户税收定期定额征收管理办法（2018年6月15日修正）

（本文件内容详见第78～84页，第六条【应纳税所得额】）

个体工商户建账管理暂行办法（2018年6月15日修正）

（本文件内容详见第163～166页，第二十条【征收管理】）

境外所得个人所得税征收管理暂行办法（2018年6月15日修正）

（本文件主要内容详见第166～167页，第二十条【征收管理】。其他内容：第二条至第四条详见第4～5页，个税法第一条【征税范围】；第五条、第六条、第十一条详见第84页，个税法第六条【应纳税所得额】；第七至第九条详见第103页，个税法第九条【纳税人、扣缴义务人】；第十条详见第143～144页，个税法第十三条【五种情形自行申报期限】；第十二条详见第93页，个税法第七条【境外已纳税额抵免】；第十三条详见第161～162页，个税法第十九条【法律责任】）

广告市场个人所得税征收管理暂行办法（2018年6月15日修正）

（本文件主要内容详见第167～168页，第二十条【征收管理】。其他内容：第三条、第四条详见第104页，个税法第九条【纳税人、扣缴义务人】；第五条详见第11页，个税法第二条【应税所得项目】；第六条、第七条详见第84页，个税法第六条【应纳税所得额】；第八条详见第140～141页，个税法第十二条【分类所得申报和缴纳】）

建筑安装业个人所得税征收管理暂行办法（2018年6月15日修正）

（本文件主要内容详见第168～169页，第二十条【征收管理】。其他内容:第三条详见第 11 页,个税法第二条【应税所得项目】;第二条、第八条至第十条详见第 104 页,个税法第九条【纳税人、扣缴义务人】;第十一条、第十二条详见第 141 页,个税法第十二条【分类所得申报和缴纳】;第十三条详见第 153 页,个税法第十七条【扣缴手续费】)

演出市场个人所得税征收管理暂行办法(2018 年 6 月 15 日修正)

(本文件主要内容详见第 169 ~ 170 页,第二十条【征收管理】。其他内容:第二条、第三条、第七条、第八条、第十条详见第 105 页,个税法第九条【纳税人、扣缴义务人】;第六条详见第 11 ~ 12 页,个税法第二条【应税所得项目】;第十一条、第十五条详见第 85 页,个税法第六条【应纳税所得额】;第十二条、第十三条详见第 134 页,个税法第十一条【综合所得申报和缴纳】;第十六条、第十七条详见第 162 页,个税法第十九条【法律责任】)

机动出租车驾驶员个人所得税征收管理暂行办法(2018 年 6 月 15 日修正)

(本文件主要内容详见第 170 ~ 171 页,第二十条【征收管理】。其他内容:第二条至第四条详见第 106 页,个税法第九条【纳税人、扣缴义务人】;第六条详见第 12 页,个税法第二条【应税所得项目】;第七条、第八条详见第 85 页,个税法第六条【应纳税所得额】;第九条详见第 162 页,个税法第十九条【法律责任】;第十条详见第 134 页,个税法第十一条【综合所得申报和缴纳】;第十一条详见第 153 页,个税法第十七条【扣缴手续费】)

附录三：

个人所得税最新申报表单

一、个人所得税专项附加扣除信息表及填表说明

个人所得税专项附加扣除信息表

填报日期：　年　月　日　　　　扣除年度：

纳税人姓名：　　　　纳税人识别号：□□□□□□□□□□□□□□□□□□□□□□□

纳税人信息	手机号码				电子邮箱	
	联系地址				配偶情况	□有配偶　□无配偶
纳税人配偶信息	姓名		身份证件类型		身份证件号码	□□□□□□□□□□□□□□□□□□□□□□
一、子女教育						
较上次报送信息是否发生变化：□首次报送（请填写全部信息）　□无变化（不需重新填写）　□有变化（请填写发生变化项目的信息）						
子女一	姓名		身份证件类型		身份证件号码	□□□□□□□□□□□□□□□□□□□□□□
	出生日期		当前受教育阶段	□学前教育阶段　□义务教育　□高中阶段教育　□高等教育		
	当前受教育阶段起始时间	年　月	当前受教育阶段结束时间	年　月	子女教育终止时间 *不再受教育时填写	年　月
	就读国家（或地区）		就读学校		本人扣除比例	□100%（全额扣除）　□50%（平均扣除）
子女二	姓名		身份证件类型		身份证件号码	□□□□□□□□□□□□□□□□□□□□□□
	出生日期		当前受教育阶段	□学前教育阶段　□义务教育　□高中阶段教育　□高等教育		
	当前受教育阶段起始时间	年　月	当前受教育阶段结束时间	年　月	子女教育终止时间 *不再受教育时填写	年　月
	就读国家（或地区）		就读学校		本人扣除比例	□100%（全额扣除）　□50%（平均扣除）

续表

二、继续教育						
较上次报送信息是否发生变化：□首次报送（请填写全部信息） □无变化（不需重新填写） □有变化（请填写发生变化项目的信息）						
学历（学位）继续教育	当前继续教育起始时间	年 月	当前继续教育结束时间	年 月	学历（学位）继续教育阶段	□专科 □本科 □硕士研究生 □博士研究生 □其他
职业资格继续教育	职业资格继续教育类型	□技能人员 □专业技术人员			证书名称	
	证书编号		发证机关		发证（批准）日期	
三、住房贷款利息						
较上次报送信息是否发生变化：□首次报送（请填写全部信息） □无变化（不需重新填写） □有变化（请填写发生变化项目的信息）						
房屋信息	住房坐落地址	省（区、市） 市 县（区） 街道（乡、镇）				
	产权证号/不动产登记号/商品房买卖合同号/预售合同号					
房贷信息	本人是否借款人	□是 □否			是否婚前各自首套贷款，且婚后分别扣除50%	□是 □否
	公积金贷款丨贷款合同编号					
	贷款期限（月）				首次还款日期	
	商业贷款丨贷款合同编号				贷款银行	
	贷款期限（月）				首次还款日期	
四、住房租金						
较上次报送信息是否发生变化：□首次报送（请填写全部信息） □无变化（不需重新填写） □有变化（请填写发生变化项目的信息）						
房屋信息	住房坐落地址	省（区、市） 市 县（区） 街道（乡、镇）				
租赁情况	出租方（个人）姓名		身份证件类型		身份证件号码	□□□□□□□□□□□□□□□□□□
	出租方（单位）名称				纳税人识别号（统一社会信用代码）	
	主要工作城市（*填写市一级）				住房租赁合同编号（非必填）	
	租赁期起				租赁期止	

续表

五、赡养老人						
较上次报送信息是否发生变化： □首次报送（请填写全部信息） □无变化（不需重新填写） □有变化（请填写发生变化项目的信息）						
纳税人身份		□独生子女 □非独生子女				
被赡养人一	姓名		身份证件类型		身份证件号码	□□□□□□□□□□□□□□□□□□□□
	出生日期		与纳税人关系	□父亲 □母亲 □其他		
被赡养人二	姓名		身份证件类型		身份证件号码	□□□□□□□□□□□□□□□□□□□□
	出生日期		与纳税人关系	□父亲 □母亲 □其他		
共同赡养人信息	姓名		身份证件类型		身份证件号码	□□□□□□□□□□□□□□□□□□□□
	姓名		身份证件类型		身份证件号码	□□□□□□□□□□□□□□□□□□□□
	姓名		身份证件类型		身份证件号码	□□□□□□□□□□□□□□□□□□□□
	姓名		身份证件类型		身份证件号码	□□□□□□□□□□□□□□□□□□□□
分摊方式 *独生子女不需填写		□平均分摊 □赡养人约定分摊 □被赡养人指定分摊			本年度月扣除金额	
六、大病医疗（仅限综合所得年度汇算清缴申报时填写）						
较上次报送信息是否发生变化： □首次报送（请填写全部信息） □无变化（不需重新填写） □有变化（请填写发生变化项目的信息）						
患者一	姓名		身份证件类型		身份证件号码	□□□□□□□□□□□□□□□□□□□□
	医药费用总金额		个人负担金额		与纳税人关系	□本人 □配偶 □未成年子女
患者二	姓名		身份证件类型		身份证件号码	□□□□□□□□□□□□□□□□□□□□
	医药费用总金额		个人负担金额		与纳税人关系	□本人 □配偶 □未成年子女
需要在任职受雇单位预扣预缴工资、薪金所得个人所得税时享受专项附加扣除的，填写本栏						
重要提示：当您填写本栏，表示您已同意该任职受雇单位使用本表信息为您办理专项附加扣除。						
扣缴义务人名称					扣缴义务人纳税人识别号（统一社会信用代码）	□□□□□□□□□□□□□□□□□□□□

本人承诺： 我已仔细阅读了填表说明，并根据《中华人民共和国个人所得税法》及其实施条例、《个人所得税专项附加扣除暂行办法》《个人所得税专项附加扣除操作办法（试行）》等相关法律法规规定填写本表。本人已就所填的扣除信息进行了核对，并对所填内容的真实性、准确性、完整性负责。

纳税人签字： 年 月 日

扣缴义务人签章： 经办人签字： 接收日期： 年 月 日	代理机构签章： 代理机构统一社会信用代码： 经办人签字： 经办人身份证件号码：	受理人： 受理税务机关（章）： 受理日期： 年 月 日

国家税务总局监制

《个人所得税专项附加扣除信息表》填表说明

一、填表须知

本表根据《中华人民共和国个人所得税法》及其实施条例、《个人所得税专项附加扣除暂行办法》《个人所得税专项附加扣除操作办法(试行)》等法律法规有关规定制定。

(一)纳税人按享受的专项附加扣除情况填报对应栏次;纳税人不享受的项目,无需填报。纳税人未填报的项目,默认为不享受。

(二)较上次报送信息是否发生变化:纳税人填报本表时,对各专项附加扣除,首次报送的,在"首次报送"前的框内划"√"。继续报送本表且无变化的,在"无变化"前的框内划"√";发生变化的,在"有变化"前的框内划"√",并填写发生变化的扣除项目信息。

(三)身份证件号码应从左向右顶格填写,位数不满 18 位的,需在空白格处划"/"。

(四)如各类扣除项目的表格篇幅不够,可另附多张《个人所得税专项附加扣除信息表》。

二、适用范围

(一)本表适用于享受子女教育、继续教育、大病医疗、住房贷款利息或住房租金、赡养老人六项专项附加扣除的自然人纳税人填写。选择在工资、薪金所得预扣预缴个人所得税时享受的,纳税人填写后报送至扣缴义务人;选择在年度汇算清缴申报时享受专项附加扣除的,纳税人填写后报送至税务机关。

(二)纳税人首次填报专项附加扣除信息时,应将本人所涉及的专项附加扣除信息表内各信息项填写完整。纳税人相关信息发生变化的,应及时更新此表相关信息项,并报送至扣缴义务人或税务机关。纳税人在以后纳税年度继续申报扣除的,应对扣除事项有无变化进行确认。

三、各栏填写说明

(一)表头项目

填报日期:纳税人填写本表时的日期。

扣除年度:填写纳税人享受专项附加扣除的所属年度。

纳税人姓名:填写自然人纳税人姓名。

纳税人识别号:纳税人有中国居民身份证的,填写公民身份号码;没有公民身份号码的,填写税务机关赋予的纳税人识别号。

(二)表内基础信息栏

纳税人信息:填写纳税人有效的手机号码、电子邮箱、联系地址。其中,手机号码为必填项。

纳税人配偶信息:纳税人有配偶的填写本栏,没有配偶的则不填。具体填写纳税人配偶的姓名、有效身份证件名称及号码。

(三)表内各栏

1. 子女教育

子女姓名、身份证件类型及号码:填写纳税人子女的姓名、有效身份证件名称及号码。

出生日期:填写纳税人子女的出生日期,具体到年月日。

当前受教育阶段:选择纳税人子女当前的受教育阶段。区分“学前教育阶段、义务教育、高中阶段教育、高等教育”四种情形,在对应框内打“√”。

当前受教育阶段起始时间:填写纳税人子女处于当前受教育阶段的起始时间,具体到年月。

当前受教育阶段结束时间:纳税人子女当前受教育阶段的结束时间或预计结束的时间,具体到年月。

子女教育终止时间:填写纳税人子女不再接受符合子女教育

扣除条件的学历教育的时间,具体到年月。

就读国家(或地区)、就读学校:填写纳税人子女就读的国家或地区名称、学校名称。

本人扣除比例:选择可扣除额度的分摊比例,由本人全额扣除的,选择"100%",分摊扣除的,选"50%",在对应框内打"√"。

2. 继续教育

当前继续教育起始时间:填写接受当前学历(学位)继续教育的起始时间,具体到年月。

当前继续教育结束时间:填写接受当前学历(学位)继续教育的结束时间,或预计结束的时间,具体到年月。

学历(学位)继续教育阶段:区分"专科、本科、硕士研究生、博士研究生、其他"四种情形,在对应框内打"√"。

职业资格继续教育类型:区分"技能人员、专业技术人员"两种类型,在对应框内打"√"。证书名称、证书编号、发证机关、发证(批准)日期:填写纳税人取得的继续教育职业资格证书上注明的证书名称、证书编号、发证机关及发证(批准)日期。

3. 住房贷款利息

住房坐落地址:填写首套贷款房屋的详细地址,具体到楼门号。

产权证号/不动产登记号/商品房买卖合同号/预售合同号:填写首套贷款房屋的产权证、不动产登记证、商品房买卖合同或预售合同中的相应号码。如所购买住房已取得房屋产权证的,填写产权证号或不动产登记号;所购住房尚未取得房屋产权证的,填写商品房买卖合同号或预售合同号。

本人是否借款人:按实际情况选择"是"或"否",并在对应框内打"√"。本人是借款人的情形,包括本人独立贷款、与配偶共同贷款的情形。如果选择"否",则表头位置须填写配偶信息。

是否婚前各自首套贷款,且婚后分别扣除 50% :按实际情况选择“是”或“否”,并在对应框内打“√”。该情形是指夫妻双方在婚前各有一套首套贷款住房,婚后选择按夫妻双方各 50% 份额扣除的情况。不填默认为“否”。

公积金贷款|贷款合同编号:填写公积金贷款的贷款合同编号。

商业贷款|贷款合同编号:填写与金融机构签订的住房商业贷款合同编号。

贷款期限(月):填写住房贷款合同上注明的贷款期限,按月填写。

首次还款日期:填写住房贷款合同上注明的首次还款日期。

贷款银行:填写商业贷款的银行总行名称。

4. 住房租金

住房坐落地址:填写纳税人租赁房屋的详细地址,具体到楼门号。

出租方(个人)姓名、身份证件类型及号码:租赁房屋为个人的,填写本栏。具体填写住房租赁合同中的出租方姓名、有效身份证件名称及号码。

出租方(单位)名称、纳税人识别号(统一社会信用代码):租赁房屋为单位所有的,填写单位法定名称全称及纳税人识别号(统一社会信用代码)。

主要工作城市:填写纳税人任职受雇的直辖市、计划单列市、副省级城市、地级市(地区、州、盟)。无任职受雇单位的,填写其办理汇算清缴地所在城市。

住房租赁合同编号(非必填):填写签订的住房租赁合同编号。

租赁期起、租赁期止:填写纳税人住房租赁合同上注明的租赁起、止日期，具体到年月。提前终止合同(协议)的，以实际租赁期限为准。

5. 赡养老人

纳税人身份：区分"独生子女、非独生子女"两种情形，并在对应框内打"√"。

被赡养人姓名、身份证件类型及号码：填写被赡养人的姓名、有效证件名称及号码。

被赡养人出生日期：填写被赡养人的出生日期，具体到年月。

与纳税人关系：按被赡养人与纳税人的关系填报，区分"父亲、母亲、其他"三种情形，在对应框内打"√"。

共同赡养人：纳税人为非独生子女时填写本栏，独生子女无须填写。填写与纳税人实际承担共同赡养义务的人员信息，包括姓名、身份证件类型及号码。

分摊方式：纳税人为非独生子女时填写本栏，独生子女无须填写。区分"平均分摊、赡养人约定分摊、被赡养人指定分摊"三种情形，并在对应框内打"√"。

本年度月扣除金额：填写扣除年度内，按政策规定计算的纳税人每月可以享受的赡养老人专项附加扣除的金额。

6. 大病医疗

患者姓名、身份证件类型及号码：填写享受大病医疗专项附加扣除的患者姓名、有效证件名称及号码。

医药费用总金额：填写社会医疗保险管理信息系统记录的与基本医保相关的医药费用总金额。

个人负担金额：填写社会医疗保险管理信息系统记录的基本医保目录范围内扣除医保报销后的个人自付部分。

与纳税人关系：按患者与纳税人的关系填报，区分"本人、配偶或未成年子女"三种情形，在对应框内打"√"。

7. 扣缴义务人信息

纳税人选择由任职受雇单位办理专项附加扣除的填写本栏。

扣缴义务人名称、纳税人识别号(统一社会信用代码):纳税人由扣缴义务人在工资、薪金所得预扣预缴个人所得税时办理专项附加扣除的,填写扣缴义务人名称全称及纳税人识别号或统一社会信用代码。

(四)签字(章)栏次

“声明”栏:需由纳税人签字。

“扣缴义务人签章”栏:扣缴单位向税务机关申报的,应由扣缴单位签章,办理申报的经办人签字,并填写接收专项附加扣除信息的日期。

“代理机构签章”栏:代理机构代为办理纳税申报的,应填写代理机构统一社会信用代码,加盖代理机构签章,代理申报的经办人签字,并填写经办人身份证件号码。

纳税人或扣缴义务人委托专业机构代为办理专项附加扣除的,需代理机构签章。

“受理机关”栏:由受理机关填写。

二、个人所得税基础信息表（A 表）及填表说明

个人所得税基础信息表（A 表）

（适用于扣缴义务人填报）

扣缴义务人名称：

扣缴义务人纳税人识别号（统一社会信用代码）：□□□□□□□□□□□□□□□□□□

序号	纳税人基本信息（带＊必填）						任职受雇从业信息					联系方式					银行账户		投资信息		其他信息		华侨、港澳台、外籍个人信息（带＊必填）					备注
	纳税人识别号	＊纳税人姓名	＊身份证件类型	＊身份证件号码	＊出生日期	＊国籍/地区	类型	职务	学历	任职受雇从业日期	离职日期	手机号码	户籍所在地	经常居住地	联系地址	电子邮箱	开户银行	银行账号	投资额（元）	投资比例	是否残疾/孤老/烈属	残疾/烈属证号	＊出生地	＊性别	＊首次入境时间	＊预计离境时间	＊涉税事由	
1	2	3	4	5	6	7	8	9	10	11	12	13	14	15	16	17	18	19	20	21	22	23	24	25	26	27	28	29

续表

<table>
<tr><td colspan="2">谨声明：本表是根据国家税收法律法规及相关规定填报的，是真实的、可靠的、完整的。

扣缴义务人(签章)：　　　　年　　月　日</td></tr>
<tr><td>经办人签字：
经办人身份证件号码：
代理机构签章：
代理机构统一社会信用代码：</td><td>受理人：

受理税务机关(章)：
受理日期：　　　年　　月　　日</td></tr>
</table>

国家税务总局监制

《个人所得税基础信息表(A 表)》填表说明

一、适用范围

本表由扣缴义务人填报。适用于扣缴义务人办理全员全额扣缴申报时,填报其支付所得的纳税人的基础信息。

二、报送期限

扣缴义务人首次向纳税人支付所得,或者纳税人相关基础信息发生变化的,应当填写本表,并于次月扣缴申报时向税务机关报送。

三、本表各栏填写

本表带“ * ”项目分为必填和条件必填,其余项目为选填。

(一)表头项目

1. 扣缴义务人名称:填写扣缴义务人的法定名称全称。

2. 扣缴义务人纳税人识别号(统一社会信用代码):填写扣缴义务人的纳税人识别号或者统一社会信用代码。

(二)表内各栏

1. 第 2 ~7 列“纳税人基本信息”:填写纳税人姓名、证件等基本信息。

(1)第 2 列“纳税人识别号”:有中国公民身份号码的,填写中华人民共和国居民身份证上载明的“公民身份号码”;没有中国公民身份号码的,填写税务机关赋予的纳税人识别号。

(2)第 3 列“纳税人姓名”:填写纳税人姓名。外籍个人英文姓名按照“先姓(surname)后名(given name)”的顺序填写,确实无法区分姓和名的,按照证件上的姓名顺序填写。

(3)第 4 列“身份证件类型”:根据纳税人实际情况填写。

①有中国公民身份号码的,应当填写《中华人民共和国居民身份证》(简称“居民身份证”)。

②华侨应当填写《中华人民共和国护照》(简称“中国护照”)。

③港澳居民可选择填写《港澳居民来往内地通行证》(简称“港澳居民通行证”)或者《中华人民共和国港澳居民居住证》(简称“港澳居民居住证”);台湾居民可选择填写《台湾居民来往大陆通行证》(简称“台湾居民通行证”)或者《中华人民共和国台湾居民居住证》(简称“台湾居民居住证”)。

④外籍人员可选择填写《中华人民共和国外国人永久居留身份证》(简称“外国人永久居留证”)、《中华人民共和国外国人工作许可证》(简称“外国人工作许可证”)或者“外国护照”。

⑤其他符合规定的情形填写“其他证件”。

身份证件类型选择“港澳居民居住证”的,应当同时填写“港澳居民通行证”;身份证件类型选择“台湾居民居住证”的,应当同时填写“台湾居民通行证”;身份证件类型选择“外国人永久居留证”或者“外国人工作许可证”的,应当同时填写“外国护照”。

(4)第 5 ~ 6 列“身份证件号码”“出生日期”:根据纳税人身份证件上的信息填写。

(5)第 7 列“国籍/地区”:填写纳税人所属的国籍或者地区。

2. 第 8 ~ 12 列“任职受雇从业信息”:填写纳税人与扣缴义务人之间的任职受雇从业信息。

(1)第 8 列“类型”:根据实际情况填写“雇员”“保险营销员”“证券经纪人”或者“其他”。

(2)第 9 ~ 12 列“职务”“学历”“任职受雇从业日期”“离职日期”:其中,当第 9 列“类型”选择“雇员”“保险营销员”或者“证券经纪人”时,填写纳税人与扣缴义务人建立或者解除相应劳动或者劳务关系的日期。

3. 第 13 ~ 17 列“联系方式”:

(1)第13列“手机号码”:填写纳税人境内有效手机号码。

(2)第14~16列“户籍所在地”“经常居住地”“联系地址”:填写纳税人境内有效户籍所在地、经常居住地或者联系地址,按以下格式填写(具体到门牌号):________省(区、市)________市________区(县)________街道(乡、镇)________。

(3)第17列“电子邮箱”:填写有效的电子邮箱。

4.第18~19列“银行账户”:填写个人境内有效银行账户信息,开户银行填写到银行总行。

5.第20~21列“投资信息”:纳税人为扣缴单位的股东、投资者的,填写本栏。

6.第22~23列“其他信息”:如纳税人有“残疾、孤老、烈属”情况的,填写本栏。

7.第24~28列“华侨、港澳台、外籍个人信息”:纳税人为华侨、港澳台居民、外籍个人的填写本栏。

(1)第24列“出生地”:填写华侨、港澳台居民、外籍个人的出生地,具体到国家或者地区。

(2)第26~27列“首次入境时间”“预计离境时间”:填写华侨、港澳台居民、外籍个人首次入境和预计离境的时间,具体到年月日。预计离境时间发生变化的,应及时进行变更。

(3)第28列“涉税事由”:填写华侨、港澳台居民、外籍个人在境内涉税的具体事由,包括“任职受雇”“提供临时劳务”“转让财产”“从事投资和经营活动”“其他”。如有多项事由的,应同时填写。

四、其他事项说明

以纸质方式报送本表的,应当一式两份,扣缴义务人、税务机关各留存一份。

三、个人所得税基础信息表(B表)及填表说明

个人所得税基础信息表(B表)

(适用于自然人填报)

纳税人识别号:□□□□□□□□□□□□□□□□□□□□

基本信息(带*必填)					
基本信息	*纳税人姓名	中文名		英文名	
	*身份证件	证件类型一		证件号码	
		证件类型二		证件号码	
	*国籍/地区			*出生日期	年　月　日
联系方式	户籍所在地	省(区、市)　市　区(县)　街道(乡、镇)______			
	经常居住地	省(区、市)　市　区(县)　街道(乡、镇)______			
	联系地址	省(区、市)　市　区(县)　街道(乡、镇)______			
	*手机号码			电子邮箱	
其他信息	开户银行			银行账号	
	学历	□研究生　□大学本科　□大学本科以下			
	特殊情形	□残疾　残疾证号______　□烈属　烈属证号______　□孤老			

续表

任职、受雇、从业信息						
任职受雇从业单位一	名称		国家/地区			
	纳税人识别号（统一社会信用代码）		任职受雇从业日期	年 月	离职日期	年 月
	类型	□雇员 □保险营销员 □证券经纪人 □其他	职务	□高层 □其他		
任职受雇从业单位二	名称		国家/地区			
	纳税人识别号（统一社会信用代码）		任职受雇从业日期	年 月	离职日期	年 月
	类型	□雇员 □保险营销员 □证券经纪人 □其他	职务	□高层 □其他		
该栏仅由投资者纳税人填写						
被投资单位一	名称		国家/地区			
	纳税人识别号（统一社会信用代码）		投资额（元）		投资比例	
被投资单位二	名称		国家/地区			
	纳税人识别号（统一社会信用代码）		投资额（元）		投资比例	

续表

该栏仅由华侨、港澳台、外籍个人填写（带＊必填）			
＊出生地		＊首次入境时间	年 月 日
＊性别		＊预计离境时间	年 月 日
＊涉税事由	□任职受雇 □提供临时劳务 □转让财产 □从事投资和经营活动 □其他		
谨声明：本表是根据国家税收法律法规及相关规定填报的，是真实的、可靠的、完整的。 纳税人（签字）： 年 月 日			
经办人签字： 经办人身份证件号码： 代理机构签章： 代理机构统一社会信用代码：		受理人： 受理税务机关（章）： 受理日期： 年 月 日	

国家税务总局监制

《个人所得税基础信息表（B表）》填表说明

一、适用范围

本表适用于自然人纳税人基础信息的填报。

二、报送期限

自然人纳税人初次向税务机关办理相关涉税事宜时填报本表；初次申报后，以后仅需在信息发生变化时填报。

三、本表各栏填写

本表带“＊”的项目为必填或者条件必填，其余项目为选填。

（一）表头项目

纳税人识别号：有中国公民身份号码的，填写中华人民共和国居民身份证上载明的“公民身份号码”；没有中国公民身份号码的，填写税务机关赋予的纳税人识别号。

（二）表内各栏

1. 基本信息：

（1）纳税人姓名：填写纳税人姓名。外籍个人英文姓名按照“先姓（surname）后名（given name）”的顺序填写，确实无法区分姓和名的，按照证件上的姓名顺序填写。

（2）身份证件：填写纳税人有效的身份证件类型及号码。

“证件类型一”按以下原则填写：

①有中国公民身份号码的，应当填写《中华人民共和国居民身份证》（简称“居民身份证”）。

②华侨应当填写《中华人民共和国护照》（简称“中国护照”）。

③港澳居民可选择填写《港澳居民来往内地通行证》（简称“港澳居民通行证”）或者《中华人民共和国港澳居民居住证》（简称“港澳居民居住证”）；台湾居民可选择填写《台湾居民来往大陆

通行证》(简称“台湾居民通行证”)或者《中华人民共和国台湾居民居住证》(简称“台湾居民居住证”)。

④外籍个人可选择填写《中华人民共和国外国人永久居留身份证》(简称“外国人永久居留证”)、《中华人民共和国外国人工作许可证》(简称“外国人工作许可证”)或者“外国护照”。

⑤其他符合规定的情形填写“其他证件”。

“证件类型二”按以下原则填写:证件类型一选择“港澳居民居住证”的,证件类型二应当填写“港澳居民通行证”;证件类型一选择“台湾居民居住证”的,证件类型二应当填写“台湾居民通行证”;证件类型一选择“外国人永久居留证”或者“外国人工作许可证”的,证件类型二应当填写“外国护照”。证件类型一已选择“居民身份证”“中国护照”“港澳居民通行证”“台湾居民通行证”或“外国护照”,证件类型二可不填。

(3)国籍/地区:填写纳税人所属的国籍或地区。

(4)出生日期:根据纳税人身份证件上的信息填写。

(5)户籍所在地、经常居住地、联系地址:填写境内地址信息,至少填写一项。有居民身份证的,“户籍所在地”“经常居住地”必须填写其中之一。

(6)手机号码、电子邮箱:填写境内有效手机号码,港澳台、外籍个人可以选择境内有效手机号码或电子邮箱中的一项填写。

(7)开户银行、银行账号:填写有效的个人银行账户信息,开户银行填写到银行总行。

(8)特殊情形:纳税人为残疾、烈属、孤老的,填写本栏。残疾、烈属人员还需填写残疾/烈属证件号码。

2. 任职、受雇、从业信息:填写纳税人任职受雇从业的有关信息。其中,中国境内无住所个人有境外派遣单位的,应在本栏除填写境内任职受雇从业单位、境内受聘签约单位情况外,还应一并填写境外派遣单位相关信息。填写境外派遣单位时,其纳税人识别号(社会统一信用代码)可不填。

3. 投资者纳税人填写栏:由自然人股东、投资者填写。没有,则不填。

(1)名称:填写被投资单位名称全称。

(2)纳税人识别号(统一社会信用代码):填写被投资单位纳税人识别号或者统一社会信用代码。

(3)投资额:填写自然人股东、投资者在被投资单位投资的投资额(股本)。

(4)投资比例:填写自然人股东、投资者的投资额占被投资单位投资(股本)的比例。

4. 华侨、港澳台、外籍个人信息:华侨、港澳台居民、外籍个人填写本栏。

(1)出生地:填写华侨、港澳台居民、外籍个人的出生地,具体到国家或者地区。

(2)首次入境时间、预计离境时间:填写华侨、港澳台居民、外籍个人首次入境和预计离境的时间,具体到年月日。预计离境时间发生变化的,应及时进行变更。

(3)涉税事由:填写华侨、港澳台居民、外籍个人在境内涉税的具体事由,在相应事由处划"√"。如有多项事由的,同时勾选。

四、其他事项说明

以纸质方式报送本表的,应当一式两份,纳税人、税务机关各留存一份。

四、个人所得税扣缴申报表及填表说明

个人所得税扣缴申报表

税款所属期：　　年　月　日至　　年　月　日

扣缴义务人名称：

扣缴义务人纳税人识别号（统一社会信用代码）：□□□□□□□□□□□□□□□□□□□□□□□□□□　　金额单位：人民币元（列至角分）

序号	姓名	身份证件类型	身份证件号码	纳税人识别号	是否为非居民个人	所得项目	本月（次）情况														累计情况									减按计税比例	准予扣除的捐赠额	税款计算							备注
							收入额计算			减除费用	专项扣除				其他扣除						累计收入额	累计减除费用	累计专项扣除	累计专项附加扣除					累计其他扣除										
							收入	费用	免税收入		基本养老保险费	基本医疗保险费	失业保险费	住房公积金	年金	商业健康保险	税延养老保险	财产原值	允许扣除的税费	其他				子女教育	赡养老人	住房贷款利息	住房租金	继续教育				应纳税所得额	税率/预扣率	速算扣除数	应纳税额	减免税额	已缴税额	应补/退税额	
1	2	3	4	5	6	7	8	9	10	11	12	13	14	15	16	17	18	19	20	21	22	23	24	25	26	27	28	29	30	31	32	33	34	35	36	37	38	39	40
合计																																							

续表

<table>
<tr><td colspan="2">谨声明：本表是根据国家税收法律法规及相关规定填报的，是真实的、可靠的、完整的。

扣缴义务人(签章)：　　　　　　　　年　　月　　日</td></tr>
<tr><td>经办人签字：
经办人身份证件号码：
代理机构签章：
代理机构统一社会信用代码：</td><td>受理人：

受理税务机关(章)：
受理日期：　　　年　　月　　日</td></tr>
</table>

国家税务总局监制

《个人所得税扣缴申报表》填表说明

一、适用范围

本表适用于扣缴义务人向居民个人支付工资、薪金所得，劳务报酬所得，稿酬所得和特许权使用费所得的个人所得税全员全额预扣预缴申报；向非居民个人支付工资、薪金所得，劳务报酬所得，稿酬所得和特许权使用费所得的个人所得税全员全额扣缴申报；以及向纳税人（居民个人和非居民个人）支付利息、股息、红利所得，财产租赁所得，财产转让所得和偶然所得的个人所得税全员全额扣缴申报。

二、报送期限

扣缴义务人应当在每月或者每次预扣、代扣税款的次月15日内，将已扣税款缴入国库，并向税务机关报送本表。

三、本表各栏填写

（一）表头项目

1. 税款所属期：填写扣缴义务人预扣、代扣税款当月的第1日至最后1日。如：2019年3月20日发放工资时代扣的税款，税款所属期填写“2019年3月1日至2019年3月31日”。

2. 扣缴义务人名称：填写扣缴义务人的法定名称全称。

3. 扣缴义务人纳税人识别号（统一社会信用代码）：填写扣缴义务人的纳税人识别号或者统一社会信用代码。

（二）表内各栏

1. 第2列“姓名”：填写纳税人姓名。

2. 第3列“身份证件类型”：填写纳税人有效的身份证件名称。中国公民有中华人民共和国居民身份证的，填写居民身份证；没有居民身份证的，填写中华人民共和国护照、港澳居民来往内地通行证或者港澳居民居住证、台湾居民通行证或者台湾居民居住证、外国人永久居留身份证、外国人工作许可证或者护照等。

3. 第 4 列“身份证件号码”：填写纳税人有效身份证件上载明的证件号码。

4. 第 5 列“纳税人识别号”：有中国公民身份号码的，填写中华人民共和国居民身份证上载明的“公民身份号码”；没有中国公民身份号码的，填写税务机关赋予的纳税人识别号。

5. 第 6 列“是否为非居民个人”：纳税人为居民个人的填“否”。为非居民个人的，根据合同、任职期限、预期工作时间等不同情况，填写“是，且不超过 90 天”或者“是，且超过 90 天不超过 183 天”。不填默认为“否”。

其中，纳税人为非居民个人的，填写“是，且不超过 90 天”的，当年在境内实际居住超过 90 天的次月 15 日内，填写“是，且超过 90 天不超过 183 天”。

6. 第 7 列“所得项目”：填写纳税人取得的个人所得税法第二条规定的应税所得项目名称。同一纳税人取得多项或者多次所得的，应分行填写。

7. 第 8 ~ 21 列“本月（次）情况”：填写扣缴义务人当月（次）支付给纳税人的所得，以及按规定各所得项目当月（次）可扣除的减除费用、专项扣除、其他扣除等。其中，工资、薪金所得预扣预缴个人所得税时扣除的专项附加扣除，按照纳税年度内纳税人在该任职受雇单位截至当月可享受的各专项附加扣除项目的扣除总额，填写至“累计情况”中第 25 ~ 29 列相应栏，本月情况中则无须填写。

（1）“收入额计算”：包含“收入”“费用”“免税收入”。收入额 = 第 8 列 − 第 9 列 − 第 10 列。

①第 8 列“收入”：填写当月（次）扣缴义务人支付给纳税人所得的总额。

②第 9 列“费用”:取得劳务报酬所得、稿酬所得、特许权使用费所得时填写,取得其他各项所得时无须填写本列。居民个人取得上述所得,每次收入不超过 4000 元的,费用填写“800”元;每次收入 4000 元以上的,费用按收入的 20% 填写。非居民个人取得劳务报酬所得、稿酬所得、特许权使用费所得,费用按收入的 20% 填写。

③第 10 列“免税收入”:填写纳税人各所得项目收入总额中,包含的税法规定的免税收入金额。其中,税法规定“稿酬所得的收入额减按 70% 计算”,对稿酬所得的收入额减计的 30% 部分,填入本列。

(2)第 11 列“减除费用”:按税法规定的减除费用标准填写。如,2019 年纳税人取得工资、薪金所得按月申报时,填写 5000 元。纳税人取得财产租赁所得,每次收入不超过 4000 元的,填写 800 元;每次收入 4000 元以上的,按收入的 20% 填写。

(3)第 12 ~ 15 列“专项扣除”:分别填写按规定允许扣除的基本养老保险费、基本医疗保险费、失业保险费、住房公积金(以下简称“三险一金”)的金额。

(4)第 16 ~ 21 列“其他扣除”:分别填写按规定允许扣除的项目金额。

8. 第 22 ~ 30 列“累计情况”:本栏适用于居民个人取得工资、薪金所得,保险营销员、证券经纪人取得佣金收入等按规定采取累计预扣法预扣预缴税款时填报。

(1)第 22 列“累计收入额”:填写本纳税年度截至当前月份,扣缴义务人支付给纳税人的工资、薪金所得,或者支付给保险营销员、证券经纪人的劳务报酬所得的累计收入额。

(2)第 23 列“累计减除费用”:按照 5000 元/月乘以纳税人当年在本单位的任职受雇或者从业的月份数计算。

(3)第 24 列“累计专项扣除”:填写本年度截至当前月份,按规定允许扣除的“三险一金”的累计金额。

(4)第 25 ~29 列“累计专项附加扣除”:分别填写截至当前月份,纳税人按规定可享受的子女教育、赡养老人、住房贷款利息或者住房租金、继续教育扣除的累计金额。大病医疗扣除由纳税人在年度汇算清缴时办理,此处无须填报。

(5)第 30 列“累计其他扣除”:填写本年度截至当前月份,按规定允许扣除的年金(包括企业年金、职业年金)、商业健康保险、税延养老保险及其他扣除项目的累计金额。

9. 第 31 列“减按计税比例”:填写按规定实行应纳税所得额减计税收优惠的减计比例。无减计规定的,可不填,系统默认为 100% 。如,某项税收政策实行减按 60% 计入应纳税所得额,则本列填 60% 。

10. 第 32 列“准予扣除的捐赠额”:是指按照税法及相关法规、政策规定,可以在税前扣除的捐赠额。

11. 第 33 ~39 列“税款计算”:填写扣缴义务人当月扣缴个人所得税款的计算情况。

(1)第 33 列“应纳税所得额”:根据相关列次计算填报。

①居民个人取得工资、薪金所得,填写累计收入额减除累计减除费用、累计专项扣除、累计专项附加扣除、累计其他扣除后的余额。

②非居民个人取得工资、薪金所得,填写收入额减去减除费用后的余额。

③居民个人或者非居民个人取得劳务报酬所得、稿酬所得、特许权使用费所得,填写本月(次)收入额减除其他扣除后的余额。

保险营销员、证券经纪人取得的佣金收入,填写累计收入额减除累计减除费用、累计其他扣除后的余额。

④居民个人或者非居民个人取得利息、股息、红利所得和偶然所得，填写本月（次）收入额。

⑤居民个人或者非居民个人取得财产租赁所得，填写本月（次）收入额减去减除费用、其他扣除后的余额。

⑥居民个人或者非居民个人取得财产转让所得，填写本月（次）收入额减除财产原值、允许扣除的税费后的余额。

其中，适用“减按计税比例”的所得项目，其应纳税所得额按上述方法计算后乘以减按计税比例的金额填报。

按照税法及相关法规、政策规定，可以在税前扣除的捐赠额，可以按上述方法计算后从应纳税所得额中扣除。

（2）第34～35列“税率/预扣率”“速算扣除数”：填写各所得项目按规定适用的税率（或预扣率）和速算扣除数。没有速算扣除数的，则不填。

（3）第36列“应纳税额”：根据相关列次计算填报。第36列=第33列×第34列－第35列。

（4）第37列“减免税额”：填写符合税法规定可减免的税额，并附报《个人所得税减免税事项报告表》。居民个人工资、薪金所得，以及保险营销员、证券经纪人取得佣金收入，填写本年度累计减免税额；居民个人取得工资、薪金以外的所得或非居民个人取得各项所得，填写本月（次）减免税额。

（5）第38列“已缴税额”：填写本年或本月（次）纳税人同一所得项目，已由扣缴义务人实际扣缴的税款金额。

（6）第39列“应补/退税额”：根据相关列次计算填报。第39列=第36列－第37列－第38列。

四、其他事项说明

以纸质方式报送本表的，应当一式两份，扣缴义务人、税务机关各留存一份。

五、个人所得税自行纳税申报表(A 表)及填表说明

个人所得税自行纳税申报表(A 表)

税款所属期：　　　年　　月　　日至　　　年　　月　　日

纳税人姓名：

纳税人识别号：□□□□□□□□□□□□□□□□□□

金额单位：人民币元(列至角分)

<table>
<tr><td colspan="2">自行申报情形</td><td colspan="11">□居民个人取得应税所得，扣缴义务人未扣缴税款
□非居民个人取得应税所得，扣缴义务人未扣缴税款
□非居民个人在中国境内从两处以上取得工资、薪金所得
□其他______</td><td colspan="2">是否为非居民个人</td><td>□是
□否</td><td colspan="2">非居民个人本年度境内居住天数</td><td colspan="5">□不超过 90 天
□超过 90 天不超过 183 天</td></tr>
<tr><td rowspan="2">序号</td><td rowspan="2">所得项目</td><td colspan="3">收入额计算</td><td rowspan="2">减除费用</td><td colspan="4">专项扣除</td><td colspan="3">其他扣除</td><td rowspan="2">减按计税比例</td><td rowspan="2">准予扣除的捐赠额</td><td colspan="7">税款计算</td><td rowspan="2">备注</td></tr>
<tr><td>收入</td><td>费用</td><td>免税收入</td><td>基本养老保险费</td><td>基本医疗保险费</td><td>失业保险费</td><td>住房公积金</td><td>财产原值</td><td>允许扣除的税费</td><td>其他</td><td>应纳税所得额</td><td>税率</td><td>速算扣除数</td><td>应纳税额</td><td>减免税额</td><td>已缴税额</td><td>应补/退税额</td></tr>
<tr><td>1</td><td>2</td><td>3</td><td>4</td><td>5</td><td>6</td><td>7</td><td>8</td><td>9</td><td>10</td><td>11</td><td>12</td><td>13</td><td>14</td><td>15</td><td>16</td><td>17</td><td>18</td><td>19</td><td>20</td><td>21</td><td>22</td><td>23</td></tr>
<tr><td></td><td></td><td></td><td></td><td></td><td></td><td></td><td></td><td></td><td></td><td></td><td></td><td></td><td></td><td></td><td></td><td></td><td></td><td></td><td></td><td></td><td></td><td></td></tr>
<tr><td></td><td></td><td></td><td></td><td></td><td></td><td></td><td></td><td></td><td></td><td></td><td></td><td></td><td></td><td></td><td></td><td></td><td></td><td></td><td></td><td></td><td></td><td></td></tr>
<tr><td></td><td></td><td></td><td></td><td></td><td></td><td></td><td></td><td></td><td></td><td></td><td></td><td></td><td></td><td></td><td></td><td></td><td></td><td></td><td></td><td></td><td></td><td></td></tr>
<tr><td></td><td></td><td></td><td></td><td></td><td></td><td></td><td></td><td></td><td></td><td></td><td></td><td></td><td></td><td></td><td></td><td></td><td></td><td></td><td></td><td></td><td></td><td></td></tr>
<tr><td></td><td></td><td></td><td></td><td></td><td></td><td></td><td></td><td></td><td></td><td></td><td></td><td></td><td></td><td></td><td></td><td></td><td></td><td></td><td></td><td></td><td></td><td></td></tr>
</table>

续表

<table>
<tr><td colspan="2">谨声明:本表是根据国家税收法律法规及相关规定填报的,是真实的、可靠的、完整的。

纳税人签字:　　　　　　年　　月　　日</td></tr>
<tr><td>经办人签字:
经办人身份证件号码:
代理机构签章:
代理机构统一社会信用代码:</td><td>受理人:

受理税务机关(章):
受理日期:　　　年　　月　　日</td></tr>
</table>

国家税务总局监制

《个人所得税自行纳税申报表(A表)》填表说明

一、适用范围

本表适用于居民个人取得应税所得,扣缴义务人未扣缴税款,非居民个人取得应税所得扣缴义务人未扣缴税款,非居民个人在中国境内从两处以上取得工资、薪金所得等情形在办理自行纳税申报时,向税务机关报送。

二、报送期限

(一)居民个人取得应税所得扣缴义务人未扣缴税款,应当在取得所得的次年6月30日前办理纳税申报。税务机关通知限期缴纳的,纳税人应当按照期限缴纳税款。

(二)非居民个人取得应税所得,扣缴义务人未扣缴税款的,应当在取得所得的次年6月30日前办理纳税申报。非居民个人在次年6月30日前离境(临时离境除外)的,应当在离境前办理纳税申报。

(三)非居民个人在中国境内从两处以上取得工资、薪金所得的,应当在取得所得的次月15日内办理纳税申报。

(四)其他需要纳税人办理自行申报的情形,按规定的申报期限办理。

三、本表各栏填写

(一)表头项目

1. 税款所属期:填写纳税人取得所得应纳个人所得税款的所属期间,填写具体的起止年月日。

2. 纳税人姓名:填写自然人纳税人姓名。

3. 纳税人识别号:有中国公民身份号码的,填写中华人民共和国居民身份证上载明的“公民身份号码”;没有中国公民身份号码的,填写税务机关赋予的纳税人识别号。

(二)表内各栏

1."自行申报情形":纳税人根据自身情况在对应框内打"√"。选择"其他"的,应当填写具体自行申报情形。

2."是否为非居民个人":非居民个人选"是",居民个人选"否"。不填默认为"否"。

3."非居民个人本年度境内居住天数":非居民个人根据合同、任职期限、预期工作时间等不同情况,填写"不超过90天"或者"超过90天不超过183天"。

4.第2列"所得项目":按照个人所得税法第二条规定的项目填写。纳税人取得多项所得或者多次取得所得的,分行填写。

5.第3~5列"收入额计算":包含"收入""费用""免税收入"。收入额=第3列-第4列-第5列。

(1)第3列"收入":填写纳税人实际取得所得的收入总额。

(2)第4列"费用":取得劳务报酬所得、稿酬所得、特许权使用费所得时填写,取得其他各项所得时无须填写本列。非居民个人取得劳务报酬所得、稿酬所得、特许权使用费所得,费用按收入的20%填写。

(3)第5列"免税收入":填写符合税法规定的免税收入金额。其中,税法规定"稿酬所得的收入额减按70%计算",对减计的30%部分,填入本列。

6.第6列"减除费用":按税法规定的减除费用标准填写。

7.第7~10列"专项扣除":分别填写按规定允许扣除的基本养老保险费、基本医疗保险费、失业保险费、住房公积金的金额。

8.第11~13列"其他扣除":包含"财产原值""允许扣除的税费""其他",分别填写按照税法规定当月(次)允许扣除的金额。

(1)第11列"财产原值":纳税人取得财产转让所得时填写本栏。

(2)第 12 列“允许扣除的税费”:填写按规定可以在税前扣除的税费。

①纳税人取得劳务报酬所得时,填写劳务发生过程中实际缴纳的可依法扣除的税费。

②纳税人取得特许权使用费所得时,填写提供特许权过程中发生的中介费和实际缴纳的可依法扣除的税费。

③纳税人取得财产租赁所得时,填写修缮费和出租财产过程中实际缴纳的可依法扣除的税费。

④纳税人取得财产转让所得时,填写转让财产过程中实际缴纳的可依法扣除的税费。

(3)第 13 列“其他”:填写按规定其他可以在税前扣除的项目。

9. 第 14 列“减按计税比例”:填写按规定实行应纳税所得额减计税收优惠的减计比例。无减计规定的,则不填,系统默认为 100%。如,某项税收政策实行减按 60% 计入应纳税所得额,则本列填 60%。

10. 第 15 列“准予扣除的捐赠额”:是指按照税法及相关法规、政策规定,可以在税前扣除的捐赠额。

11. 第 16 列“应纳税所得额”:根据相关列次计算填报。

12. 第 17 ~ 18 列“税率”“速算扣除数”:填写所得项目按规定适用的税率和速算扣除数。所得项目没有速算扣除数的,则不填。

13. 第 19 列“应纳税额”:根据相关列次计算填报。第 19 列 = 第 16 列 × 第 17 列 - 第 18 列。

14. 第 20 列“减免税额”:填写符合税法规定的可以减免的税额,并附报《个人所得税减免税事项报告表》。

15. 第 21 列“已缴税额”:填写纳税人当期已实际缴纳或者被

扣缴的个人所得税税款。

16. 第22列"应补/退税额":根据相关列次计算填报。第22列=第19列-第20列-第21列。

四、其他事项说明

以纸质方式报送本表的,应当一式两份,纳税人、税务机关各留存一份。

六、个人所得税年度自行纳税申报表及填表说明

个人所得税年度自行纳税申报表

税款所属期: 年 月 日至 年 月 日
纳税人姓名:
纳税人识别号:□□□□□□□□□□□□□□□□□□□□□□□□

金额单位:人民币元(列至角分)

项目	行次	金额
一、收入合计(1=2+3+4+5)	1	
(一)工资、薪金所得	2	
(二)劳务报酬所得	3	
(三)稿酬所得	4	
(四)特许权使用费所得	5	
二、费用合计	6	
三、免税收入合计	7	
四、减除费用	8	
五、专项扣除合计(9=10+11+12+13)	9	
(一)基本养老保险费	10	
(二)基本医疗保险费	11	
(三)失业保险费	12	
(四)住房公积金	13	
六、专项附加扣除合计(14=15+16+17+18+19+20)	14	
(一)子女教育	15	
(二)继续教育	16	

续表

项目	行次	金额
（三）大病医疗	17	
（四）住房贷款利息	18	
（五）住房租金	19	
（六）赡养老人	20	
七、其他扣除合计（21 = 22 + 23 + 24 + 25 + 26）	21	
（一）年金	22	
（二）商业健康保险	23	
（三）税延养老保险	24	
（四）允许扣除的税费	25	
（五）其他	26	
八、准予扣除的捐赠额	27	
九、应纳税所得额（28 = 1 - 6 - 7 - 8 - 9 - 14 - 21 - 27）	28	
十、税率（%）	29	
十一、速算扣除数	30	
十二、应纳税额（31 = 28 × 29 - 30）	31	
十三、减免税额	32	
十四、已缴税额	33	
十五、应补/退税额（34 = 31 - 32 - 33）	34	

无住所个人附报信息			
在华停留天数		已在华停留年数	

谨声明：本表是根据国家税收法律法规及相关规定填报的，是真实的、可靠的、完整的。 纳税人签字：　　　　年　　月　　日	
经办人签字： 经办人身份证件号码： 代理机构签章： 代理机构统一社会信用代码：	受理人： 受理税务机关（章）： 受理日期：　　　年　　月　　日

国家税务总局监制

《个人所得税年度自行纳税申报表》填表说明

一、适用范围

本表适用于居民个人取得境内综合所得,按税法规定进行个人所得税汇算清缴。纳税人取得境外所得的,不适用本表。

二、报送期限

居民个人取得综合所得需要办理汇算清缴的,应当在取得所得的次年3月1日至6月30日内,向主管税务机关办理汇算清缴,并报送本表。

三、本表各栏填写

(一)表头项目

1. 税款所属期:填写纳税人取得所得应纳个人所得税款的所属期间。如2019年1月1日至2019年12月31日。

2. 纳税人姓名:填写自然人纳税人姓名。

3. 纳税人识别号:有中国公民身份号码的,填写中华人民共和国居民身份证上载明的“公民身份号码”;没有中国公民身份号码的,填写税务机关赋予的纳税人识别号。

(二)表内各行

1. 第1行“收入合计”:填写纳税人本年度取得综合所得的收入合计金额。第1行=第2行+第3行+第4行+第5行。

2. 第2行“工资、薪金所得”:填写本年度应当并入综合所得计税的工资、薪金收入总额。

3. 第6行“费用合计”:纳税人取得劳务报酬所得、稿酬所得、特许权使用费所得时,填写减除20%费用的合计金额。

4. 第7行“免税收入合计”:填写本年度符合税法规定的免税收入合计金额。其中,税法规定“稿酬所得的收入额减按70%计算”,对减计的30%部分,填入本行。

5. 第 8 行“减除费用”:按税法规定的减除费用标准填写。

6. 第 9 行“专项扣除合计”:填写按规定本年度可在税前扣除的基本养老保险费、基本医疗保险费、失业保险费、住房公积金的合计金额。

第 9 行 = 第 10 行 + 第 11 行 + 第 12 行 + 第 13 行。

7. 第 14 行“专项附加扣除合计”:填写按规定本年度可在税前扣除的子女教育、继续教育、大病医疗、住房贷款利息或住房租金、赡养老人等专项附加扣除费用的合计金额。

第 14 行 = 第 15 行 + 第 16 行 + 第 17 行 + 第 18 行 + 第 19 行 + 第20 行。

8. 第 21 行“其他扣除合计”:填写按规定本年度可在税前扣除的年金、商业健康保险、税延养老保险、允许扣除的税费等其他扣除项目的合计金额。

第 21 行 = 第 22 行 + 第 23 行 + 第 24 行 + 第 25 行 + 第 26 行。

9. 第 27 行“准予扣除的捐赠额”:填写按规定本年度准予在税前扣除的捐赠额的合计金额。

10. 第 28 行“应纳税所得额”:根据相应行次计算填报。

第 28 行 = 第 1 行 - 第 6 行 - 第 7 行 - 第 8 行 - 第 9 行 - 第 14 行 - 第 21 行 - 第 27 行。

11. 第 29 ~ 30 行“税率”“速算扣除数”:填写按规定适用的税率和速算扣除数。

12. 第 31 行“应纳税额”:按照相关行次计算填报。

第 31 行 = 第 28 行 × 第 29 行 - 第 30 行。

13. 第 32 行“减免税额”:填写符合税法规定的可以减免的税额,并附报《个人所得税减免税事项报告表》。

14. 第 33 行“已缴税额”:填写本年度内纳税人在中国境内已

经缴纳或者被扣缴税款的合计金额。

15. 第34行“应补/退税额”:根据相关行次计算填报。

第34行=第31行-第32行-第33行

(三)无住所个人附报信息:本栏由无住所个人填写。不是,则不填。

1. 在华停留天数:填写一个纳税年度内,无住所居民个人在中国境内停留的天数。

2. 已在华停留年数:填写无住所个人已在华连续停留的年份数。

四、其他事项说明

以纸质方式报送本表的,应当一式两份,纳税人、税务机关各留存一份。

七、个人所得税经营所得纳税申报表(A表)及填表说明

个人所得税经营所得纳税申报表(A表)

税款所属期: 年 月 日至 年 月 日

纳税人姓名:

纳税人识别号:□□□□□□□□□□□□□□□□□□□□□□□□□

金额单位:人民币元(列至角分)

被投资单位信息	名称		纳税人识别号(统一社会信用代码)	
征收方式	□查账征收(据实预缴) □查账征收(按上年应纳税所得额预缴) □核定应税所得率征收 □核定应纳税所得额征收 □税务机关认可的其他方式____________			

项目	行次	金额/比例
一、收入总额	1	
二、成本费用	2	
三、利润总额(3=1-2)	3	
四、弥补以前年度亏损	4	
五、应税所得率(%)	5	

续表

项目	行次	金额/比例
六、合伙企业个人合伙人分配比例(%)	6	
七、允许扣除的个人费用及其他扣除(7 = 8 + 9 + 14)	7	
(一)投资者减除费用	8	
(二)专项扣除(9 = 10 + 11 + 12 + 13)	9	
1. 基本养老保险费	10	
2. 基本医疗保险费	11	
3. 失业保险费	12	
4. 住房公积金	13	
(三)依法确定的其他扣除(14 = 15 + 16 + 17)	14	
1.	15	
2.	16	
3.	17	
八、应纳税所得额	18	
九、税率(%)	19	
十、速算扣除数	20	
十一、应纳税额(21 = 18 × 19 − 20)	21	
十二、减免税额(附报《个人所得税减免税事项报告表》)	22	
十三、已缴税额	23	
十四、应补/退税额(24 = 21 − 22 − 23)	24	

谨声明:本表是根据国家税收法律法规及相关规定填报的,是真实的、可靠的、完整的。

纳税人签字:　　　　年　　月　　日

经办人: 经办人身份证件号码: 代理机构签章: 代理机构统一社会信用代码:	受理人: 受理税务机关(章): 受理日期:　　年　　月　　日

国家税务总局监制

《个人所得税经营所得纳税申报表(A 表)》填表说明

一、适用范围

本表适用于查账征收和核定征收的个体工商户业主、个人独资企业投资人、合伙企业个人合伙人、承包承租经营者个人以及其他从事生产、经营活动的个人在中国境内取得经营所得,办理个人所得税预缴纳税申报时,向税务机关报送。

合伙企业有两个或者两个以上个人合伙人的,应分别填报本表。

二、报送期限

纳税人取得经营所得,应当在月度或者季度终了后 15 日内,向税务机关办理预缴纳税申报。

三、本表各栏填写

(一)表头项目

1. 税款所属期:填写纳税人取得经营所得应纳个人所得税款的所属期间,应填写具体的起止年月日。

2. 纳税人姓名:填写自然人纳税人姓名。

3. 纳税人识别号:有中国公民身份号码的,填写中华人民共和国居民身份证上载明的“公民身份号码”;没有中国公民身份号码的,填写税务机关赋予的纳税人识别号。

(二)被投资单位信息

1. 名称:填写被投资单位法定名称的全称。

2. 纳税人识别号(统一社会信用代码):填写被投资单位的纳税人识别号或者统一社会信用代码。

3. 征收方式:根据税务机关核定的征收方式,在对应框内打“√”。采用税务机关认可的其他方式的,应在下划线填写具体征收方式。

(三)表内各行填写

1. 第 1 行“收入总额”:填写本年度开始经营月份起截至本期从事经营以及与经营有关的活动取得的货币形式和非货币形式的各项收入总金额。包括:销售货物收入、提供劳务收入、转让财产收入、利息收入、租金收入、接受捐赠收入、其他收入。

2. 第 2 行“成本费用”:填写本年度开始经营月份起截至本期实际发生的成本、费用、税金、损失及其他支出的总额。

3. 第 3 行“利润总额”:填写本年度开始经营月份起截至本期的利润总额。

4. 第 4 行“弥补以前年度亏损”:填写可在税前弥补的以前年度尚未弥补的亏损额。

5. 第 5 行“应税所得率”:按核定应税所得率方式纳税的纳税人,填写税务机关确定的核定征收应税所得率。按其他方式纳税的纳税人不填本行。

6. 第 6 行“合伙企业个人合伙人分配比例”:纳税人为合伙企业个人合伙人的,填写本行;其他则不填。分配比例按照合伙协议约定的比例填写;合伙协议未约定或不明确的,按合伙人协商决定的比例填写;协商不成的,按合伙人实缴出资比例填写;无法确定出资比例的,按合伙人平均分配。

7. 第 7 ~ 17 行“允许扣除的个人费用及其他扣除”:

(1)第 8 行“投资者减除费用”:填写根据本年实际经营月份数计算的可在税前扣除的投资者本人每月 5000 元减除费用的合计金额。

(2)第 9 ~ 13 行“专项扣除”:填写按规定允许扣除的基本养老保险费、基本医疗保险费、失业保险费、住房公积金的金额。

(3)第 14 ~ 17 行“依法确定的其他扣除”:填写商业健康保险、税延养老保险以及其他按规定允许扣除项目的金额。其中,税延养老保险可在申报四季度或12月份税款时填报扣除。

8. 第18行“应纳税所得额”:根据相关行次计算填报。

(1)查账征收(据实预缴):第18行=(第3行-第4行)×第6行-第7行。

(2)查账征收(按上年应纳税所得额预缴):第18行=上年度的应纳税所得额÷12×月份数。

(3)核定应税所得率征收(能准确核算收入总额的):第18行=第1行×第5行×第6行。

(4)核定应税所得率征收(能准确核算成本费用的):第18行=第2行÷(1-第5行)×第5行×第6行。

(5)核定应纳税所得额征收:直接填写应纳税所得额;

(6)税务机关认可的其他方式:直接填写应纳税所得额。

9. 第19~20行“税率”和“速算扣除数”:填写按规定适用的税率和速算扣除数。

10. 第21行“应纳税额”:根据相关行次计算填报。第21行=第18行×第19行-第20行。

11. 第22行“减免税额”:填写符合税法规定可以减免的税额,并附报《个人所得税减免税事项报告表》。

12. 第23行“已缴税额”:填写本年度在月(季)度申报中累计已预缴的经营所得个人所得税的金额。

13. 第24行“应补/退税额”:根据相关行次计算填报。第24行=第21行-第22行-第23行。

四、其他事项说明

以纸质方式报送本表的,应当一式两份,纳税人、税务机关各留存一份。

八、个人所得税经营所得纳税申报表(B表)及填表说明

个人所得税经营所得纳税申报表(B表)

税款所属期:　　　年　　月　　日至　　　年　　月　　日
纳税人姓名:
纳税人识别号:□□□□□□□□□□□□□□□□□□□□□□□□□
金额单位:人民币元(列至角分)

被投资单位信息	名称		纳税人识别号(统一社会信用代码)	

项目	行次	金额/比例
一、收入总额	1	
其中:国债利息收入	2	
二、成本费用(3=4+5+6+7+8+9+10)	3	
(一)营业成本	4	
(二)营业费用	5	
(三)管理费用	6	
(四)财务费用	7	
(五)税金	8	
(六)损失	9	
(七)其他支出	10	
三、利润总额(11=1-2-3)	11	
四、纳税调整增加额(12=13+27)	12	
(一)超过规定标准的扣除项目金额(13=14+15+16+17+18+19+20+21+22+23+24+25+26)	13	
1. 职工福利费	14	
2. 职工教育经费	15	
3. 工会经费	16	
4. 利息支出	17	
5. 业务招待费	18	
6. 广告费和业务宣传费	19	
7. 教育和公益事业捐赠	20	

续表

项目	行次	金额/比例
8. 住房公积金	21	
9. 社会保险费	22	
10. 折旧费用	23	
11. 无形资产摊销	24	
12. 资产损失	25	
13. 其他	26	
(二)不允许扣除的项目金额(27 = 28 + 29 + 30 + 31 + 32 + 33 + 34 + 35 + 36)	27	
1. 个人所得税税款	28	
2. 税收滞纳金	29	
3. 罚金、罚款和被没收财物的损失	30	
4. 不符合扣除规定的捐赠支出	31	
5. 赞助支出	32	
6. 用于个人和家庭的支出	33	
7. 与取得生产经营收入无关的其他支出	34	
8. 投资者工资薪金支出	35	
9. 其他不允许扣除的支出	36	
五、纳税调整减少额	37	
六、纳税调整后所得(38 = 11 + 12 - 37)	38	
七、弥补以前年度亏损	39	
八、合伙企业个人合伙人分配比例(%)	40	
九、允许扣除的个人费用及其他扣除(41 = 42 + 43 + 48 + 55)	41	
(一)投资者减除费用	42	
(二)专项扣除(43 = 44 + 45 + 46 + 47)	43	
1. 基本养老保险费	44	
2. 基本医疗保险费	45	
3. 失业保险费	46	
4. 住房公积金	47	

续表

项目	行次	金额/比例
（三）专项附加扣除（48 =49 +50 +51 +52 +53 +54）	48	
1. 子女教育	49	
2. 继续教育	50	
3. 大病医疗	51	
4. 住房贷款利息	52	
5. 住房租金	53	
6. 赡养老人	54	
（四）依法确定的其他扣除（55 =56 +57 +58 +59）	55	
1. 商业健康保险	56	
2. 税延养老保险	57	
3.	58	
4.	59	
十、投资抵扣	60	
十一、准予扣除的个人捐赠支出	61	
十二、应纳税所得额（62 =38 -39 -41 -60 -61）或[62 =（38 -39）×40 -41 -60 -61]	62	
十三、税率（%）	63	
十四、速算扣除数	64	
十五、应纳税额（65 =62 ×63 -64）	65	
十六、减免税额（附报《个人所得税减免税事项报告表》）	66	
十七、已缴税额	67	
十八、应补/退税额（68 =65 -66 -67）	68	
谨声明：本表是根据国家税收法律法规及相关规定填报的，是真实的、可靠的、完整的。 纳税人签字：　　年　月　日		
经办人： 经办人身份证件号码： 代理机构签章： 代理机构统一社会信用代码：	受理人： 受理税务机关（章）： 受理日期：　　年　月　日	

国家税务总局监制

《个人所得税经营所得纳税申报表(B表)》填表说明

一、适用范围

本表适用于个体工商户业主、个人独资企业投资人、合伙企业个人合伙人、承包承租经营者个人以及其他从事生产、经营活动的个人在中国境内取得经营所得,且实行查账征收的,在办理个人所得税汇算清缴纳税申报时,向税务机关报送。

合伙企业有两个或者两个以上个人合伙人的,应分别填报本表。

二、报送期限

纳税人在取得经营所得的次年3月31日前,向税务机关办理汇算清缴。

三、本表各栏填写

(一)表头项目

1. 税款所属期:填写纳税人取得经营所得应纳个人所得税款的所属期间,应填写具体的起止年月日。

2. 纳税人姓名:填写自然人纳税人姓名。

3. 纳税人识别号:有中国公民身份号码的,填写中华人民共和国居民身份证上载明的“公民身份号码”;没有中国公民身份号码的,填写税务机关赋予的纳税人识别号。

(二)被投资单位信息

1. 名称:填写被投资单位法定名称的全称。

2. 纳税人识别号(统一社会信用代码):填写被投资单位的纳税人识别号或统一社会信用代码。

(三)表内各行填写

1. 第1行“收入总额”:填写本年度从事生产经营以及与生产经营有关的活动取得的货币形式和非货币形式的各项收入总金

额。包括：销售货物收入、提供劳务收入、转让财产收入、利息收入、租金收入、接受捐赠收入、其他收入。

2. 第 2 行“国债利息收入”：填写本年度已计入收入的因购买国债而取得的应予免税的利息金额。

3. 第 3 ~ 10 行“成本费用”：填写本年度实际发生的成本、费用、税金、损失及其他支出的总额。

(1)第 4 行“营业成本”：填写在生产经营活动中发生的销售成本、销货成本、业务支出以及其他耗费的金额。

(2)第 5 行“营业费用”：填写在销售商品和材料、提供劳务的过程中发生的各种费用。

(3)第 6 行“管理费用”：填写为组织和管理企业生产经营发生的管理费用。

(4)第 7 行“财务费用”：填写为筹集生产经营所需资金等发生的筹资费用。

(5)第 8 行“税金”：填写在生产经营活动中发生的除个人所得税和允许抵扣的增值税以外的各项税金及其附加。

(6)第 9 行“损失”：填写生产经营活动中发生的固定资产和存货的盘亏、毁损、报废损失，转让财产损失，坏账损失，自然灾害等不可抗力因素造成的损失以及其他损失。

(7)第 10 行“其他支出”：填写除成本、费用、税金、损失外，生产经营活动中发生的与之有关的、合理的支出。

4. 第 11 行“利润总额”：根据相关行次计算填报。第 11 行 = 第 1 行 - 第 2 行 - 第 3 行。

5. 第 12 行“纳税调整增加额”：根据相关行次计算填报。第 12 行 = 第 13 行 + 第 27 行。

6. 第 13 行“超过规定标准的扣除项目金额”：填写扣除的成本、费用和损失中，超过税法规定的扣除标准应予调增的应纳税所得额。

7. 第 27 行"不允许扣除的项目金额":填写按规定不允许扣除但被投资单位已将其扣除的各项成本、费用和损失,应予调增应纳税所得额的部分。

8. 第 37 行"纳税调整减少额":填写在计算利润总额时已计入收入或未列入成本费用,但在计算应纳税所得额时应予扣除的项目金额。

9. 第 38 行"纳税调整后所得":根据相关行次计算填报。第 38 行 = 第 11 行 + 第 12 行 - 第 37 行。

10. 第 39 行"弥补以前年度亏损":填写本年度可在税前弥补的以前年度亏损额。

11. 第 40 行"合伙企业个人合伙人分配比例":纳税人为合伙企业个人合伙人的,填写本栏;其他则不填。分配比例按照合伙协议约定的比例填写;合伙协议未约定或不明确的,按合伙人协商决定的比例填写;协商不成的,按合伙人实缴出资比例填写;无法确定出资比例的,按合伙人平均分配。

12. 第 41 行"允许扣除的个人费用及其他扣除":填写按税法规定可以税前扣除的各项费用、支出,包括:

(1)第 42 行"投资者减除费用":填写按税法规定的减除费用金额。

(2)第 43 ~47 行"专项扣除":分别填写本年度按规定允许扣除的基本养老保险费、基本医疗保险费、失业保险费、住房公积金的合计金额。

(3)第 48 ~54 行"专项附加扣除":分别填写本年度纳税人按规定可享受的子女教育、继续教育、大病医疗、住房贷款利息、住房租金、赡养老人等专项附加扣除的合计金额。

(4)第 55 ~59 行"依法确定的其他扣除":分别填写按规定允

许扣除的商业健康保险、税延养老保险，以及国务院规定其他可以扣除项目的合计金额。

13. 第60行“投资抵扣”：填写按照税法规定可以税前抵扣的投资金额。

14. 第61行“准予扣除的个人捐赠支出”：填写本年度按照税法及相关法规、政策规定，可以在税前扣除的个人捐赠合计额。

15. 第62行“应纳税所得额”：根据相关行次计算填报。

（1）纳税人为非合伙企业个人合伙人的：第62行=第38行-第39行-第41行-第60行-第61行。

（2）纳税人为合伙企业个人合伙人的：第62行=（第38行-第39行）×第40行-第41行-第60行-第61行。

16. 第63~64行“税率”“速算扣除数”：填写按规定适用的税率和速算扣除数。

17. 第65行“应纳税额”：根据相关行次计算填报。第65行=第62行×第63行-第64行。

18. 第66行“减免税额”：填写符合税法规定可以减免的税额，并附报《个人所得税减免税事项报告表》。

19. 第67行“已缴税额”：填写本年度累计已预缴的经营所得个人所得税金额。

20. 第68行“应补/退税额”：根据相关行次计算填报。第68行=第65行-第66行-第67行。

四、其他事项说明

以纸质方式报送本表的，应当一式两份，纳税人、税务机关各留存一份。

九、个人所得税经营所得纳税申报表(C表)及填表说明

个人所得税经营所得纳税申报表(C表)

税款所属期:　　　　年　　月　　日至　　　　年　　月　　日

纳税人姓名:

纳税人识别号:□□□□□□□□□□□□□□□□□□□□□□

金额单位:人民币元(列至角分)

	单位名称			纳税人识别号(统一社会信用代码)	投资者应纳税所得额
被投资单位信息	汇总地				
	非汇总地	1			
		2			
		3			
		4			
		5			

项目	行次	金额/比例
一、投资者应纳税所得额合计	1	
二、应调整的个人费用及其他扣除(2=3+4+5+6)	2	
(一)投资者减除费用	3	
(二)专项扣除	4	
(三)专项附加扣除	5	
(四)依法确定的其他扣除	6	
三、应调整的其他项目	7	
四、调整后应纳税所得额(8=1+2+7)	8	
五、税率(%)	9	
六、速算扣除数	10	
七、应纳税额(11=8×9-10)	11	
八、减免税额(附报《个人所得税减免税事项报告表》)	12	
九、已缴税额	13	
十、应补/退税额(14=11-12-13)	14	

续表

谨声明：本表是根据国家税收法律法规及相关规定填报的，是真实的、可靠的、完整的。 纳税人签字：　　　　年　月　日	
经办人： 经办人身份证件号码： 代理机构签章： 代理机构统一社会信用代码：	受理人： 受理税务机关(章)： 受理日期：　　　年　月　日

国家税务总局监制

《个人所得税经营所得纳税申报表(C表)》填表说明

一、适用范围

本表适用于个体工商户业主、个人独资企业投资人、合伙企业个人合伙人、承包承租经营者个人以及其他从事生产、经营活动的个人在中国境内两处以上取得经营所得，办理合并计算个人所得税的年度汇总纳税申报时，向税务机关报送。

二、报送期限

纳税人从两处以上取得经营所得，应当于取得所得的次年3月31日前办理年度汇总纳税申报。

三、本表各栏填写

(一)表头项目

1.税款所属期：填写纳税人取得经营所得应纳个人所得税款的所属期间，应填写具体的起止年月日。

2.纳税人姓名：填写自然人纳税人姓名。

3.纳税人识别号：有中国公民身份号码的，填写中华人民共和国居民身份证上载明的“公民身份号码”；没有中国公民身份号码的，填写税务机关赋予的纳税人识别号。

(二)被投资单位信息

1.名称：填写被投资单位法定名称的全称。

2. 纳税人识别号(统一社会信用代码):填写被投资单位的纳税人识别号或者统一社会信用代码。

3. 投资者应纳税所得额:填写投资者从其各投资单位取得的年度应纳税所得额。

(三)表内各行填写

1. 第1行“投资者应纳税所得额合计”:填写投资者从其各投资单位取得的年度应纳税所得额的合计金额。

2. 第2~6行“应调整的个人费用及其他扣除”:填写按规定需调整增加或者减少应纳税所得额的项目金额。调整减少应纳税所得额的,用负数表示。

(1)第3行“投资者减除费用”:填写需调整增加或者减少应纳税所得额的投资者减除费用的金额。

(2)第4行“专项扣除”:填写需调整增加或者减少应纳税所得额的“三险一金”(基本养老保险费、基本医疗保险费、失业保险费、住房公积金)的合计金额。

(3)第5行“专项附加扣除”:填写需调整增加或者减少应纳税所得额的专项附加扣除(子女教育、继续教育、大病医疗、住房贷款利息、住房租金、赡养老人)的合计金额。

(4)第6行“依法确定的其他扣除”:填写需调整增加或者减少应纳税所得额的商业健康保险、税延养老保险以及国务院规定其他可以扣除项目的合计金额。

3. 第7行“应调整的其他项目”:填写按规定应予调整的其他项目的合计金额。调整减少应纳税所得额的,用负数表示。

4. 第8行“调整后应纳税所得额”:根据相关行次计算填报。第8行=第1行+第2行+第7行。

5. 第9~10行“税率”“速算扣除数”:填写按规定适用的税率和速算扣除数。

6. 第 11 行“应纳税额”：根据相关行次计算填报。第 11 行 = 第 8 行 × 第 9 行 – 第 10 行。

7. 第 12 行“减免税额”：填写符合税法规定可以减免的税额，并附报《个人所得税减免税事项报告表》。

8. 第 13 行“已缴税额”：填写纳税人本年度累计已缴纳的经营所得个人所得税的金额。

9. 第 14 行“应补/退税额”：按相关行次计算填报。第 14 行 = 第 11 行 – 第 12 行 – 第 13 行。

四、其他事项说明

以纸质方式报送本表的，应当一式两份，纳税人、税务机关各留存一份。